KB076533

조선왕조실록으로
오늘을 읽는다

조선왕조실록으로
   오늘을 읽는다

2008년 7월 10일 초판 1쇄 발행
2014년 1월 20일 증보개정 1쇄 발행
2019년 3월 20일 증보개정 3쇄 발행

저 자   이남희
사 진   유남해
펴낸이   김영애
펴낸곳   SniFactory
디자인   dreamdesign
등 록   제2013-000163호.(2013년 6월 3일)
주 소   서울시 강남구 삼성로 96길 6 엘지트윈텔1차 1402호
        www.snifactory.com / dahal@dahal.co.kr
전 화   02-517-9385 / 팩스 02-517-9386
I S B N   979-11-950663-4-6

조선왕조실록으로
오늘을 읽는다

이남희 지음

다할미디어

조선왕조실록으로
오늘을 읽는다

이 책은 지난 2008년 간행되었던 『클릭 조선왕조실록』을 수정
보완해서 내놓는 증보개정판에 해당한다. 최근 역사에 대한 관심에서
인지 이 책을 찾는 분들이 많아져, 다시 간행해야 하는 상황에 이르렀
다. 마침 출판사에서는 개정판을 내놓자는 제안을 해주었다. 고마운
일이었다. 나로서도 마다할 이유가 없었다. 조선왕조실록을 활용해서
논문을 쓰고, 학회에서 발표하는 활동을 넘어서, 대학에서의 강의나
일반인들을 위한 강연을 하게 되면서 자료로서의 이 책이 필요하다는
것을 느낄 수 있었기 때문이다.

되돌아보면 이 책은 나에게 새로운 다양한 '만남'을 가능하게 해
주었다. 박물관 시민대학, 공무원 연수원 등에서 특강과 강연 요청을
해주었고, 그런 형태를 빌어 많은 분들과 만날 수 있었다. 그 분들은

기꺼이 내 이야기에 귀 기울여 주었으므로 조선왕조실록을 통해서 우리는 압축적으로 그러나 신나게 조선시대를 여행할 수 있었다. 그런 만남들 중에서 다음은 나에게 특히 강한 인상을 안겨주었다.

우선, 지난 2012년 여름, 나는 일본 오사카에서 개최된 국제학술대회에서 조선왕조실록에 대해서 발표할 기회를 가졌다. 조선왕조실록을 통해서 조선사회의 공공성公共性에 대해서 살펴보는 자리였다. 거기서 토호쿠東北대학 카타오카 류片岡龍 교수를 만났는데, 그로부터 감동적인 이야기를 들었다. 2011년 3월 11일 동북지방에서 큰 지진이 일어났을 때 동일본 대지진, 다른 책들은 그대로 두고서 '조선왕조실록'만 가지고 피난갔다고 했다. 조선왕조실록은 영인본으로 48책이나 된다. 필시 자동차가 꽉 찼을 것이다.

또 하나. 현재 나는 아산서원Asan Academy에서 '조선왕조실록으로 보는 조선사회'라는 강의를 하고 있다. 조선왕조실록에 대한 기초 설명을 한 후에, 각자의 전공에 맞는 주제를 선택해서 실록에 나타난 자료를 조사 정리하고 재구성해서 발표하도록 한다. 실록을 통해서 건축학도는 경희궁의 모습을 재현해 내고, 항공학을 전공하는 학생은 천체 관측을 살펴보고, 경제과 학생은 조선시대 회계와 화폐제도의 모습을 그려내는 식이다. 또 어떤 학생은 인조실록에서 남한산성 47일간의 기록을 통해서 이른바 주전론과 주화론을 둘러싼 고뇌와 선택을 생생하게 되살려 내기도 했다.

이런 만남들을 통해서, 나는 조선왕조실록이 지닌 의미와 가치를 다시금 확인할 수 있었다. 아니 확신을 얻을 수 있었다. 5백 년에 걸친 기록이라는 특성 그 자체도 그렇지만, 거기에 담겨 있는 내용의 다양함과 깊이는 그야말로 무궁무진無窮無盡한 보물창고와 같다는 것, 퍼내도 퍼내도 결코 마르지 않는 샘과 같다는 것, 그리고 그 안에서 누구든지 자신의 보물을 찾아낼 수 있다는 것 등. 그런 만큼 이 책이 '조선왕조실록에서 보물찾기' 놀이의 안내자 역할을 할 수 있었으면 좋겠다.

이제 내놓는 증보판은 초판을 토대로 하고 있지만 수정 보완하는 작업 과정에서 외형과 내용에서 달라진 점도 적지 않다. 무엇보다 독자들의 이해를 돕기 위해서 관련된 사진 자료를 다양하게 수록했다. 한국학중앙연구원『한국민족문화대백과사전』의 사진을 촬영했던 유남해 선생님의 도움을 받았다. 이 자리를 빌어 감사드린다.

또한 이해를 돕기 위해, 세 개의 [도표]를 부록으로 실었다. ① 각 왕대별 실록의 편찬시기와 년도, 책수와 권수, 그리고 국역기관과 국역 실록의 책수와 페이지수 등을 정리한 「조선왕조실록 편찬 현황」, ② 조선왕조실록의 기사와 원주 및 사론을 정리한 「조선왕조실록 기사·원주·사론 현황」, ③ e-조선왕조실록에서의 검색 편의를 돕기 위한 「조선왕조실록 분류 편찬 항목」이 그들이다.

아울러 이 책에 실린 글에는, 일찍이 『월간중앙』에 연재했던 글들이 많다. 그 당시 조선왕조실록을 통해서 우리의 현실을 읽어간다는 관점에서 집필했기 때문에, 그 글을 쓰던 시점의 시사적인 문제와 연결시켜 논의하고자 했다. 그런데 그 동안 상당한 시간이 흘렀다. 그런 만큼 『조선왕조실록으로 오늘을 읽는다』 증보판을 준비하면서, 각 꼭지를 '오늘'의 시점에 맞추어 다시 서술한 부분이 많다. 하지만 그 내용과 의미에서는 크게 다르지 않다고 하겠다.

내가 공부의 길로 들어선 이후 오늘에 이르기까지 조선왕조실록은 항상 내 곁에 있었다. 조선왕조실록은 마치 오래된 친구와도 같다. 역사학 연구의 대상이기도 했지만, 그와 동시에 오늘을 다른 각도에서 읽고 비추어보는 좋은 거울이기도 했다. 동행同行이라 해도 좋겠다. 그러니 이 책은 조선왕조실록과 나의 동행 기록인 셈이다. 그 같은 '동행'과 '기록'은 앞으로도 계속 해 나가고자 한다.

2013년 11월 24일
신용동 연구실에서
이 남 희

조선왕조실록에서
보물을 찾다

유네스코 '세계기록유산Memory of the World'으로 지정1997년된 '조선왕
조실록'에 얽힌 일화 한 토막. 오래 전의 일이다. 한 외국인 학자가 귀
국 준비를 하면서, 조선왕조실록을 사야 하는데 시간이 없다고 하자,
가깝게 지내던 교수님 한 분이 자신이 사서 보내 줄 테니까 걱정하지
말라고 했단다. 그 외국인 학자는 놀라면서 정말이냐고 몇 번씩 되물
었다. 그 정도는 해 주겠다는 말에, 외국인 학자는 고맙다는 말을 남
기고 떠났다.

문제는 얼마 후에 터졌다. 약속을 지키기 위해 서점에 가서 조선
왕조실록을 찾았더니 한 권이 아니라 어마어마한 분량에 달하며, 가격
역시 엄청나더라는 것. 새삼 자신의 무지함을 후회해 본들, 때는 이미
늦었다. 기왕에 한 약속이라 체면상 안 지킬 수도 없고 해서, 한 질을

사서 보내 주었다고 한다.

그 주인공이 어떤 분인지, 그리고 실제로 그런 일이 있었는지, 필자는 알지 못한다. 이 이야기를 들려준 선생님 역시 어디서 들었다고 했다. 그저 우스갯소리 정도로 볼 수도 있겠다. 하지만 예컨대 1960년대나 70년대라면 어떨까. 충분히 있을 수 있는 해프닝이 아닐까 싶다. 되돌아보면, 실록은 소수의 제한된 사람들, 특히 조선시대를 전공하는 연구자들이나 관심을 가지고 들여다보는 자료였다고 하겠다.

하지만, 최근 10여 년 사이에 사정은 크게 달라졌다. 이제 일반인들도 조선왕조실록에 친근감을 느끼게 되었고, 초등학교 학생들조차 실록을 이야기하는 단계에 이르렀다. 이제 실록을 사서 보내 주겠다는 무모한 약속을 하는 사람은 더 이상 없을 것이다.

원래 '실록實錄'이란 명칭은 어떤 특정한 역사책을 지칭하는 것이 아니었다. 중국 후한 시대의 역사가 반고班固는 『한서漢書』에서 사마천이 지은 『사기史記』에 대해, "서술이 정확하고 과장도 은폐도 없이 사실을 잘 기록하여 실록이라고 할 수 있다"고 논평했다. 그러니까 처음에는 사실을 정확하고 공정하게 잘 기술한 역사책이라는 정도의 일반명사로 사용된 것이다. 하지만 시대의 흐름과 더불어 제왕을 중심으로 그의 재위 중에 발생한 사실을 연월일 순으로 기술하는 사체史體로 엮어진 특정의 역사서를 지칭하게 되었다.

중국에서 실록이라는 이름으로 역사 기록이 처음 나타난 것은 남북조시대인 6세기 중엽, 양梁 무제武帝 때 주흥사周興嗣가 편찬한『황제실록皇帝實錄』이다. 하지만 현재 전해지는 가장 오래된 것은 당나라 때 한유韓愈가 편찬한『순종실록順宗實錄』이라 할 수 있다. 한 왕조 전체의 실록이 그대로 전해지는 것은『명실록明實錄』과『청실록淸實錄』이다. 일본에서는 9세기 말부터 실록이라는 명칭으로 역사서가 편찬되었으나 몇몇 왕대에 그쳐 이어지지 못했다. 그리고 베트남에서는 완조阮朝 1802년~1945년의『대남식록大南寔錄』寔은 황후의 이름인 '實'자를 피한 것이다이 편찬되었다.

우리나라에서도 역사 서술은 일찍이 삼국시대부터 이루어지고 있었다. 고구려에서는 건국 이래의 역사를 기록한『유기留記』, 백제에서는『서기書記』, 신라에서는『국사國史』를 편찬했다는 기록이 있지만 현재 전해지지 않는다. 그러다 실록이라는 이름으로 역사를 기록하게 된 것은 고려시대부터이다. 역대 왕의 실록을 편찬하는 것이 제도화되었으며, 그 기록이 조선 초까지 전해져서『고려사』나『고려사절요』등을 편찬하는 자료가 되었다. 하지만『고려실록』은 그 후 어느 때인지 인멸되고 말았다.

조선시대 5백 년의 역사를 기록한 조선왕조실록은 단일 왕조사로는 세계에서 최장 기간의 역사를 다루고 있다. 총 1,893권 888책의 방대한 권질卷帙에 이른다. 그 형식은 일기식으로 기록한, 이른바 편년

체編年體 역사서이다. 하지만 필요에 따라서는 기전체紀傳體, 기사본말체記事本末體 등의 형식을 채택하여 나름대로 다양한 서술 방식을 택하고 있다. 예컨대『세종실록』에는 오례五禮, 악보樂譜, 지리지地理誌, 칠정산七政算 역법서이,『세조실록』에는 악보가 실려 있다. 그 내용에서는 정치, 경제, 사회, 문화 등은 물론이고 각 분야에 걸쳐서 역사적 사실을 총체적으로 망라하고 있다.

더욱이 조선왕조실록은 정확한 사실적 기록이라는 점 역시 주목할 만하다. 사관은 정론正論과 직필直筆을 생명으로 삼았다. 대신과 관료들은 물론이고 왕이라 해도 잘못이 있으면 직필로써 역사의 심판을 받게 하였다. 인물과 사건에 대한 사신의 논평 기사가 그것인데, 거기에는 국왕에 대한 비판 기사도 많다. 보복을 당할 우려가 있기 때문에, 사관들의 신분은 철저하게 보장되어 있었으며, 또한 사초史草는 국왕이라도 마음대로 볼 수 없었다.

한편 조선 후기에 들어서 사관을 구성하는 주요 관직이 독점되는 경우가 있어 더러 실록 편찬의 공정성을 잃기도 했다. 그래서 집권당이 바뀌면 수정修正 또는 개수改修, 보궐정오補闕正誤 실록을 다시 편찬하기도 했다. 그럴 경우에도 원래의 실록과 수정한 실록을 온전히 함께 보존시키고 있다.『선조실록』과『선조수정실록』,『현종실록』과『현종개수실록』,『숙종실록』과『숙종보궐정오실록』,『경종실록』과『경종수정실록』이 그들이다. 후세 사람들은 두 벌의 실록을 통해서 객관적인 역사에 한 걸음 다가갈 수 있다. 설령 당파를 달리하는 입장에 있다 하더라도 역사에 대한 평가는 후대인들에게 넘겨주었다는 점에서 주목할 만하다. 이는 조선 왕조가 5백 년이란 오랜 역사를 지탱할 수 있었던 원동력의 하나라 해도 좋을 것이다.

조선왕조실록은 국가에서 편찬한 이른바 관찬 사서였다. 편찬은 춘추관春秋館과 실록청實錄廳에서 맡았다. 춘추관은 상설 기구로서 평상시에 주로 사료의 수집과 정리, 역사 편찬의 일반 업무를 담당했으며, 실록청은 임시 기구로서 새로운 왕이 즉위해 전 왕대의 실록을 편찬하기 위해 마련되었다.

실록 편찬은 국가의 중대 사업으로 수행되었다. 춘추관의 총책임자 영사領事에는 조선 왕조 최고의 관리인 영의정이 임명되었고, 부책임자 감사監事 역시 좌·우의정이 맡았다. 편찬 실무는 수찬관修撰官, 편수관編修官, 기주관記注官, 기사관記事官으로 요직의 문신과 사관이 망라되었다. 실록은 초초初草, 중초中草, 정초正草 등 3단계에 걸쳐 제작되었다. 나중에 초초와 중초는 기밀 누설 방지를 위해 자하문 밖 차일암에서 세초洗草 사초를 물에 씻어냄했다.

정초본 외에 3부를 활자로 인쇄, 간행하여 춘추관과 충주, 전주, 성주 등 네 곳의 사고史庫에 보관했다. 그런데 춘추관·충주·성주 세 사고의 실록은 임진왜란 중에 모두 소실되고 말았다. 다행히 전주 사고의 실록만이 병화를 면할 수 있었다. 그 전주 사고본을 선조 39년1606년 다시 인쇄하여, 신간본 3부는 춘추관·태백산·묘향산에 보관하고, 전주 사고에 있던 원본은 강화도 마니산에, 교정본은 오대산에 각각 보관했다. 그런데 춘추관에 보관했던 실록은 인조 2년1624년 이괄의 난 때 소실되었으며, 묘향산 실록은 인조 11년1633년 후금後金의 침입을 우려해서 무주 적상산으로 이전했다. 강화도 마니산 실록은 숙종 4년1678년 정족산으로 옮겨졌다. 그래서 실록은 20세기 초까지 정족산·태백산·적상산·오대산의 사고에 보관하여 왔던 것이다.

그러다 1910년 국권을 강탈한 뒤 일제가 정족산과 태백산본을 조선총독부로 옮겼으며, 1930년 다시 경성제국대학으로 이관시켰다. 그것이 해방 이후 서울대학교 규장각에서 소장하게 되었다. 태백산본은 1985년 국가기록원 부산지원으로 옮겨졌다. 오대산본은 일본 동경제국대학으로 반출되었다가 1923년 관동 대지진으로 대부분 불에 타서 없어졌다. 하지만 남은 부분이 동경대학 도서관에 소장되어 있다가 93년 만인 2006년 7월에 반환되어, 서울대학교 규장각으로 옮겨졌다. 현재는 국립고궁박물관에 보관되어 있다. 그리고 적상산본은 장서각에 보관되었다가 한국 전쟁 때 북한으로 가져가 김일성종합대학 도서관에 소장되어 있다고 한다. 현재 남아 있는 조선왕조실록은 정족산본 1,181책, 태백산본 848책, 오대산본 74책, 기타 산엽본 21책 등 2,124책으로 모두 국보 제151호로 지정되어 있다.

조선왕소실록은 국가에서 귀하세 보관하는 서적으로 특수한 장소에 깊이 보관했기 때문에 일반인들은 물론이고 전문 학자들조차 가까이 할 수 없었다. 실록을 학문 연구에 활용하려는 노력이 이루어졌으며, 영인影印본으로 만들어 보급하게 되었다.

최초의 영인본 간행은 경성제국대학이 태백산본을 원형의 4분의 1로 사진판 영인하여 30부를 간행한 것이다1929년~1932년. 하지만 한정된 부수여서 우리 학자들이 쉽게 가까이할 수 없었다. 그러다 해방 이후 국사편찬위원회가 태백산본을 8분의 1로 축쇄 영인하여 A4판 양장본 48책으로 간행 배부하게 되었다1955년~1958년. 그러다 1968년 이후에는 실록 원문에 구두점을 찍은 영인본을 간행했으며, 색인을 작성하여 별책으로 펴냈다. 한편 일본에서도 1953년부터 『李朝實錄』이란 이름으로 조선왕조실록의 축쇄 영인판을 간행하기도 했다.學習院大學 東方文化研究所

그런데 조선왕조실록은 한문으로 된 기록이어서 일반인들이 읽어내기 어려운 측면이 있었다. 그래서 한정된 전문 연구자들만 이용하는 아쉬움이 없지 않았다. 그래서 우리말로 옮겨야 한다는 의견이 나오게 되었다.

실록 국역 사업은 1968년 세종대왕기념사업회가 『세종실록』을 처음 번역하면서부터 시작되었다. 그리고 1972년 민족문화추진회

**태백산 사고** 경상북도 봉화군 춘양면 석현리의 각화사覺華寺 부근에 있던 사고史庫이다.

현 한국고전번역원가 실록 국역 작업에 함께 참여하자 본격화되었다. 그리
고 마침내 1993년 국역을 완료하기에 이르렀다. 국역은 무려 26년이
라는 장기간에 걸쳐 이룩한 대사업으로 국내 학자 3천여 명이 동원된
해방 이후 국학계의 최대 성과로 평가되고 있다. 『고종실록』과 『순종실록』 국
역은 1998년에 이루어졌다 한편 북한에서도 1975년부터 사회과학원의 주관
아래 실록이 갖는 중요성을 인식해서 정책적으로 추진, 우리보다 2년
앞선 1991년 국역 작업을 끝낸 바 있다.

　이처럼 조선왕조실록이 우리말로 국역됨으로써 누구든지 쉽게
읽을 수 있게 되었다. 하지만 마음먹고 읽기에는 그 양이 엄청났다. 국

역본 총 413책, 16만 페이지, 하루에 50페이지씩 쉬지 않고 계속 읽는다고 해도 무려 8년 7개월이 걸린다. 그 기나긴 시간을 누가 투자할 수 있을까. 실록의 효과적이고 능률적인 이용과 연구를 위해서는 전산화 방법을 찾는 것이 매우 시급한 과제였다.

그런 측면에서 1995년 10월 9일『국역 조선왕조실록 CD-ROM』서울시스템의 간행은 획기적인 사업이었다. 국역 실록의 그 많은 분량을 디지털화해서, 단 한 장의 CD-ROM에 담아낸 것이다. 그 작업은 필자가 재직했던 한국학DB연구소에 의해서 3여 년에 걸쳐서 이루어졌다.

몇 년에 걸쳐 열심히 뒤져야 찾아낼 수 있는 자료를 이러한 조선왕조실록 전산화를 통해서 1초 만에 검색해 낼 수 있게 되었다. 옥스퍼드대학의 조선시대 연구자인 제임스 루이스James Lewis 교수가 '혁명'This is a revolution! 이라 탄복했을 정도였다.

그렇게 등장한『조선왕조실록 CD-ROM』은 역사를 대중화하고, 대중을 역사화하는 데 크게 기여했다. 역사 드라마예컨대 '용의 눈물'나 TV 프로그램에서 적극 활용함으로써 역사를 생생하게 재구성할 수 있었기 때문이다. '역사추리'1995년~1997년, 'TV 조선왕조실록'1997년~1998년, 그 뒤를 이은 '역사스페셜'1998년~2003년, 2009년~2012년, 'HD역사스페셜'2005년~2006년 등은 조선왕조실록, 나아가 역사를 대중에게 친근한 것으로 만들어 주었다. 그러한 흐름은 얼마전 정조대왕을 다룬 역사극

조선왕조실록으로 오늘을 읽는다

〈이산〉, 세종대왕을 다룬 〈대왕 세종〉·〈뿌리 깊은 나무〉 그리고 인물을 통해 역사를 바라보는 〈한국사 전(傳)〉 등으로 이어지고 있다.

지난 2003년 『표점·교감 조선왕조실록 CD-ROM』국사편찬위원회·서울시스템이 간행됨으로써 다시 한번 새로운 전기를 맞게 되었다. 한문 원전을 디지털화했을 뿐만 아니라 표점標點 문장부호까지 부과해, 쉽게 이용할 수 있게 되었기 때문이다. 한문으로 된 실록 원본에 전문학자들이 쉼표, 마침표, 따옴표, 인명, 지명, 서명 등의 17가지의 부호로 표점을 찍어 정확하게 읽을 수 있게 한 것이다.

이로써 우리는 다섯 질의 조선왕조실록을 갖게 된 셈이다. 조선시대에 간행된 각 왕대별 실록888책, 해방 이후 축쇄 영인된 『조선왕조실록』48책, 『국역 조선왕조실록』413책, 『국역 조선왕조실록 CD-ROM』, 그리고 『표점·교감 조선왕조실록 CD-ROM』이 그들이다. 명실상부한 '세계기록유산의 디지털화 사례'로서 전통과 현대가 어우러져 있는 대장관大壯觀이라 해야 할 것이다.

이들 다섯 질의 조선왕조실록이 책이나 CD-ROM전자도서 등의 오프라인 미디어에 담겨졌다면, 이제는 온라인을 통해서 시간과 공간의 제약을 받지 않고 사용할 수 있게 되었다. 2005년부터 국사편찬위원회가 국역 실록과 표점 원전 실록을 인터넷으로 서비스를 시작했기 때문이다. 그리고 2007년부터는 『고종실록』과 『순종실록』도 인터넷으

로 제공해 주고 있다. 국역 실록은 한국고전번역원 '한국고전종합DB'
에서도 활용할 수 있다.

지난 1980년대 대학원 시절, 저자는 조선시대 역관·의관·음양
관·율관 등의 중인에 관한 논문을 쓰면서 한문 실록 자료를 일일이 자
료 카드로 만들어 공부했다. 그 자료를 토대로 학위 논문을 쓸 수 있었
다. 그런데 이제는 원하는 검색어를 e-조선왕조실록 사이트에 입력만
하면 1초도 안 되어서 관련 자료를 바로 찾을 수 있게 되었다.

이제 우리는 인터넷을 통해서 누구나 쉽게 조선왕조실록을 접할
수 있다. 국역 실록을 보다가 원문이 궁금해지면 한문 표점본 실록을
클릭할 수 있으며, 나아가 실록 원본 이미지를 화면에서 대조, 확인할
수 있다. 국역본, 한문 표점본, 실록 원본 이미지 등 원하는 실록을 바
로 볼 수 있게 되었다.

그와 더불어 역사에 대한 접근과 연구 역시 다양하게 이루어지고
있다. 지난 날 역사학자들의 독점물이다시피 했으며 문턱이 높았던 조
선왕조실록이 누구에게나 문을 열어 주고 있기 때문이다. 서점에 가 보
면 조선시대의 다양한 분야들을 다룬 책들이 쏟아져 나와 있다. 일일이
다 들기 어려울 정도이다. 그만큼 역사가 우리 가까이에 온 것이며, 동
시에 우리는 역사를 통해서 오늘을 읽을 수 있게 되었다.

이 책에 모아 놓은 글들은 필자가 오늘을 살면서 어떤 사건이나 사안에 부딪힐 때마다 과연 조선시대에는 어떠했을까 하는 생각을 가지고 썼던 것들이다. 오늘의 시각으로 조선왕조실록을 읽어 보고자 했다고 할 수도 있겠고, 역으로 조선왕조실록으로 우리가 살아가는 이 시대를 읽어 간 것이라 할 수도 있겠다. 글을 쓸 때마다 '오늘에 살아 있는 역사', '역사를 통해서 살아가는 오늘'이라는 생각을 하지 않을 수 없었다.

조선왕조실록은 우리 문화와 역사의 무궁한 보고寶庫라 하지 않을 수 없다. 우리의 전통 문화 역시 시대에 걸맞는 형태로 재창조되어야 할 것이다. 전통의 현대화라 해도 좋겠다. 콘텐츠의 보고 조선왕조실록은 우리를 기다리고 있다. 이제 보물 찾는 일만 남은 것이다.

차 례

PART 1　조선의 문화와 생활

PART 2　조선의 사회와 유교

조선의 문화와 생활

조선의 사회와 유교

조선의 법과 정치

조선의 무역과 경제

PART 1

조선의
문화와
생활

조선의 문화와 생활

한성에도
외국인이 살았네

　세계화Globalization 시대의 도래와 더불어 한국인들이 관광, 사업, 유학 등의 이유로 외국에 많이 나가고 있지만, 외국인들 역시 한국을 찾아들고 있다. 한국을 찾는 동기와 이유는 제 각각이겠지만, 이제 거리에서 외국인들을 쉽게 접할 수 있게 되었다. 지방에서도 사정은 다르지 않다. 바야흐로 그들은 우리의 '생활 세계' 안에까지 들어오게 된 것이다.

　그렇다면 단순한 여행과 단기 체류를 넘어서 장기 체류하는 외국인들은 과연 우리 사회에서 어떤 일을 하는가. 많은 경우 외국어 특히 영어 교사일 것이다. 전국 각지에 있는 외국어 학원의 원어민 교사들을 떠올려 보는 것으로 충분할 것이다. 법무부는 2007년 8월 24일 국내 체류 외국인이 100만 명을 돌파했다고 발표했다. 거기에는 장단기 체류 외국인을 비롯해서 불법 체류자까지 포함되어 있다. 2012년 말

현재 외국인은 144만 5천 1백명으로 포린후드ForeignHood의 시대가 열리고 있다. 행정안전부 통계에 따르면 서울 25개 자치구에서 외국인 비율이 5%를 넘는 곳은 영등포구 · 금천구 · 구로구 · 중구 등 8곳이나 된다.

가끔 드라마에서 볼 수 있듯이 멀리서 '코리안 드림Korean Dream'을 찾아온 사람들도 없지 않다. 이른바 불법 체류자도 없지 않은데 그들은 한국의 젊은이들이 기피하는 힘든 작업마저 개의치 않는다. 심하게 말하면 값싼 대체 노동력이란 의미도 없지 않다. 한때 개그 프로에서 인기를 끌었던 코너 '블랑카'는 외국인 노동자라는 존재를 코미디 소재로 삼아서 성공한 케이스라 하겠다. "사장님 나빠요~"라는 대사는 한동안 유행했으며, 수많은 패러디를 낳기도 했다.

몇 년 전 TV에서 방영되었던 〈미녀들의 수다〉2010년라는 프로그램 역시 세계 각국의 외국인들을, 그것도 젊은 여성들을 내세우고 있다는 점이 특징이었다. 젊고 예쁜 외국인 미녀들이 다소 어색한 한국어로 재미있게 풀어놓는 이야기 자체가 관심을 끌 만하다고 하겠다. 그러다 보니 이미 연예인처럼 되어 버린 출연자도 없지 않다. 그 프로 출연자들의 국적만 훑어보더라도 아니 저런 나라에서도 왔구나, 그리고 정말 많은 국가에서 와 있구나 하는 느낌이 들었다.

세계화 시대와 더불어 국제결혼 역시 급격히 늘어났으며, 일정한 요건을 갖추어 한국인이 된 사람들, 즉 귀화한 사람도 적지 않다. 이러한 추세는 한층 더 가속화될 것이다. 그러면 조선시대에는 사정이 어떠했을까. 다시 말해 조선에는 외국인들이 있었을까, 있었다면 어떤 나라

조선의 문화와 생활

사람들이 어떻게 해서 조선에 왔을까, 그리고 그들은 어떻게 살았을까. 조선왕조실록을 통해 조선시대의 외국인들을 만나 보자.

조선의 대외 관계는 오늘날의 동아시아 지역을 근간으로 하였다. 따라서 대외 관계는 중국이 큰 비중을 차지하였다. 중국이라 하더라도 인종으로 보자면 한인·여진인·만주인 등으로 분화할 수 있겠다. 또한 교린 관계를 유지했던 일본인과 유구오키나와인의 존재를 확인할 수 있다. 그런데 실록을 보면, 그러한 경계를 훨씬 더 넘어서고 있다. 몽골인·위구르인·이슬람인·태국섬라곡국인·자바인, 그리고 서양 사람으로는 네덜란드인, 심지어 '흑인'까지 있었다는 것을 알 수 있다.

조선이 건국된 지 얼마 안 되는 태조 2년1393년 실록에 다음과 같은 특이한 기사가 보인다.

> 섬라곡국暹羅斛國에서 그 신하 내乃 관직 이름 장사도張思道 등 20명을 보내어 소목蘇木 1,000근, 속향束香 1,000근과 토인土人 2명을 바치니, 임금이 두 사람으로 하여금 대궐 문을 지키게 하였다.
>
> 『태조실록』 2년 6월 16일

섬라곡국은 오늘날의 태국을 말한다. 태국에서 20명의 사절을 보내서 귀한 물품을 바쳤을 뿐만 아니라 토인 2명을 바쳤다. 그리고 그 토인들로 하여금 궁궐 문을 지키게 했던 것이다. 태국의 토인 2명이 우리 대궐 문을 지키는 모습을 한번 상상해 보라.

섬라곡국 사절 장사도 일행은 임무를 마치고 귀국하지만, 그 귀

태조 어진
국보 제37호, 조선 태조 이성계1335년 ~ 1408
년

국길이 순탄하지 않았던 모양이다. 이듬해1394년 장사도 일행이 돌아와서 태조에게 다음과 같이 요청한다.

> 작년 12월에 회례사回禮使 교린 관계에 있던 나라에 보내던 사신 배후裵厚와 함께 일본에 이르렀다가, 도적에게 겁탈되어 예물과 행장을 다 태워 버렸습니다. 다시 배 한 척을 마련해 주시면 금년 겨울을 기다려서 본국에 돌아가겠습니다.
>
> 『태조실록』 3년 7월 5일

그리고 장사도는 칼과 갑옷과 구리 그릇과 흑인 두 사람을 바쳤다. 태조는 예조에 명하여 섬라곡국 사람을 인도해서 반열班列에 나오게 했다. 장사도 일행은 도적을 만나서 되돌아온 것이다. 흑인 두 사람을 바쳤다고 하는데, 어떤 사람들인지 알 수는 없다.

주목되는 것은 외교사절 단장인 장사도라는 인물이다. 왜냐하면 태조는 그해1394년 8월 7일 그를 예빈경禮賓卿으로 삼았기 때문이다. 예빈경이란 외국사신을 접대하는 예빈시의 관직을 말한다. 그러니까 그는 아예 귀국을 포기하고 조선에 눌러 앉았음을 알 수 있다. 그는 세종 때까지 조선에 산 것으로 확인된다. 실록에 어가 앞에서 길을 인도하는 장사도와 삼군의 길을 인도한 장용張勇 등에게 활과 화살을 하사했다는 기록이 보이기 때문이다세종 2년 2월 16일.

섬라곡국과의 외교 관계 역시 그렇다. 외교란 일방적인 것이 아니라 쌍방적인 것이기 때문이다. 섬라곡국에서 외교사절이 왔으니 조선에서도 답례로 보냈던 것이다. 섬라곡국의 회례사回禮使 이자영李子瑛과 섬라곡국 사자使者 임득장林得章에 관한 기사는 그 점을 뒷받침해 준다.

이자영이 일본에서 왔다. 당초에 자영이 통사通事로서 예빈시 소경少卿 배후 와 함께 섬라곡국에 회례사로 갔다가, 그 사신 임득장 등과 더불어 돌아오다 가 전라도 나주의 바다 가운데에 이르러 왜구에게 붙잡혀 다 죽고, 자영만이 사로잡혀 일본으로 갔다가 이제 돌아오게 된 것이었다.

『태조실록』 5년 7월 10일

섬라곡국 사자 임득장 등 6명이 왜구에게 잡혀갔다가 도망하여 왔으므로, 득장 등 4명에게 각각 옷 1습씩 하사하고 종인從人에게도 주었다.

『태조실록』 6년 4월 23일

조선왕조실록에는 회회回回 사람도 등장한다. 회회인은 위구르인 을 중심으로 하는 무슬림 일반에 대한 통칭이라 할 수 있다. 조선에 온 회회인은 대부분 중앙아시아 투르크계다. 회회인으로 유명한 사례로 는 설장수偰長壽를 들 수 있다.

그는 공민왕 때 원나라 승문감 벼슬을 하던 아버지 설손偰遜과 함 께 귀화했다. 그러니까 당시의 용어로는 '향화向化'한 것이다. 문장이 뛰어나 『직해소학直解小學』을 편찬하기도 했으며 여러 편의 시를 남겼 다. 일부가 김종직金宗直의 시선집 『청구풍아靑丘風雅』에 전하고 있다.

인물의 바탕이 민첩하고 굳세며 말을 잘해 사람들의 칭송을 받았

　　　　　　　　　　　　　　조선의 문화와 생활

다. 19세에 조선에 왔는데 그때 이미 조선말을 알고 있었다고 한다. 그는 통역관으로 활약했으며 사역원 제조로서 사역원과 역과제도의 입안立案에 큰 역할을 했다. 태조 5년1396년 11월 계림鷄林이라는 본관을 하사받았다.

관향까지 하사받았으니 완전히 조선 사람이 된 것이다. 『정종실록』에는 설장수의 졸기를 적고 있다. 다소 길긴 하지만 특이한 경우인 만큼 그대로 인용하기로 한다. 졸기란 어떤 인물이 죽었을 때 실록에서 그의 일생에 대해 평가와 함께 정리해 놓은 것을 말한다. 실록에 졸기가 실려 있다는 사실 자체가 그 인물의 비중을 말해 준다고 해도 좋겠다.

판삼사사判三司事 설장수가 졸卒하였다. 휘諱는 장수長壽요, 자字는 천민天民이었다. 그 선조는 회골回鶻 고창高昌 사람이었다. 지정至正 기해년1359년에 아비 백료손伯遼遜설손이 가족을 이끌고 우리나라로 피난해 오니, 공민왕이 옛 지우知遇라 하여 전택田宅을 주고 부원군富原君으로 봉하였다. 임인년1362년에 공의 나이 22세에 동진사과에 합격하여 벼슬이 밀직제학에 이르고, 완성군完城君에 봉해지고, 추성보리공신推誠輔理功臣의 호號를 하사받았다.

정묘년1387년에 지문하부사로 표문表文을 받들고 명나라 서울에 가서 주문奏聞하여 유이流移한 인호人戶 이타리불대李朶里不歹 등이 송환당하지 않게 하고, 관복을 습용하는 것을 허락받았다. 경오년1390년 여름에 고려 왕씨를 복귀시키는 데 공을 세워 충의군忠義君에 봉해졌다.

임신년1392년에 지공거가 되었고, 그해 여름에 죄를 얻어 해상으로 귀양갔는데, 태상왕이 왕이 되기 이전의 친한 벗이라 하여 소환해서 검교문하시중을 제수하고, 연산부원군燕山府院君에 봉하였다.

무인년1398년 가을에 임금이 즉위하자, 명나라 서울에 가서 주문하게 되었는데 행차가 첨수참恬水站 중국 요동 지방에 이르니, 마침 황제가 붕어崩御하여 요동도사의 저지를 당하였다. 가는 길에 머물면서 조정에 아뢰어 명령을 받고 진향사進香使에 임명되어 명나라 서울에 갔다.

건문建文 원년1399년 6월에 성지聖旨를 받들어 주문하여 요청을 허락받고 돌아왔다. 10월에 병으로 죽으니, 나이 59세였다. 부음이 들리니 조회를 정지하고 제사를 내려주고, 나라에서 장사를 지내주고, 시호를 문정文貞 이라고 하였다. 공은 타고난 바탕이 정精하고 민첩하며, 강剛하고 굳세며, 말을 잘하여, 세상에서 칭송을 받았다. 명나라 서울에 입조한 것이 여덟 번인데, 여러 번 가상嘉賞을 입었다. 찬술한 『직해소학』이 세상에 간행되었고, 또 시고詩藁 두어 질이 있다. 아들은 설내偰耐·설도偰衛·설진偰振이다.

『정종실록』 1년 10월 19일

다음은 여송국呂宋國 표류민에 관한 기사이다. 여송국이라면 과연 어떤 나라일까. 그 의문은 조금 후에 풀기로 하고 먼저 『순조실록』을 보자. 순조 1년1801년 8월 제주도에 어떤 나라 사람인지 알 수 없는 5명의 이국인이 표류해 왔다. 말과 글이 통하지 않으니 대체 어디 사람인지 알 수 없었다. 순조 7년1807년 제주목사 한정운韓鼎運이 보고서를 올렸다.

조선의 문화와 생활

그 나라에 대해 말을 하고 그 나라를 그려 보이는데 언제나 '막가외莫可外'라 일컬으며 멀리 동남쪽을 가리켜 보입니다만 '막가외'란 나라 이름은 일찍이 들은 적이 없었습니다. 때마침 유구에서 표류해 온 사람들이 있어 그들이 사정을 알아보고서는 "아마도 여송국 사람인 듯하며, 막가외 역시 여송국의 관음官音으로 말한 것인 듯하다"고 했습니다. (중략) 이제 유구 표류인의 문답으로 보건대, 여송에서 복건까지는 배가 서로 통하고 있음을 미루어 알 수가 있고, 이미 그 국호를 안 뒤라면 본국으로 돌려보낼 방도를 생각하지 아니하고 한결같이 유치해 두는 것은 차마 하지 못할 일입니다. 그러므로 감히 이번에 이치를 논하여 치계馳啓하니, 원하옵건대 머물러 있는 저들 세 사람을 다시 이런 뜻으로 성경盛京 심양瀋陽에 이자移咨하고 입송入送하여 본국으로 전송하도록 하소서.

『순조실록』 7년 8월 10일

여송국은 오늘날의 필리핀에 해당한다. 비변사는 여송국에 대해서 상고해 본 후 지리적으로 중국 복건성과 멀지 않지만 본래 통공通貢하는 나라가 아니라서 마땅히 사신의 왕래가 없었다고 했다. 아울러 제주도에 표류해 온 사람들이 여송국 사람들이라는 유구인들의 말을 믿을 수 없다며, 심양에 외교문서를 보내 그들을 본국으로 돌려보내자는 순조의 지시에 반대했다.

그런데 마침 그 당시 여송국에 표류해 갔다가 돌아온 우리나라 사람이 있었던 모양이다. 결국 그들의 말을 듣고서야 표류민이 여송국 사람임을 확실히 할 수 있었다.

나주 흑산도 사람 문순득文順得이 표류되어 여송국에 들어갔었는데, 그 나라 사람의 형모形貌와 의관衣冠을 보고 그들의 방언方言을 또한 기록하여 가지고 온 것이 있었다. 그런데 표류되어 머물고 있는 사람들의 용모와 복장이 대략 서로 비슷했으므로, 여송국의 방언으로 문답問答하니 절절이 딱 들어맞았다. 그리하여 미친 듯이 바보처럼 정신을 못 차리고서 울기도 하고 외치기도 하는 정상이 매우 딱하고 측은하였다.

『순조실록』 9년 6월 26일

그러니까 그들이 여송국, 즉 필리핀에서 표류해 온 사람들이라는 사실을 알아내기까지 무려 9년의 시간이 걸렸다고 실록은 적고 있다. 조정에서는 여송국의 표류민들을 다시 심양에 자문咨文 외교문서을 보내 본국으로 송환하도록 했다.

이른바 서양에 속하는 나라 사람으로 조선에 왔던 외국인으로는 잘 알려져 있는 박연朴淵 과 하멜Hamel 일행을 들 수 있다. 실록에서는 그들의 나라에 대해서 정보가 없었던 만큼 '남만국南蠻國'으로 적고 있다. 하지만 '남만'이란 특정한 나라의 이름이 아니라 중화中華 제국을 둘러싸고 있는 4방의 오랑캐들, 즉 동이東夷·서융西戎·남만南蠻·북적北狄의 하나에 해당한다. 따라서 남만국, 남만인이라 하더라도 소속 국가는 서로 다를 수 있다.

나중에서야 그들이 네덜란드 사람이라는 것을 알게 된 것이다. 박연의 경우, 네덜란드 이름은 벨테브레Weltevree다. 한자 표기는 '朴燕' 또는 '朴延'으로 쓴다. 그는 인조 4년1626년 홀란디아Hollandia호 선원으로 동양에 왔다가, 이듬해 우베르케르크Ouwerkerk호를 타고 일본으로 향하던 중 풍랑을 만나 표류하다가 제주도에 도착했다. 동료 두 사람, 히아베르츠Gijsbertz와 피에테르츠Pieterz와 함께 마실 물을 구하려고 상륙했다가 관헌에 잡혀 인조 6년1628년 서울로 압송되었다. 그들은 훈련도감에서 총포의 제작·조종에 종사했다. 인조 14년1636년에 병자호란이 일어나자 훈련도감군을 따라 출전하기도 했다.

이어 효종 4년1653년 하멜 일행이 제주도에 표류해 도착했다. 조선에 정착해 있던 박연은 제주도에 가서 그들의 통역을 맡았으며 이들을 지휘했다. 그들이 서울로 압송되었다가 전라도 병영兵쯈으로 이송되기까지 3년 동안 함께 지내면서 조선의 풍속과 말을 가르쳤다. 그때의 상황을 실록은 아래와 같이 적고 있다. 제주목사 이원진李元鎭이 보고한 내용이다.

> 배 한 척이 고을 남쪽에서 깨져 해안에 닿았기에 대정현감大靜縣監 권극중權克中과 판관判官 노정盧錠을 시켜 군사를 거느리고 가서 보게 했더니, 어느 나라 사람인지 모르겠으나 배가 바다 가운데에서 뒤집혀 살아 남은 자는 38인이며 말이 통하지 않고 문자도 다릅니다. 배 안에는 약재·녹비鹿皮 따위 물건을 많이 실었는데, 목향木香 94포包. 용뇌龍腦 4항缸. 녹비 2만 7천 장이었습니다. 파란 눈에 코가 높고 노란 머리에 수염이 짧았는데, 혹 구레나룻은 깎고 콧수염을 남긴 자도 있었습니다. 그 옷은 길어서 넓적다리까지 내려오고 옷자락이 넷으로 갈라졌으며 옷깃 옆과 소매 밑에 다 이어 묶는 끈이 있었으며 바지는 주름이 잡혀 치마 같았습니다.

하멜표류기 조선 후기 네덜란드인 하멜이 조선에 서의 억류 생활상을 기록한 책

왜어倭語를 아는 자를 시켜 묻기를 "너희는 서양의 크리스천吉利是段인가?" 하니, 다들 "야야耶耶"라고 했고, 우리나라를 가리켜 물으니 고려高麗라 하고, 본도本島를 가리켜 물으니 오질도吾叱島라 하고, 중원中原을 가리켜 물으니 혹 대명大明이라고도 하고 대방大邦이라고도 했으며, 서북西北을 가리켜 물으니 달단韃靼이라 하고, 정동正東을 가리켜 물으니 일본日本이라고도 하고 낭가삭기郎可朔其라고도 했는데, 이어서 가려는 곳을 물으니 낭가삭기라 하였습니다.

『효종실록』 4년 8월 6일

이에 조정에서는 서울로 올려 보내라고 명했다. 전에 온 남만인 박연이라는 자가 보고 "과연 만인蠻人이다" 했으므로 드디어 금려禁旅 왕실 호위병에 편입시켰는데, 대개 그 사람들은 화포火砲를 잘 다루기 때문이었다. 그들 중에는 코로 퉁소를 부는 자도 있었고 발을 흔들며 춤추는 자도 있었다고 한다.

그들은 효종 4년1653년 1월 네덜란드를 출발해서 바타비아를 거쳐 타이완에 도착했으며, 그해 7월 무역선 스페르웨르호를 타고 나가사키長崎를 향해 가던 도중 폭풍을 만났다. 제주도 부근에서 배가 난파해서 일행 36명이 제주도 앞바다에 표착漂着했다. 그들은 제주목사의 심문을 받은 후 이듬해 5월 서울로 호송, 훈련도감에 편입되었다. 그후 효종 8년1657년 강진의 전라병영, 현종 4년1663년 여수의 전라좌수영에 배치되어 잡역에 종사했다.

그러다 현종 7년1666년 9월 하멜은 동료 7명과 함께 탈출하여 나가사키를 거쳐 2년 뒤인 현종 9년1668년 본국으로 돌아갔다. 귀국 후 13년간에 걸친 경험을 바탕으로 『하멜표류기』를 저술했다. 『하멜표류기』는 한국을 서양에 소개한 최초의 책으로 당시 유럽인들 사이에 '코레아' 열풍을 불러일으키기도 했다.

조선을 찾았던 외국인들 중에는 다시 자기 나라로 돌아간 경우도 있지만, 귀화해서 조선인이 된 경우도 적지 않았다. 그처럼 귀화한 외국인들을 '향화인向化人'이라 한다. 그들을 정착시키기 위해서 일련의 정책을 마련하기도 했다. 그들 중에는 박연과 같은 서양 사람도 있었지만, 대부분 중국 혹은 주변국에서 온 사람이거나 그들의 후손이었다. 조정에서는 그러한 향화인들의 장기를 살려서 '대외 관계' 등에 적극 활용하기도 했다. 세종은 귀화하는 왜인과 야인이 살 집은 관청에 속한 빈집을 주고, 빈집이 없으면 선공감繕工監이 그 가족의 많고 적음을 요량하여 2칸 혹은 3칸을 지어 주었다. 또한 토지 세금은 3년, 요역은 10년간 면제해 주었다. 공을 세우는 자에게는 관향貫鄕을 내리기도 했다.

하지만 먹고사는 것만 해결된다고 해서 다 끝난 것은 아니다. 혼인 문제가 있는 것이다. 세종 15년1433년 8월 18일 오키나와 사람 오보야고吾甫也古와 조선 처녀의 혼인 문제를 둘러싸고 신하들이 논란을 벌이는 장면이 나온다. 이를 재구성해 보기로 하자.

이조판서 허조 이제 들으니, 유구국琉球國 사람으로 배 만드는 사람인 오보야고 등을 장가들게 한다 하옵는데, 신의 마음에는, 우리나라가 예의 있는 나라임은 천하가 다 같이 아는 바이온데, 저런 토인에게 장가들게 함이 불가하다고 생각됩니다. 장가들게 한 영令을 정지시키시기를 바랍니다.

좌의정 맹사성 오보야고 등이 오래 살고 돌아가지 않는다면 장가들게 허락하는 것이 좋겠고, 만약 지금 돌아간다면 장가들게 하는 것이 불가합니다.

영의정 황희 신의 의견도 맹사성과 같습니다. 다만 날을 정하여 장가들게 된 줄로 저들이 미리 알고 있는데, 까닭 없이 허락하지 않는다면 그들 마음에 어떻게 생각하는지 알 수 없습니다.

이에 세종은 "저들이 장가들게 될 줄을 모르고 있으면 그만인데, 저들이 이미 알고 있다면 허락하지 않기가 어렵겠다" 하면서 장가들게 했다. 세종 20년1438년에는 외국인들 중에서 장가가기를 원하는 사람은 공사노비 가운데 양인 남자에게 시집가서 낳은 여자를 주도록 하는 것을 항식恒式으로 삼았다. 의정부가 예조의 보고에 따라 다음과 같이 아뢰었다.

귀화하여 온 여진 사람 시가로時家老 와 야질대也叱大 등에게 의복 · 갓 · 양식 · 가사 · 가재 · 안장 갖춘 말 · 노비를 주고, 인하여 공사비로서 양부에게 시집가서 낳은 여자에게 장가들어서 아내로 삼도록 하며, 금후로는 귀화한 사람으로서 장가들 자가 있으면 으레 양부에게 시집가서 낳은 여자를 주도록 하는 것을 영구히 항식으로 삼으소서.

『세종실록』 20년 1월 28일

　귀화한 외국인이 일정한 학문 경지에 이르면 과거 응시를 허락하기도 했다. 세종 17년1435년 향화한 왜인倭人으로 광주 호장戶長 향리 우두머리 이간李間의 양자養子가 되었을 뿐만 아니라 양주의 호장 한원韓原의 딸에게 장가들어 아들 이근李根을 낳고서 과거에 응시한 마삼보로馬三寶老, 중종 4년1509년 진사 시험에 합격한 향화인 김위金渭의 사례는 흥미롭다. 향화인 김위는 정승의 무사안일을 비판하고 궁중의 불사를 경계하는 상소문을 올리기도 했다중종 13년 7월 17일. 향화인들 중에 과거를 통해 관직을 제수받은 사례도 상당수에 달한다.

　이처럼 조선시대에도 다양한 국가의 외국인들이 왕래하고 있었다는 것, 외국인으로 있다가 돌아간 사례도 있지만 동시에 귀화해서 완전히 동화된 사람들도 많았다는 것을 알 수 있다. 흔히 우리가 생각하는 단일민족이란 용어와 개념은, 오늘날 그 정체가 폭로되고 있듯이, 만들어진 개념이자, 동시에 일종의 이데올로기적 장치라는 것이 더 정확하지 않을까 한다.

　하지만 지난 날을 되돌아보면, 우리 사회 일각에는 혼혈과 혼혈아에 대한 차가운 편견과 차별이 존재했음을 쉽게 부인할 수 없다. 그들을 놀리거나 차별하는 풍조는 다인종과 다문화 시대에 어울리지 않는 시대착오적인 발상이라 해야 할 것이다. 한국인 어머니와 미국인

아버지 사이에 태어난 미국 슈퍼볼 스타 하인즈 워드Hines Ward와 그의 방한에 열광하는 모습을 지켜보면서 필자는 우리 사회가 정말이지 급격히 변하고 있음을 실감하지 않을 수 없었다.

이미 농촌으로 가면 "베트남 처녀와 결혼하세요" 하는 내용의 현수막을 어렵지 않게 볼 수 있다. 2005년 11월에 개봉된 영화 〈나의 결혼 원정기〉는 멀리 우즈베키스탄으로 결혼 상대를 찾아서 원정을 떠나는 농촌 총각들을 소재로 삼고 있다. 또한 친부親父를 찾아 한국으로 시집온 라이따이한 여성의 이야기를 그린 주말 연속극 〈황금신부〉2007년 6월~2008년 2월는 30%대의 시청률을 과시했다. 뿐만 아니라, 방송 내내 한국으로 시집 온 베트남 며느리들의 절대적인 지지를 받았다고 한다. 그야말로 '글로벌 웨딩' 시대가 오고 있는 것이다.

2008년 외국인의 공무원 임용이 가능하도록 국가공무원법 개정을 추진했다. 국가공무원법은 "국가 공권력을 행사하거나 정책 결정, 국가 보안 및 기밀 분야가 아닌 연구, 기술, 교육 등 특정한 분야 직위에 대해 기간을 정해 필요한 최소한의 범위 내에서 외국인을 공무원으로 임명할 수 있다"고 규정해서 외국인의 공무원 임용을 계약직 교사나 연구원 등으로 한정하고 있었기 때문이다. 2009년 귀화인인 이참은 최초로 공기업인 한국관광공사 사장에 임명되었다. 영화 〈완득이〉에서 완득이 엄마로 출연했던 필리핀 출신 이자스민은 2012년 총선에서 새누리당 비례대표 국회의원에 선출되었다. 그런데 우리는 이미 조선시대에 귀화한 외국인들로 하여금 조정의 관청에 소속케 하고 능력을 발휘하게 한 역사를 가지고 있지 않은가.

조선의 문화와 생활

조선에 귀화한
이슬람 사람들

2007년 7월 20일, 외신을 통해서 들어온 "한국인이 아프간에서 탈레반에 납치됐다"는 피랍 소식은 나라 전체를 떠들썩하게 만들었다. 어떻게 된 사정인지 윤곽이 드러나면서 국민들은 한층 더 놀랐다. 한 교회에서 아프가니스탄에 선교와 봉사활동을 하러 갔다가 23명이 억류당했다는 것이다. 아직도 기억에 생생한 '아프가니스탄 인질 사건'이다.

그 소식을 처음 들었을 때 많은 사람들이 '정말이지 이거 큰일 났다'는 생각을 했을 것이다. 정부군과 무장 세력 사이의 내전이 한창 중인 아프가니스탄, 게다가 종교적인 성향으로 보자면 과격한 이슬람 권역에 속하는 곳이다. 굳이 헌팅턴S. Huntington의 '문명의 충돌The Clash of Civilization'론을 들먹거리지 않더라도 기독교와 이슬람권의 대치와 대립의 밑바닥에는 해묵은 감정이 깔려 있지 않은가. 정부의 경고를 무릅쓰고 그런 지뢰밭을 찾아간 선교와 봉사에는 역시 무모함이 없지 않았다.

탈레반 무장 세력이 내건 요구 조건과 고도의 자극적 심리전에 시달리면서도 정부에서는 자국민의 안전을 위해 다각적인 인질 석방 외교전을 펼쳤다. 그들은 한국군의 철수와 탈레반 수감자와의 맞교환 등을 조건으로 내세웠다. 그 와중에 안타깝게도 피랍인 중 2명이 피살되었다. 자세한 협상 경과와 내역은 알 수 없지만 ─ 당시 외신 보도에 따르면 최소 400만 달러를 지불했다 한다 ─ 결과적으로 나머지 21명, 남자 5명과 여자 16명 모두 풀려난 것은 그야말로 불행 중 다행이다.

피랍되어 있는 동안에는 국민 모두 그들이 하루 빨리 자유로워지기를 바라는 마음이 앞섰지만 그들이 풀려난 후에는 국민들 사이에서 열띤 논란이 없지 않았다. 종교 영역과 관련된 만큼 감정이 격앙될 수 있는 여지가 없지 않았다. 개신교 측에서도 현지 사정을 무시하는 지나친 선교에 대해 반성한다는 성명서도 나왔다. 사람들의 진심과 호의도 '문화'에 따라서는 엉뚱한 오해를 살 수 있는 것이다.

아프가니스탄 인질 사태를 지켜보면서 서로 다른 종교와 문화, 그리고 세계관과 관련해서 생각을 해 보았다. 서로 다른 신념과 신념이 정면으로 맞부딪칠 때 과연 어떻게 화해할 수 있을까. 더구나 절대자인 신神에 뒷받침된 그것이라면 해결책은 한층 더욱 어려워진다. '신의 전사들The Warriors of God'은 죽음을 불사하기 때문이다. 2006년 한국에도 소개된 영화 〈뮌헨Munich〉은 바로 그러한 정치와 종교의 긴박한 문제를 던져 주고 있다.

그와 동시에 우리들이 아프가니스탄을 비롯한 이슬람권역, 그리

조선의 문화와 생활

고 이슬람교에 대해서 잘 모르고 있다는 인상을 강하게 받았다. 인질 사태 때도 많은 사람들이 미국에, 그리고 미국의 중재에 기대하는 것을 보면서 위기나 유사시를 대비해서라도 이슬람권에 대한 깊이 있는 정보와 연구를 축적해 가야 한다는 생각을 했다.

우리나라와 이슬람문화권과의 교류는 언제부터였을까? 그 연원을 거슬러 올라가면 고려시대 이전까지 올라간다. '코리아'라는 이름 자체가 알려진 것이 고려시대다. 고려 후기, 원나라몽골를 매개로 해서 교류가 이루어졌던 것이다. 고려 후기에 개경을 비롯한 여러 지역에 많은 이슬람인들이 와서 살고 있었다. 그들은 원나라가 고려를 지배했을 때 사신이나 통역관, 몽골 귀족의 시종 등으로 따라 나와서 정착하게 되었다. 그들은 회회回回로 불렸다.

그 당시 이슬람문화권은 중세 과학기술의 선진국으로 연금술과 항해술, 천문기상학 · 수학 · 물리학 등이 고도로 발달해 있었다. 그런 과학 문명이 회회인을 통해서 조선에 전파될 수 있었다. 조선 초기에 천문 · 기상 · 의학 분야에서 찬란한 과학 문명을 꽃피울 수 있었던 데에는 역시 그러한 바탕이 있었기 때문이라 할 수 있겠다. 회회력回回曆과 회회역법으로 불리는 천문기상학에 대한 기록을 세종과 세조 대의 실록에서 찾아볼 수 있다. 세종 때에 이슬람의 회회력과 중국의 수시력을 참고하여 『칠정산七政算』이란 역법서를 만들기도 했다.

조선에 정착한 회회인으로는 조선의 역과와 역관 양성 제도를 입안한 설장수를 들 수 있다. 그리고 『태종실록』에 회회 사람 사문沙門 승려에 대한 기록이 보인다태종 7년 1월 17일. 회회 사문 도로都老가 처자를 데리고 함께 와서 머물러 살기를 원하니, 태종이 명하여 집을 주어서 살게 했다. 회회 가족을 한성에 정착하게 한 것이다.

도로는 태종의 환심을 샀던 듯하다. 태종 12년1412년 그의 요청에 따라 수정을 캐도록 하고 있기 때문이다.

> 회회 사문 도로에게 명하여 금강산·순흥·김해 등지에서 수정을 캐도록 하였다. 도로가 일찍이 본국의 수정모주水精帽珠를 만들어 바쳤는데, 임금이 좋다고 칭찬하였다. 도로가 또 상언上言하기를 "산천이 많아서 반드시 진귀한 보화를 가졌을 것이니, 만일 저로 하여금 두루 돌아다니게 한다면 얻을 수 있을 것입니다"라고 하였다.
>
> 『태종실록』 12년 2월 24일

도로의 작업은 효과가 있었다. 다음 달인 3월 경상도 관찰사 안등이 도로가 캔 수정 300근을 바쳤다. 이어 다음 해1415년 7월에는 도로를 순흥부에 보내어 수정을 캐게 했다. 세종 때에는 도로에게 쌀 5석을 내려 주었다는 기록도 보인다.

실록에는 도로 이외에도 태종이 쌀 10석을 내리고 좋은 옥을 주면서 각서刻書 글씨를 새김하게 했던 회회 승려 다라多羅, 역시 쌀 5석을 내린 회회인 서지西地 등이 보인다.

태종 17년1417년 6월에는 구주九州 탐제探題 우무위右武衛 원도진源道鎭이 사신을 보내 예물을 바치고, 거류하는 회회국 승려를 돌려보내도록 요청하기도 했다. 세종 1년1419년 5월 "수레가 개성에 이르니, 유후留後

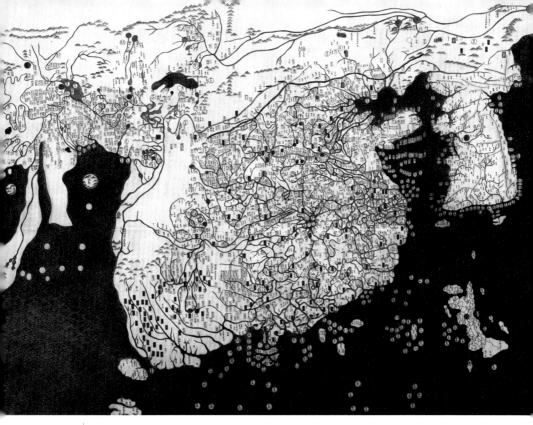

혼일강리역대국도지도 混一疆理歷代國都之圖 현전하는 동양 최고의 세계지도태종 2년 1402년

한옹韓雍과 겸부유후兼副留後 이적李逖이 여러 부로父老와 회회인들을 인솔하고 영빈관 앞에 봉영했다"는 기사 등을 볼 때 상당한 숫자의 회회인, 그러니까 이슬람 사람들이 개성에도 있었음을 알 수 있다.

　회회인들은 각종 국가적인 의례나 행사 때에 참석하기도 했다. 세종이 즉위했을 때 "좌우 시신侍臣 다음으로 승도僧徒 및 회회인들이 뜰에 들어와 송축頌祝했다"고 한다세종 즉위년 9월 27일. 회회인들은 설날 인사 때도 참석했다세종 1년 1월 1일. 세종 7년, 8년, 9년 1월 1일자에도 같은 기록이 보인다. 또한 세종이 세자와 백관을 거느리고 동지 망궐

조선에 귀화한 이슬람 사람들

례를 행하고 근정전에서 조하朝賀를 받을 때에도 회회인들 역시 하례에 참석했다세종 8년 11월 15일. 중요 장례식 때도 참석한 모습을 볼 수 있다세종 4년 9월 4일.

그들 회회인 중에는 일시 체류하다가 돌아간 자들도 있었겠지만 귀화해서 조선 땅에 살아가는 자들도 있었다. 그런 사실은 다음의 기사 '귀화한 회회인'이란 구절에서 알 수 있다.

> 임금이 면복冕服 차림으로 왕세자와 문무의 여러 신하를 거느리고 망궐례望闕禮를 의식대로 행하고, 강사포絳紗袍 차림으로 근정전에 나아가서 조하朝賀를 받았다. 왜인·야인과 귀화한 회회인과 승려·기로耆老 들이 모두 조하에 참여하였다. 의정부에서 안장 갖춘 말과 옷감을 바치고, 여러 도道에서는 하전賀箋과 방물方物을 바치었다. 근정전에서 임금과 신하가 함께 연회하기를 의식대로 하고, 날이 저물어서야 파하였다.
>
> 『세종실록』 9년 1월 1일

그들이 처음에 조선에 왔을 때는 고유한 의상과 풍습, 그리고 종교 등을 그들 자유에 맡겼겠지만, 점차 귀화, 정착하게 되면서 그들의 독특한 풍습과 문화를 어떻게 할 것인가 하는 문제가 제기되지 않을 수 없었다. 다음 기록은 그런 의문에 대한 궁금증을 풀어 줄 수 있다. 예조에서 아뢰었다.

> 회회교도는 의관衣冠이 보통과 달라서 사람들이 모두 보고 우리 백성이 아니

라 하여 더불어 혼인하기를 부끄러워합니다. 이미 우리나라 사람인 바에는 마땅히 우리나라 의관을 좇아 별다르게 하지 않는다면 자연히 혼인하게 될 것입니다. 또 대조회大朝會 때 회회도의 기도하는 의식도 폐지함이 마땅합니다.

『세종실록』 9년 4월 4일

세종은 예조의 건의대로 시행하도록 했다. 귀화한 후에는 마땅히 조선의 의관을 입어야 한다는 것, 그래야 혼인도 가능하다는 것을 말했으며, 따라서 대조회 때도 회회도의 기도 의식을 폐지했다는 것이다. 적극적인 동화 정책을 펼쳤다고 할 수 있겠다. 그런 만큼 회회인들은 세월의 흐름과 더불어 조선 사람이 되어 갔던 것이다.

그런데 흥미로운 사실은 회회에 관한 기사는 조선 초기에 집중적으로 나타난다는 점이다. 앞에서 보았듯이 회회인들이 왕래하며, 더구나 귀화하는 사람도 있었다. 귀화한 회회인은 조선 정부의 적극적인 동화정책에 따라 조선 사람으로 되어 가고 있었다. 그와 더불어, 회회와의 직접적인 교류는 어느 시점에선가 중단된 것으로 여겨진다. 아마 명나라 중심의 국제질서가 자리 잡게 되면서 조선의 외교 역시 중국 일변도로 변해 갔기 때문이 아닐까 한다.

이후 회회, 회회인에 관한 기사는 중국 북경 사행을 다녀온 사신 일행이 듣고 본 것을 전하는 간접적인 방식으로 나타나고 있다. 북경의 중국 조정에서 만난 회회국 사신에 대한 이야기가 내용의 주류를 이루고 있다. 아래의 중종 3년1508년 2월 기사를 보기로 하자. 주문사奏聞使 성희안과 신용개가 북경으로부터 돌아와서 보고하는 내용이다.

신이 세 차례 북경에 갔었는데 들으니, 회회국 사람은 남이 잡은 고기는 먹지 않고 반드시 손수 잡아서 먹으며, 또 마음을 착하게 하고 경經을 읽는 등의 일을 한다는데 대궐 안에 맞아들여 스승으로 섬긴다 합니다.

『중종실록』 3년 2월 3일

이 장면을 보면 회회국 사람에 대해 먼 나라로 아주 멀게 느끼고 있다는 것, 게다가 직접 본 것도 아니고 전해 들은 이야기에 지나지 않는다. 귀화한 회회인이 있었지만 이미 직접적인 연결 고리가 끊어져 있다는 것을 알아차릴 수 있다. 중종 14년1519년 사은사謝恩使로 중국에 다녀온 김극핍 역시 황제의 근황을 전하는 가운데 회회가 언급되고 있다.

황제는 또 자주 회동관會同館에 행행行幸하여 달자撻子 · 회회 등의 모든 추장酋長들과 서로 희롱하였으며, 회회로 하여금 음식을 차리도록 하고서는 황제가 스스로 맛보았고 더러는 오랑캐의 옷을 입고 그들의 풍습을 익히었으며, 행행하기를 때 없이 하였습니다.

『중종실록』 14년 9월 14일

때문에 회회에 대한 인식이나 정책은 회회와 직접 대면해서 결정하는 것이 아니었다. 역시 중국의 인식과 정책을 거의 그대로 따르거나, 아니면 중국을 통해서 한번 걸러진 형태로 이루어질 수밖에 없었다. 그런 모습은 중종 21년1526년 정조사正朝使 김근사金謹思의 선래통사

조선의 문화와 생활

先來通事 안경女璥이 가지고 온 서장書狀에서도 확인할 수 있다. 거기서는
회회국 담당 서반序班 호사신胡士紳이 올린 글을 등서謄書해서 보고하고
있다.

> 신이 회회국의 일을 아는데, 회회국 종족들은 특히 모든 외국 사람들보다 강
> 합니다. 시험 삼아 목전目前의 일을 들어 말하건대, 전년에 서쪽 지역을 정벌
> 한 일이 있었는데 지난해에는 변방을 침범한다는 급박한 보고가 있었습니
> 다. 그들은 기운을 숭상하고 싸우기를 좋아하며 재물을 탐하고 포악한 짓을
> 마구 하여 언제나 중국의 적이 되고 있으니, 진실로 엄한 위엄으로 견제하지
> 않을 수 없는 사람들입니다.
>
> 『중종실록』 21년 3월 19일

　　중국의 관리는 회회족에 대해 모든 외국 사람들보다 강하다는
것, 그들은 기운을 숭상하고 싸우기를 좋아하며 재물을 탐하고 포악
한 짓을 마구한다는 식의 이미지를 피력하고 있다. 회회와 직접 교류
가 없어진 조선으로서는 그것을 그대로 받아들이는 것 이외에 다른 길
은 없었을 것이다. 또한 그 같은 이미지는 북경으로 가는 외교사절들
이 회회에 대해서 갖는 일종의 선험적인 선입견이 되었을 가능성을 배
제할 수 없겠다.
　　현종 11년1670년 윤2월 8일 동지사 민정중이 귀국하여 청국의 사
정을 아뢰는 장면이 나온다. 거기서도 청나라 사정에 대해서 자세히
들은 현종은 이번에 들어갔을 때 다른 나라 사신은 없었는가를 물었

다. 그러자 민정중은 이렇게 대답했다. "다만 회회국의 사신이 있었는데, 복색은 몽고인과 같았고 온 세 사람 모두가 푸른 눈이었습니다." 그 이상의 정보를 보고하지 않는다.

정조 때 동지정사로 갔던 김문순은 북경에 갔다 와서 보고 들은 것을 보고하면서 "신들과 서장관에게 회회국의 포도를 담은 조그만 자루를 각각 하나씩 내려 주었습니다"라는 짤막한 언급을 하고 있는 정도이다정조 22년 2월 19일. 이처럼 회회는 간간이 중국을 다녀온 사신들이 보고 들은 체험이나 견문에 등장하는 아주 먼 나라가 되어 버린 것이다.

실록에서 '회회'와 관련해서 나오는 것으로 '회회청回回靑'이라는 것이 있다. 회회청이란 주로 도자기에 사용하는 '청색' 안료를 말한다. 청색인데 왜 회회청인가. 역시 회회에서 많이 나거나 많이 사용하는 색깔이기 때문일 것이다. 아라비아 지역에서 수입한 것이라 한다. 지금도 확인할 수 있듯이 이슬람식 사원모스크에 많이 사용된 청색 빛깔을 떠올려 보면 될 것이다.

먼저 그러한 회회청이 어떤 성격을 가지고 있었는지 알아보기 위해 성종 19년1488년 기사 하나를 보기로 하자.

한성부 판윤 이극돈李克墩 등이 와서 아뢰기를 "화원 이계진李季眞이 일찍이 공무역하는 회회청의 값으로 흑마포黑麻布 12필을 받고서 마침내 사오지 못했습니다. 그래서 본부한성부로 하여금 그 본색本色 쌀, 보리 등의 미곡을 받아들이게 하기 위해 그의 가동家僮을 구속하고 연루된 자가 수백 명이나 됩니다.

조선의 문화와 생활

그러나 이계진이 환납還納하지 못하는 것은, 회회청은 우리나라에서 생산되는 것이 아니고 또 민간에서 쓰여지는 것도 아니기 때문입니다. 그러니 이계진이 비록 죽게 된다고 하더라도 반납할 수 없는 것은 틀림없습니다. 청컨대, 본색을 받으려고 하지 말고 흑마포를 두 배로 받는 것이 어떻겠습니까?"

『성종실록』 19년 1월 23일

여기서 우리는 회회청이 우리나라에서 생산되는 것이 아니고, 민간에서 쓰는 것도 아니며, 공무역을 통해서 수입하는 고가의 귀중품이라는 사실을 알 수 있다. 그런데 그에 앞선 세종 9년1427년 5월 24일 전라도 경차관敬差官 구치동丘致垌이 회회청을 강진에서 얻어 바쳤다는 기록이 보인다. 또한 같은 해 윤7월 3일에는 경상도 경차관 유완柳緩이 여러 고을의 산물産物을 바쳤는데, 그중에는 밀양부의 회회청과 비슷한 돌, 의성현의 회회청과 비슷한 돌이 포함되어 있었으며, 이듬해 8월 7일에는 전라도 경차관 구치동이 순천부에서 회회청과 비슷한 돌을 캐냈다고 보고했다.

여러 곳에서 회회청을 얻어서 조정에 보고했던 모양이다. 하지만 역시 전라도 강진현의 그것이 제일 좋았던 듯하다. 예종 1년1469년 10월 승정원에서 교지를 받들어 전라도 관찰사에게 급히 보냈다. 교지의 내용을 보자.

강진현에서 생산하는 회회청은 일찍이 채취하여 시험해 보았더니 간혹 진실한 것이 있었다. 경卿은 널리 방문하여 공사간公私間의 사기沙器를 구워 만드는 때에 모름지기 회회청과 비슷한 사토沙土를 써서 시험하여 아뢰라. 읍인邑人이 이러한 채색을 얻어서 바치면 혹은 벼슬을 상주되 초자超資하여 임명하며, 혹은 베 50필을 상 줄 것이니, 본도전라도의 거민居民에게 널리 고유하라.

『예종실록』 1년 10월 5일

전라도뿐 아니라 다른 지역에도 교지의 내용을 알리도록 했다. 오늘날 강진이 도자기로 유명한 것 역시 이러한 역사적 사정과 무관하지 않을 것이다.

회회청은 고가의 귀한 수입물품으로 일반 민간에서는 사용하지 않는, 아니 사용할 수 없는 그런 물품이었다. 왕실이나 관공서에서만 쓸 수 있었다. 그러다 보니 그것을 쓰는 방법 역시 특이했던 듯하다. 성종 9년1478년 지사知事 이극배李克培가 아뢰었다.

신이 상의원尙衣院에서 쓰는 회회청回回靑을 보니, 그 소비가 매우 큽니다. 쇠망치로 푸른 덩어리를 부수어서 그 가운데 좁쌀 같은 것을 취해 쓰는데, 통사通事 장유성張有誠이 신에게 이르기를 "중국 사람은 그 쓰는 것이 이와 같지 아니하니 내가 익혀서 시험하면 쓸 수 있다"고 하였습니다. 청컨대 장유성을 불러 다시 그 법을 물어서 이번에 북경에 가는 화공畫工으로 하여금 전수하여 익히게 하소서.

『성종실록』 9년 8월 11일

이에 성종은 북경으로 가는 화공에게 그렇게 하도록 했다. 광해

　　　　　　　　　　　　　　　　　　조선의 문화와 생활

창덕궁 선정전 宣政殿 보물 제814호. 평상시 왕이 거처하던 전각으로 지붕에 청기와를 덮었다.

군 때에는 회회청을 무역해서 들여온 사람에 대해서 특별히 상을 내리고 있다. 광해군은 "이 채색에 대해 명을 내린 지 여러 해가 되었으나 무역해 올 뜻이 없었는데, 이홍규李弘規가 마음을 다하여 무역하여 들여왔으니 매우 가상하다. 참작하여 시상하도록 하라"고 하였다광해군 11년 4월 17일.

　　그러면 회회청의 용도는 무엇이었을까. 일차적으로 도자기를 생각해 볼 수 있지만 거기에만 머물지 않았다. 청기와를 만드는 데 사용하였다. 회회청과 청기와, 그들은 말하자면 사치 품목이었던 셈이다. 그러한 회회청 구입에 대해서 사관은 다음과 같은 엄정한 비판을 가하고 있다.

사신은 논한다. 제대로 이지도 않은 띠풀 집과 세 층의 계단을 흙으로 쌓은 집에 거처했는데도, 아주 먼 옛날부터 다스림에 대해 말할 때면 반드시 요순 堯舜을 칭한다. 그리고 하대夏代 말기로 내려와 곤오昆吾가 기와를 구운 것에 대해서 검소한 덕을 숭상하는 임금이 이미 사치스럽다고 하였다. 그런데 어찌 반드시 만리 바깥에서 회회청을 사와서 정전正殿의 기와를 문채 나게 한 다음에야 서울을 우뚝하게 할 수 있는 것이겠는가. 더구나 지금 적당한 시기가 아니며, 크게 토목공사를 벌여 국가의 재정이 탕갈되었는데도 그러겠는가. 그런데도 도감을 맡고 있는 자들은 매번 사치스럽고 크게 하기만을 일삼으면서 일찍이 한 사람도 폐단에 대해 말을 해서 만분의 일이나마 폐단을 구제하지 않으니, 애석하도다.

『광해군일기』 9년 6월 27일

조선시대의 회회인과 이슬람문화권과의 관계가 끊기게 된 것은 오늘날의 우리에게도 많은 것을 시사해 준다고 하겠다. 우리의 외교는 미국과의 관계, 강대국과의 관계에 너무 치중한 나머지, 다른 지역들 특히 이슬람문화권에 대해서는 너무 모르고 있지는 않은가. 그들을 통해서 이슬람문화권과 접촉하려 하거나, 아니면 그들의 시각으로 이슬람문화권을 보고 있지는 않은지 모르겠다.

조선의 문화와 생활

현대사를 되돌아보더라도 우리나라는 이슬람문화권과 교류 관계가 없지 않았다. 1970년대 말 한국 경제가 비약적으로 발전하는 데에도 이른바 '중동 건설 붐'이 적지 않게 기여했다고 해야 할 것이다. 그들이 석유 자원을 무기화함으로써 일어난 '오일 쇼크Oil Shock'가 서먹하게 만드는 데 한 몫 했을 것이다. 그런 교류 관계를 오늘날까지 적절하게 이어 오지 못했다는 것, 그리고 이슬람문화권에 대해서 여전히 낯설고 잘 모른다는 느낌이 강하게 드는 것은 과연 무엇 때문일까. 지금부터라도 이슬람문화권에 대한 진지한 관심과 연구가 이루어져야 하지 않을까 한다.

양반에게
천시되던 외국어

'세계화'가 이미 현실이 되어 있는 오늘날, 외국어가 국제사회에서 경쟁하고 살아남기 위한 강력한 무기가 된다는 점에 대해서는 누구도 부인할 수 없을 것이다. 그런데, 외국어라면 대체 어느 나라 언어를 말하는가? 결국 관건은 영어인 것이다.

우리나라 학생들은 초등학교 3학년부터 정규 교과목으로 영어를 배운다. 해외 어학연수를 넘어서, 일찌감치 유학을 보내 버리는 조기유학 붐도 어제오늘 일이 아니다. 일부 외국어 고등학교에는 별도로 유학반이 편성되어 있다 한다. 방송에서도 영어 회화가 오락 프로그램화되어 인기를 끌고 있다. 영어는 이미 세계어가 되어 버렸다. 취업에서도 토익·텝스·토플 등의 평점은 필수 조건이다. 앞으로 그런 것들을 활용함으로써, 대입 수능에서 영어 과목이 빠질 것이라는 얘기도 들린다.

영어 다음으로 한국 학생들이 열을 올려 배우는 언어가 중국어와 일어이다. 특히 최근에는 중국어의 부상이 두드러진다. 지리적으로나 역사적으로나 중국은 우리와 아주 가까운 이웃임에 분명하다. 중국어 학원과 유학생이 늘고 있으며, 심지어 중국어를 가르치는 유치원도 생기고 있다. 중국과 관계가 긴밀해질수록 중국어의 효용이 커질 것이라는 현실적인 기대와 계산이 깔려 있는 것 같다. 그래서 중국어는 '차세대 언어'라는 지적도 나오고 있다.

조선시대에는 어떤 사람들이, 무슨 이유로, 어느 외국어를 배웠을까, 또 외국어 교육 방식은 어떠했을까? 이제 조선왕조실록이 안내하는 외국어 교육 현장으로 떠나 보기로 하자.

조선은 개국 초부터 외교 관계를 매우 중요시했다. 대외 정책의 근간은 사대교린事大交隣, 다시 말해서 중국에 대해서는 '사대', 일본, 유구, 여진 등 다른 국가에 대해서는 '교린'을 근간으로 삼았다.

역시 옛날이나 지금이나 외국과의 관계에서는 일차적으로 의사소통이 중요하다. 그렇다면 누가 그 일을 맡았을까. 실질적으로 일차적인 의사소통을 담당한 사람, 그들은 바로 역관譯官이었다. 태종 4년1404년 사헌부에서 올린 상소문을 보자.

작은 나라로서 큰 나라를 섬기는 것은 고금의 공통된 의리입니다. 하물며, 우리 조정은 바닷가 벽지에 치우쳐 있어서 어음語音이 아주 다르므로, 역관을 통해서 의사소통이 이루어집니다. 그러므로 사역司譯의 직임은 진실로 중요합니다.

『태종실록』 4년 8월 20일

그런데 먼저 지적할 수 있는 것은 조선시대에는 모든 사람들이 다 외국어를 배워야 한다는 생각이 없었다는 점이다. 지배층인 양반들의 경우 외국어에 대한 학습 의지가 그다지 높지 않았다. 역대 왕들은 문신들에게 외국어 공부를 하라고 권장하기도 했지만, 양반 문신들은 그리 탐탁지 않게 여겼다. 다음의 실록 기사가 참조 자료가 된다. 성종 5년 1474년 승문원承文院 사대교린에 관한 문서를 맡아보던 관청에서 아뢰었다.

> 이문吏文 외교 문서 등에 사용되던 독특한 한문의 문체과 한훈漢訓은 일조일석에 이루어지는 것이 아닌데, 통사로서 경서經書에 통달한 자가 대개 적으니, 세조께서 이것을 염려하여 문신文臣을 특별히 선발하여 이름을 한훈학관漢訓學官이라 하고, 북경에 가는 사신을 따라가서 질정質正하게 하였습니다. 그러나 문신은 사로仕路가 있어서 이것을 영선榮選으로 생각하지 않고, 또 길이 먼 것을 꺼려 모두 직무에 힘쓰려고 하지 아니합니다. 원컨대 다시 문신을 선발하여 압해관이나 부경 사신을 보내고 맞이할 때 매번 2명을 요동 지역에 따라가게 하여 익히게 하면 편할 것입니다.
>
> 『성종실록』 5년 1월 19일

조선시대 전적으로 외국어를 배우고 담당하는 역관은 신분이 중인층에 지나지 않았다. 양반과 양인 사이에 있는 중간 신분층이었다. 그들을 선발하는 시험인 역과는 잡과의 일환으로 이루어지고 있었다. 승진하는 데에도 한계가 있었는데, 한품거관법限品去官法에 따라 정3품 당하관까지 올라갈 수 있었다. 실제로 하는 일이 갖는 중요성 때문에 더러 높은 관직에 오르기도 했다. 세종 조 김청, 세조 조 이흥덕과 이유례는 역관으로 2품직에 이르렀다. 하지만 언제나 양반들의 견제와 차대가 따랐다.

외국어 교육은 사역원司譯院에서 담당하였다. 공식적인 외교 언어는 중국어 · 여진어 · 일본어 · 몽골어의 4개 국어였다. 제1외국어는 역시 중국어였다. 역과 선발 인원 총 19명 중에서 13명68%을 뽑았으며, 중국어 전공자를 장원으로 삼았다. 나머지 여진어 · 일본어 · 몽골어는 각각 2명 선발하였다. 여진어는 청나라가 건국된 이후에는 청어로 바뀌었다. 하지만 청나라는 한어中國語를 공용어로 썼으며, 한족과 만주족을 같이 등용했기 때문에 중국어의 우위는 계속되었다.

대표적인 중국어 회화 학습서는 『노걸대老乞大』와 『박통사朴通事』였다. 내용은 고려 상인이 특산물을 싣고 오랜 여행 끝에 중국 북경에 가서 그것을 처분하고, 그 돈으로 중국의 특산물을 사서 귀국하는 내용이다. 중요한 장면들을 설정하고, 대화체로 꾸며 그 대화를 익힘으로써 자연히 중국어 회화를 습득할 수 있도록 한 것이다. 오늘날의 실전 영어 회화 교재를 생각하면 될 것이다.

흥미로운 사실은 사역원 내에서는 외국어만 사용하게 했다는 점이다. 이를 어길 시에는 현직에 있는 자는 파면시킨 뒤 1년 이내에 역관직에 오르지 못하도록 하고, 역학 생도의 경우에는 그 범한 횟수에 따라 그때마다 매질을 하는 강경책을 시행했다. 사역원 도제조正品 신개가 올린 상소문을 보자.

조선의 문화와 생활

통신사通信使 **행렬도** 일본에 파견했던 외교 사절단 모습. 조선 국왕이 막부장군에게 보내는 사절을 통신사, 막부장군이 조선 국왕에게 보내는 사절을 일본국왕사라고 하였다.

국가에서 사대事大의 예가 중함을 깊이 염려하여 중국말을 힘써 숭상해서, 권과勸課하는 방법이 지극히 자세하고 치밀하나 중국말을 능통하게 하는 자가 드물고 적으며, 비록 능통한 자가 있다 하더라도 그 음흡이 역시 순수하지 못하므로, 중국 사신이 올 때를 당하면 어전御前에서 말을 전할 적당한 사람을 얻기가 매우 어렵습니다. 지금 여러 통역하는 자를 보면, 중국말을 10년이나 되도록 오래 익혔어도 사신으로 중국에 두어 달 다녀온 사람만큼도 익숙하지 못하니, 이것은 다름 아니라 중국에 가게 되면 듣는 것이나 말하는 것이 다 중국말뿐이므로 귀에 젖고 눈에 배기 때문입니다.

우리나라에 있을 때는 사역원에 들어와서 마지못해 중국어를 익힐뿐더러 보통 때는 늘 우리말을 쓰고 있으니, 하루 동안에 중국어는 우리말의 십분의 일도 못 쓰는 것입니다. 이것은 바로 맹자가 말하는 "한 명의 제齊나라 사람이 가르치고 여러 초楚나라 사람들이 지껄여대면, 아무리 날마다 매를 때려가면서 제나라 말을 하기를 바라더라도 얻지 못할 것이다"와 같습니다. 지금부터 사역원 안에서는 오로지 중국말만 쓰기로 하며, 크게는 공사 의논으로부터 작게는 음식 먹는 것이나 기거하는 것까지도 한가지로 중국말만 쓰게 하소서. 그 밖에 몽골어·일본어·여진어의 학도들도 이 같은 예에 따라 시행하도록 하시옵소서.

『세종실록』 24년 2월 14일

사역원 내에서는 외국어만 사용하게 했을 뿐만 아니라 오늘날처럼 원어민이 어학 교육을 담당하기도 했다. 그들 외국인은 중국이나 주변국에서 귀화한 사람이거나 후손이었다. 그들을 가리켜 향화인向化

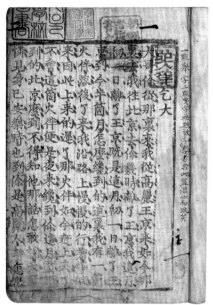

노걸대 역관의 학습 및 역과시험용 회화책

ㅅ이라고 하였다. 대외 관계에서 그들을 활용하는 한편, 정착시키기 위해 일련의 정책도 마련했다.

세종 16년1434년 귀화하는 왜인과 야인들이 살 집은 관청에 속한 빈집을 주고, 빈집이 없으면 집을 지어 주었다. 토지 세금은 3년, 요역은 10년간 면제해 주었다. 또한 그들에게 관향貫鄕을 내려 주어 조선의 백성으로 살도록 했다. 이들은 대부분 어학을 가르치는 직종에 종사했던 것으로 보인다.

대표적인 향화인으로는 위그르 출신 설장수를 들 수 있다. 명나라에 사행으로 다녀온 것이 8번이었으며 계림鷄林이 관향으로 내려졌다. 그 외에도 한족漢族인 임언충은 아들 임군례와 함께 태종과 세종 대에 역관으로 활동하여 큰 부자가 되었다. 조선 초기 역관으로 활약한 이현은 아버지가 원나라 관리 이백안이었다. 그는 임주林州를 관향으로 받았고 통사로 2품에 제수되었다.

그러면 도대체 어떻게 어학을 공부했을까. 어학의 습득 능력은 역시 어렸을 때 배우는 것이 효율적이라고 하겠다. 조선시대에도 마찬가지였다. 『역과방목』에 기록되어 있는 역과 시험에 합격한 사람들의 연령 분포를 보면, 다른 시험과는 달리 주로 10대 후반에서 20대 초반으로 나타난다. 또한 그들 가계에서는 세전 양상이 확인되는데, 이는 역시 외국어를 다루는 집안에서 성장해 조기 교육을 받을 수 있었기 때문인 것으로 여겨진다.

앞에서 잠시 언급했듯이, 역대 왕들은 어학의 중요성을 인식하고 있었다. 양반들이 직접 중국에 가서 어학을 익히는 것도 적극 장려했다. 역관들이 국가의 중요한 사항을 발설하게 되면 목전目前의 근심이라 생각했기 때문이다. 성종의 경우, 역과에 합격한 자를 문무과의 사례에 준하여 서용하는 절목을 세우려 하기도 했다성종 13년 3월 25일. 심지어 왕 자신이 직접 외국어를 배우기도 했는데, 신하들은 탐탁지 않게 여겼다. 역관, 중인들의 일이라 여겼기 때문이다.

조선시대의 외국어 정책에서 한 가지 주목되는 사항은 현실적으로 당장 중요하지 않은 몽골어에 대해서도 신경을 쓰고 있었다는 점이다. 정조 7년1783년 사헌부 대사헌종2품 홍양호가 상소문을 올렸다.

몽학蒙學에 있어서도 한갓 헛 명칭만을 끼고 있고 전연 강습講習을 하지 않습니다. 몽골과 우리나라가 지금은 비록 함께 통신通信을 하고 있지 않습니다만 국경 지역이 매우 가까운데 그들의 병마兵馬가 가장 거세므로 앞날의 일을 헤아릴 수가 없으니 어찌 소홀히 여기어 살피지 않을 수 있겠습니까? 신의 생각에는, 사역원을 감독하고 신칙하여 모든 어학의 과정을 엄격하게 하여 방법이 있게 격려하고 권면하도록 하고, 따라서 상벌로 반드시 통숙通熟하게 하소서.

『정조실록』 7년 7월 18일

비변사에서도 논의 끝에 같은 보고서를 올리자 정조는 그러한 건의를 흔쾌히 받아들였다. 당장 쓰이지는 않지만 언젠가 쓰이게 될지도 모르는 언어에 대해서도 충분히 준비하라고 한 사실은 주목되는 것이라고 하겠다.

조선시대 외국어를 담당했던 역관들, 그들은 어학 실력을 바탕으로 새로운 문물과 학문을 적극적으로 도입해서 조선 사회의 문화 발전에 크게 기여했을 뿐만 아니라 새로운 시대의 선도자 역할을 하기도 했다. 중국에 간 역관들은 각종 시설을 견학하고 북경 유리창 서점을 둘러보았으며, 과학 · 윤리 · 지리 · 종교 등에 관한 한문으로 번역된 서양 학술 서적을 구매해 왔다.

그러한 노력에 힘입어 조선 후기의 지식인들은 새로운 학문적 감흥과 함께 강한 자극을 받을 수 있었다. 북학北學과 서학西學이라는 새로운 학문적 경향은 그런 맥락에서 이해해야 할 것이다. 그들은 자신의 신분과 경험에 바탕을 둔 독자적인 문화 활동을 전개하기도 했으며, 또한 나아가 신분해방 운동을 전개하기도 했다. 근대화 과정에 중요한 역할을 했다고 하겠다.

이렇듯 조선시대의 경우에도 외국어 구사 능력을 가진 사람들로서의 역관들은 사회적으로 외교적으로 중요한 역할을 했다. 세계화시대라 할 수 있는 오늘날에는 외국어가 갖는 힘과 기능은 더 커졌다. 당연히 그런 추세는 한층 더 가속화될 것이다.

그런데 문제는 현재 외국어 교육이 제대로 이루어지고 있는가, 과연 모든 국민이 외국어를 다 잘해야 하는가다. 외국어를 배우는 데 들이는 엄청난 규모의 돈과 노력을 한 번쯤은 생각해 볼 필요가 있다. 훌륭한 통역가와 번역가를 활용하는 것도 좋은 방법이 아닐까. 더구나 세계화에 걸맞게 다양한 외국어 능력을 키워 가는 것이 아니라 영어·중국어·일어에 대한 편중, 특히 영어 일변도에 치중한 외국어 교육이 이뤄지고 있는 것이 오늘날 우리 실정이다. 당장 쓰이지는 않지만 장래를 생각해서 몽골학을 권장했던 조선시대 어학 정책의 예지가 새삼 돋보인다.

현재 우리 사회 일각에서는 외국어, 특히 영어를 잘하는가의 여부가 곧 실력의 전부인 것처럼 여겨지는 풍조마저 없지 않다. 진정한 실력이나 판단력 같은 중요한 요소는 오히려 뒤로 밀려나고 있는 듯하다. 문화에 대한 깊은 이해 없이 외국어만으로 무엇을 할 수 있을까. 세계화가 되면 될수록 오히려 국적 있는 교육이 더욱 필요하지 않을까.

지역별
인재 할당제

필자는 현재 '지방'에 살고 있다. 그동안 서울에서 살다가 근무하던 직장을 옮기면서 이사를 했다. 이사한 지 1년 반 만에 아이들을 데리고 서울 나들이를 하게 되었다. 예전에 살던 곳임에도 불구하고 서울에 들어서자 아이들은 감탄사를 연발하기 시작했다. 여기저기 높은 건물들이 새롭게 들어선 모습을 보면서, 큰아들은 이렇게 말했다. "그런데 엄마, 서울만 너무 발전하는 거 같아요."

지방에 사는 학부모의 한 사람으로서 우려하는 마음과 더불어 대학 입시와 관련해서 터져 나오는 '고교등급제'를 둘러싼 치열한 공방을 지켜보곤 했다. 일부 대학이 특정 지역의 고교에 가산점을 주었다는 사실이 드러나기도 했다. 현재 고등학교의 내신 등급이 얼마나 허구적인 것인지, 다시 말해 변별력이 없다는 요지의 반박도 나오게 되었다. 이와 관련해서 당시 교육인적자원부와 유수한 대학들 사이에 내신 반영 비율 문제를 둘러싼 갈등도 없지 않았다.

양쪽의 입장과 주장에 그 나름대로 일리가 없지 않다고 생각한다. 하지만 특정 지역 학교에 대해서 무조건 가산점을 주는 것도 문제고, 일부 학교에서 내신 등급이 인플레되어 도저히 믿을 수 없게 된 것도 역시 심각한 문제라 하겠다. 그렇다면 어떻게 하는 것이 좋을까. 2013년 박근혜 정부의 등장과 함께 새롭게 개편되는 대학 입시 문제를 염두에 두면서 조선시대의 과거시험, 특히 그 지역 편중 문제와 관련해서 살펴보고자 한다.

조선시대에는 원칙적으로 양인 이상으로 누구나 재능만 있으면 과거를 통해서 관료로 나아갈 수 있었다. 그 통로는 바로 과거시험이었다. 전근대 시대에 시험을 쳐서 인재를 충원한 나라는 중국 · 조선 · 베트남 정도에 지나지 않는다. 다른 지역의 경우, 지배층은 무사 계급의 후예들이었다. 같은 아시아에 속하는 일본의 경우, 과거제가 존재하지 않았다. 우리는 그런 측면에서 조선의 과거제가 가지는 일단의 선진성을 확인할 수 있다.

그런데 그러한 과거제의 전통은 문인이 지배층을 구성하는 사회 구조와도 맞물려 있었다. 『논어』 위령공편을 보면 "학야녹재기중學也祿在其中"이라는 구절이 있다. 녹祿이라는 것은, 공부하는 데에 자연스레 있다는 것이다. 공부를 열심히 해서 과거시험을 통과하게 되면 경제적인 문제가 해결되는 것은 물론이고 나아가 국가의 정치에도 참여할 수 있었기 때문이다. 따라서 과거는, 아니 공부는 권력으로 나아가는 가장 빠른 지름길이었던 것이다.

조선의 문화와 생활

그랬던 만큼 조선시대 과거시험에서 제일 중시되었던 것은 문과 시험이었다. 무인을 위한 무과나 기술관을 위한 잡과 시험 역시 과거제의 일환을 이루고 있긴 했지만, 부차적인 위치에 머물러 있었다. 문과는 초시 · 복시 · 전시 등 3단계 시험으로 구성되어 있었다. 그것이 식년시式年試로서 3년마다 치르는 정기적인 시험이었다. 그 외에 비정기적 시험인 별시別試가 있었다.

여기서 주목할 점은 정기 시험인 식년시에서 1차 시험인 초시의 경우 지역 할당제가 있었다는 것이다. 초시 합격자 240명의 내역을 보면, 성균관 유생을 대상으로 한 관시館試에서 50명, 서울 거주자들을 대상으로 한 한성시漢城試에서 40명, 도별 거주자를 대상으로 실시되는 향시鄕試에서 150명을 선발했다.

향시 150명의 지역별 할당량은 경상도 30명, 충청도와 전라도 각 25명, 경기도 20명, 강원도와 평안도 각 15명, 황해도와 함경도 각 10명이었다. 인구에 비례하여 선발 인원이 정해진 것으로 보인다. 이들 240명을 대상으로 복시에서 33명을 선발했다. 최종 관문인 왕 앞에서 치르는 전시殿試는 그들 33명에 대한 등위를 매기는 시험이었다.

이러한 지역 할당제는 초시에만 해당되었으며 복시나 전시에는 적용되지 않았다. 그러면 최종 시험을 통과한 합격자 중에서 서울 거주자의 비율은 어떠했을까. 문과 합격자들의 거주지를 분석한 연구에 따르면, 서울 거주자의 비율은 44%에 달하고 있다.

그렇다면 1차 시험에 적용했던 지역 할당제는 최종 시험 결과에 어떤 영향을 미쳤을까? 최종 문과 시험 합격자의 서울 거주자 비율을 보면, 정기 시험인 식년시에서는 26%에 불과하지만, 비정기 시험인 증광시에서는 58%로 높게 나타나고 있다. 식년시 합격자에서 서울 출신 비율이 낮은 것은 지역 할당제가 적용되었기 때문으로 풀이된다. 다시 말해 지방 출신의 비율이 높게 나타났다. 하지만 지역 할당제가 없는 비정기 시험에서는 서울 출신이 단연 두드러졌다.

다음으로 무과 시험을 보자. 무과 시험도 문과와 마찬가지로 정기 시험인 식년시와 비정기 시험인 각종 별시로 구분되었다. 3년마다 시행하는 식년시 무과는 초시 · 복시 · 전시의 3단계로 치러져 총 28명을 선발했다. 초시는 서울 훈련원에서 주관하는 원시院試와 각 도의 병마절도사가 주관하는 향시가 있었다. 이 향시에 지역 할당제가 적용되었다.

초시에서 190명을 선발했는데 원시에서 70명, 향시에서 120명을 뽑았다. 향시는 경상도 30명, 충청도와 전라도 각 25명, 강원도 · 황해도 · 함경도 · 평안도에서 각 10명을 뽑았다. 문과 시험과 같이 2단계복시, 3단계전시 시험에서 지역별 안배에 관한 제한 규정이 없었기 때문에 합격자 배출에 있어 지역 간의 격차가 심했다.

더욱이 비정기 시험인 각종 별시는 초시와 전시 2단계로, 서울에서 보는 것이 원칙이었다. 선발 인원은 적게는 10여 명에서 많게는 수백, 수천 명, 심지어 1만여 명을 뽑기도 했다. 따라서 자연히 서울 출신이 많이 선발되었다.

하지만 조선시대 기술관의 등용문이라 할 수 있는 잡과 시험역과 · 의과 · 음양과 · 율과에는 지역 할당제가 없었다. 향시鄉試는 잡과 시험

조선의 문화와 생활

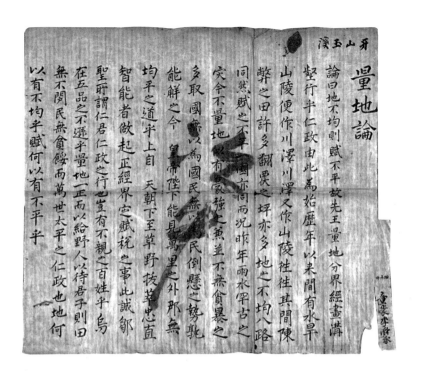

시권 試券 과거 시험 답안지

중 역과의 한학漢學에만 실시되었다. 한학의 초시 선발 인원 45명 중 역과 시험의 주무 관청인 사역원이 주관하는 사역원시에서 23명을 선발하고, 황해도와 평안도에서 각각 7명, 15명을 선발했다. 황해도와 평안도에만 향시가 실시된 것은 이곳이 중국 사행이 지나는 요충지였기 때문이다. 따라서 지역별 인재 할당제를 적용한 것으로 보기는 어렵다.

대략 위에서 본 것이 인재를 충원하는 시험 운영 방식이었던 셈이다. 하지만 시간이 흐름에 따라 서울 집중도는 높아졌으며, 지역 간의 격차도 커졌다. 영남 사림의 세력이 강성해짐에 따라 경상도 출신 합

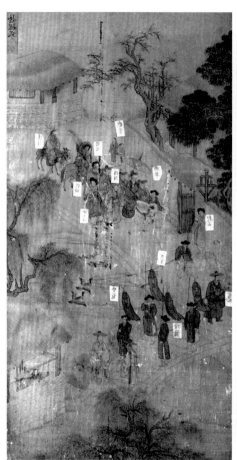

모당 홍이상 평생도 김홍도 그림. 사람이 태어나서 죽을 때까지 기념이 될 만한 경사스런 일들
을 골라서 그린 기념화를 평생도平生圖라 한다. 홍이상 평생도는 돌잔치, 혼례식, 삼일유가, 한림
겸수찬翰林兼修撰 행차모습, 송도유수 도임식到任式, 병조판서 순시모습, 좌의정 행차모습, 회혼식
回婚式의 8폭으로 되어 있다.

조선의 문화와 생활

격자가 많이 나오게 되었다. 더욱이 심한 차별을 받는 지역이 드러나게 되었다. 바로 서북西北 지방이 그러했다.

서북 지방은 서울은 물론이고 삼남三南 충청도 · 전라도 · 경상도에 비해서도 차별을 받고 있었다. 특진관特進官 경연에 참가하여 왕의 고문에 응하는 관리 이서는 이렇게 아뢰었다.

> 서북 지방이라고 인재가 없는 것이 아닌데 국가에서 거두어 쓰는 것은 삼남의 경우와 다른 점이 있으니 "차별이 없이 훌륭한 인물을 뽑아 쓴다立賢無方"는 도리가 아닙니다.
>
> 『인조실록』 2년 1월 5일

인조 3년1625년 이렇게 하교했다.

> 하늘이 한 시대의 인재를 내는 것은 한 세상의 쓰임에 넉넉하게 하기 위한 것인데, 어진 인재의 출생이 어찌 남방과 북방의 다름이 있겠으며, 참마음을 지닌 하늘이 어찌 지역을 가릴 리가 있겠는가. 우리나라에서 인재를 등용하는 길은 그 범위가 넓지 않아서 서북 지방의 인재는 절대로 수용하지 않고 있다. 간혹 종사하는 자가 있어도 모두 긴요한 직임이 아니니 이것이 어찌 어진 이를 기용함에 있어 신분을 따지지 않는다는 뜻이겠는가. 더구나 북방 은 풍패豊沛 중국 한고조漢高祖 유방의 고향. 전하여 제왕의 고향을 의미하는 것으로 널리 쓰임. 함흥은 조선조 태조 이성계의 고향이므로 견주어서 한 말임 인 옛 고향이고 서쪽 지방은 중흥의 근기根基인데, 서북 지방에 어찌 쓸 만한 인재가 없겠는가.

서울의 자제들은 별다른 재주나 행실이 없는데도 아침에 제수했으면 저녁에는 승진시켜 100리 되는 지역의 수령으로 내보내는 데 반하여 먼 지방의 준걸들은 지식이 있어도 재능을 지닌 채 헛되이 늙어 가면서 문지기나 야경꾼 같은 직임을 면치 못하니, 나는 이를 통탄스럽게 여기고 있다. 해조로 하여금 남방과 북방에 구애되지 말고 고르게 인재를 등용하여 공정한 국가의 도리를 보여서 어진 사람이 버려지는 일이 없게 해야 어려움을 구제할 수 있을 것이다.

『인조실록』 3년 10월 18일

그렇다. 인재의 출생이 어찌 남방과 북방의 구별이 있겠는가. 하늘이 그런 차별을 했겠는가. 하지만 현실은, 같은 실력을 가지고 있는데도 서울 출신들은 승승장구하고, 지방 출신들은 한직에 머물러 있는 그런 사태였던 것이다. 그래서 인조는 서북 지방의 인재도 고르게 등용하라는 명령을 내리게 되었다.

이후의 실록에서도 서북인을 등용하라는 기사를 확인할 수 있다. 효종 5년1654년 5월 1일 비변사의 북쪽 지방의 인재를 수용하여 그들의 마음을 뭉치도록 해 달라는 요청을 받아들였다. 그리고 7년1656년 12월에는 "처음 입사入仕하는 사람은 서울의 권세 있는 집안 자제로 충차充差할 필요 없이 충신과 효자의 자손을 재능에 따라 참작하여 기용하고 서북 지방의 사람들도 의당 기용하여 그들의 마음을 위로하라"고 지시했다효종 7년 12월 26일.

숙종 때도 서북 지방의 인재를 발탁하여 쓰게 한 예가 있다. 숙종은 "몇 해 전 관서 사람 양현망이 잠깐 청요직에 의망되었다가 이내 막혀 버리고 그 후로는 하나도 통청通淸된 사람이 없었다. 똑같이 한 나라의 인재인데도 버려 두고 있으니, 원근을 똑같이 대하는 뜻이 아니다. 경의 뜻은 어떠한가?" 하고 물었다숙종 29년 9월 25일.

이조 판서 이유가 대답하기를 "하늘이 인재를 낼 때에는 서북 지방을 차별하지 않았을 것입니다. 그 속에서도 출중한 자를 뽑는다면, 어찌 한둘의 쓸 만한 사람이 없겠습니까? 마땅히 신하들과 상의하여 통청해야 할 것입니다"라고 했다. 그러자 숙종은 중론이 하나로 모여지기를 기다리자면 실로 기약할 날이 없을 것이니, 결단하여 서북 지방의 인재를 수용하도록 명령했다. 하지만 덧붙여 두고 싶은 것은 무반의 청요직이라 할 수 있는 선전관宣傳官만은 끝내 서북인에게 천거를 허락하지 않았다는 점이다.

조선시대 인재 충원의 근간을 이루던 과거제는 공식적으로 고종 31년1894년 갑오경장의 실시와 더불어 폐지되었다. 하지만, 과거제가 남기고 있는 유산을 우리는 도처에서 확인할 수 있다. 지나친 교육열 역시 과거제의 유산과 무관한 일은 아닐 것이다. 대학 입시나 고시에 대해서 갖는 열기와 관심은 어쩌면 지난날의 과거에 대한 전 국민적인 열병일지도 모른다. 정작 개인의 능력보다는 그 사람의 출신과 배경을 중시하는 사회 풍조가 그런 현상을 한층 더 부추기고 있는 것은 아닐지.

언제부턴가 우리나라는 대학 입시, 교육 문제만 해결하면 전체 문제의 절반이 해결될 것이라는 자조의 소리마저 듣게 되었다. 교육 때문에 가족이 헤어져 사는 수많은 기러기 아빠 엄마는 물론이고, 심지어 교육 이민마저 떠나고 있는 상황이 아닌가.

참여정부 때 고교등급제가 뜨거운 논란을 불러일으키자, 당시 교육인적자원부는 '2008년도 이후 대입개선안'을 발표하기도 했다. 수능시험은 등급제로 바꿔 변별력을 낮추고 내신 반영 비중은 높여, 공교육을 활성화시킨다는 것이다. 그런데 아는 바와 같이 2007년 치러진 대학수학능력 시험에서는 등급제가 지닌 문제점이 여실히 드러났다. 정부에서는 대학 재정 지원 사업과 연계하여 지역 균형 선발 제도를 정착시키겠다고 했다. 어쨌거나 대학 가는 길과 방법이 다양해진 것이다.

2013년 10월 교육부는 2017년 대입제도 개편안을 발표했다. 현 중 3 학생들부터 적용되는 개편안이다. 2013년 현재 우리나라 입시제도는 1945년 해방 이후 큰 틀에서만 무려 16차례 바뀌었다고 한다. 평균 4년에 한 번 꼴이다.

전국의 수험생들과 부모들은 다시 바뀌는 입시에 대비하지 않을 수 없다. 왠지 학생들이 다양한 시험제도의 적실성을 검증해 보는 시험 대상이 되고 있는 듯한 안타까움마저 없지 않다. 일찌감치 외국에 보내서 공부시켜야 한다는 발상 역시 우리 사회의 교육 현실과 전혀 무관하지 않을 것이다.

'교육백년지대계教育百年之大計'라는 말은 이미 상투적언 어구가 되어 버린 듯하지만, 그럼에도 그 말이 담고 있는 무게와 함의는 지금도 여전히 새롭게 다가온다. 더구나 점차 국경이 무색해지는 세계화 시대를 살아가야 하는 우리로서는 국제 경쟁력을 가진 좋은 인적 자원을 키우는 것이야말로 장기적인 생존 전략이라고 할 것이다.

평생도 중 삼일유가 三日遊街 **장면**
삼일유가는 과거에 합격한 사람이 3일 동안 시험
관과 선배, 친척 등을 방문하던 응방식應榜式 장면
을 나타낸 그림이다.

쌀을 내려
의녀를 권장하다

　우리 사회에서 대학 입시는 전 국민적인 관심사라 해도 좋을 것
이다. 일률적으로 말하기는 어렵지만 각 대학의 의대와 한의대는 입학
성적이 높고 또 그만큼 우수한 인재들이 모여드는 곳으로 여겨지고 있
다. 심지어 대학을 다니고 있거나 아니면 이미 졸업하고서도 의사나 한
의사가 되기 위해 다시 입학하는 경우도 없지 않다. 대졸자들의 취업
문제 부상과 더불어 이러한 추세는 한층 더 심해질 것으로 보인다.

　2003년 9월부터 2004년 3월까지 방영되어 그야말로 국민적인 드
라마가 되었을 뿐만 아니라 한류韓流의 일환으로 외국에 수출되기도 했
던 〈대장금大長今〉, 주인공이영애 분은 조선시대 최고 의녀醫女의 길을 걸
었다. 드라마가 방영되는 동안, 그리고 그 후에도, 과연 대장금이 실존
했던 인물인가 하는 질문을 필자는 몇 차례나 받았다. 조선왕조실록에
는 대장금장금과 관련하여 9건의 기사가 확인된다. 중종 10년1515년부터

39년1544년까지의 기록에서, 실존 인물인 대장금은 최고의 의녀로서 자신의 직분을 다하고 있다. 중종 17년1522년 9월 5일에는 대비전의 증세가 쾌차하자 의관들과 함께 쌀과 콩을 각 10석씩 하사받는 장면도 기록되어 있다.

조선시대에는 어떤 사람들이 어떤 과정을 거쳐서 의사들, '의관'과 '의녀'가 되었으며, 또 그들의 사회적 위상은 어떠했는가 하는 점에 초점을 맞춰 보기로 한다. 이제 조선시대로 여행을 떠나 보자.

출발에 앞서 먼저 말해 두고 싶은 점은 오늘날과는 달리 의사들의 사회적 지위가 그다지 높지 않았다. 의관들은 양반과 양인 사이에 위치한 중간 신분층, 즉 중인中人에 속했기 때문이다. 양반 사대부의 학문으로서의 유학儒學이야말로 모든 학문의 으뜸이었다. 마치 중세 유럽에서 신학이 차지하고 있던 위상에 비슷한 것이었다. 양반 지배층은 '군자불기君子不器'라 하여, 의관을 비롯한 기술직에는 진출하고자 하지 않았다.

사헌부 대사헌종2품 채수 등이 올린 다음의 상소문은 당시 신분관을 잘 전해 주고 있다.

하늘이 백성을 내시고 이를 나누어 사민四民을 삼으셨으니, 사농공상士農工商이 각각 자기의 분수가 있습니다. 선비는 여러 가지 일을 다스리고, 농부는 농사에 힘쓰며, 공장은 공예工藝를 맡고, 상인은 물화物化를 상통시키는 것이니, 뒤섞여서는 안 되는 것입니다. 만약에 사대부가 농사에 힘쓰고, 농부가 여러 가지 일을 다스리려 한다면, 어찌 거슬리고 어지러워 성취할 수 있겠습니까. 지금 전하께서 의원과 역관을 권려하고자 하시어 그 재주에 정통한 자를 특별히 발탁하여 동반과 서반에 쓰려고 하시는데, 저희들은 그 이유를 알수 없습니다. 성왕聖王이 사람을 쓰는 것은 목수가 나무를 쓰는 것과 같아서대소, 장단을 각각 그 재목에 마땅하게 해야 합니다. 약한 나무는 동량棟樑이될 수 없고, 큰 재목은 빗장과 문설주가 될 수 없습니다. 이제 의원과 역관으로 하여금 의술이나 통역의 일을 더욱 정진하게 하지 않고 사대부의 벼슬을시키고자 하시니, 농부에게 서사庶事를 다스리고 약한 재목으로 동량에 쓰려함과 무엇이 다르겠습니까. 귀천이 달라서 서로 뒤섞일 수 없으니, 뒤섞여서는 안 되는 것이 명백합니다.

『성종실록』 13년 4월 15일

의학醫學은 사람의 목숨과 직결되는 분야인 만큼 그 중요성은 예나 지금이나 다를 바 없었다. 의관이 되기 위해서는 의과시험과 의학취재에 합격해야 했다. 그런데 그 시험은 역과, 음양과, 율과와 더불어잡과의 일환을 이루고 있었다. '잡과雜科'라는 용어 자체가 의관의 사회적 위상을 단적으로 말해 주고 있다.

자연히 양반층 사이에서는 의관직을 천한 것으로 여기는 의식과분위기가 팽배했다. 그래서 의관을 지망하는 사람도 부족했고, 자연히 자질도 좋지 못한 경우가 많았다. 이에 단종은 "학식이 뛰어나고 영리한 양반집 자제 10명을 뽑아 의원으로 교육시키라"는 지시를 내렸다단종 즉위년 9월 9일. 나이 어리고 영리한 양반집 자제들을 선발하여 습독관習讀官이라 이름하고, 여러 의학서를 공부시켜 벼슬을 주고자 했다.

이러한 왕의 명령에도 불구하고 사기가 저하된 의학 습독관들은 의술을 익히고도 그만두거나, 다른 직업을 구하기 위해 과거시험에 응시하는 사례가 빈번했다. 폐단이 심하자 의학 제조提調 오늘날의 보건복지가족부 장관의 요청에 따라 다른 과거시험에 합격해도 의업으로 되돌려보내고 의약 공부를 게을리 하거나 이 직업에서 손을 떼려고 엿보는 사람은 죄를 주도록 했다세조 4년 3월 20일.

기본적으로 의관은 한품거관법限品去官法 일정한 관품까지만 승진할 수 있도록 정한 제도에 의해 관로가 제한되었다. 다시 말해 계속적인 승진이 보장되지 않았다. 법규상으로는 최고 정3품 당하관까지 올라갈 수 있었다. 그들은 정3품 이상의 당상관으로 승진할 수 없었다. 하지만 실제로 당상관에 오른 예가 없지 않았다. 의관들은 직무상 왕의 측근에서 보좌했기 때문에 승급할 수 있는 기회가 많았다. 왕이나 왕실의 병을 낫게 했을 경우 특별히 승진시켜 주는 예가 빈번했다. 성종 1년1470년 대왕대비는 왕이 편치 않을 때에 의원 김상진과 박종서가 숙직하여 공이 있다 하여 상을 내렸다. 성종 25년1494년 원손元孫 탄생을 맞아 의원 송흠과 김흥수에게도 특별히 품계를 올려 포상했다.

그러나 중인 신분을 뛰어넘을 수는 없었다. 일례로 『동의보감』으로 유명한 허준許浚의 경우, 왕의 최측근 의관으로서 선조 37년1604년 호성공신扈聖功臣에 봉해졌으며, 39년1606년에는 정1품 보국숭록대부輔國崇祿大夫에 올랐다. 이에 대해 조정에서는 "예부터 임금의 병을 고치는 것이 하나둘이 아닌데 숭자중질崇資重秩이 이처럼 심한 것이 없다"라고 하며 허준의 가자加資를 개정할 것을 여러 차례 주장했다. 선조는 처음에는 이를 받아들이지 않았으나, 빗발치는 상소에 결국 보국숭록대부로

허준 許浚 1539년~1615년 본관은 양천陽川 으로 선조와 광해군의 어의御醫를 지냈다.

승급한 것을 개정하게 되었다. 허준과 같은 당대의 명의도 중인이라는
신분의 제한을 벗어날 수는 없었던 것이다.

반면에 의료 시술이 잘못되었을 경우 책임 추궁을 면치 못했다.
예컨대 왕을 치료하다 문제가 되었을 경우, 심한 경우 목숨을 내놓아
야 했다. 전의감 정正 정3품 당하관으로 실무 최고책임자 정종하는 상왕인 태종
의 입직 명령에 응하지 않았다 하여 대역죄로 재산 몰수와 참수형에 처
해졌다. 문종이 죽자 의관 변한산 · 노중례 · 전순의 등도 국문을 받았
다. 그래서 전해 오는 말로 내의원에서는 왕실에 시약施藥할 때, 후에

사고가 나도 책임이 돌아오지 않도록 극약 처방을 피하고 보약 같은 약재 위주로 처방했다고 한다.

그러면 대장금이 되었다는 여자 의사, '의녀'는 어떠했을까. 누가 의녀가 되었으며, 또 의녀는 어떠한 활동을 전개했을까. 의녀는 부인들의 질병을 구호, 진료하기 위하여 두었던 여자 의원이다. 의녀 제도는 태종 6년1406년 3월 16일 검교한성윤檢校漢城尹 지제생원사知濟生院事 허도許道가 "부인들이 병이 있는데 남자 의원으로 하여금 진맥하여 치료하게 하면, 혹 부끄러움을 머금고 나와서 그 병을 보이기를 즐겨하지 아니하여 사망에 이르게 됩니다. 원하건대, 창고나 궁사宮司의 동녀童女 수십 명을 골라서, 맥경脈經과 침구針灸의 법을 가르쳐 이들로 하여금 치료하게 하소서"라고 건의함에 따라 처음으로 설치되었다.

남녀칠세부동석男女七歲不同席이란 명제 탓에 부인들은 자신의 병을 남자 의원에게 진단받기를 꺼려했다. 그래서 제생원에서 의녀를 따로 뽑아서 진료하게 했다. 남녀의 자유로운 접촉을 기피하던 시대였던 것이다. 일반 여성들은 의업에 종사하고자 하지 않았다. 그래서 창고나 궁사宮司 소속의 비녀婢女들 가운데에서 여자 아이를 뽑았을 뿐만 아니라, 외방 각도의 계수관의 여비女婢 중에 영리한 여자 아이를 선택하여 침구술과 약이법藥餌法을 가르쳐서 부인들의 병을 치료하게 했다.

양반 여성에게 특별히 필요한 직종이었던 만큼 의녀 장려책이 시행되곤 했다. 세종 16년1434년 7월 25일 의녀를 권장하기 위해 1년에 두 번씩 쌀을 내리게 했다. 그리고 성종 9년1478년 2월 16일에는 예조에서 의녀를 권장하기 위하여 성적에 따라 내의內醫, 간병의看病醫, 초학의初學

의과방목 醫科榜目 의관을 선발하던 의과 시험 합격자들의 명부

醫 세 등급으로 나누어 권장의 법을 달리했다. 이들은 주로 방서方書, 진맥, 명약命藥, 점혈點血 등 의료 업무에 종사했으나 사회적 대우는 천류賤流에 속한 기녀나 노비 계급과 비슷했다.

오늘날 대표적인 전문 직종으로 꼽히는 의사들이지만, 조선시대가 그들에게 부여했던 사회적 지위와 위상은 높지 않았다. 인간의 목숨을 다룬다는 직무는 높이 평가되었지만, 신분적으로는 중인 계급에 속했기 때문이다.

그들은 기술학 전공이라는 특수성으로 인해 독특한 하나의 계층을 형성했다. 일정한 사회적인 차대는 그들 사이의 결속을 촉진시키기도 했다. 그러한 동류의식, 혼인을 통한 신분적 유대의 강화, 그리고

조선의 문화와 생활

그 직종을 대물림하는 세전성 등이 의관들 세계의 특징이다. 그들의 세전성은 "의원이 3대가 되지 않으면 그 약을 먹지 말라"는 실록의 문구에 단적으로 드러난다.

그런데 실록에서 흥미로운 것은, 의관의 자질에 따라 8등급으로 나누어 격을 따지고 있다는 점이다. 그 내용은 세조가 편찬한 『의약론』에 나온다. 의사로서 지켜야 할 자질과 수양 등을 기준으로 8등급으로 나눈 것이다. 그 내용을 보면 아래와 같다.

① 심의心醫라는 것은 사람으로 하여금 항상 마음을 편안하게 가지도록 가르쳐서 병자가 그 마음을 움직이지 말게 하여 위태할 때에도 진실로 큰 해가 없게 하고, 반드시 그 원하는 것을 곡진히 따르는 자이다. 마음이 편안하면 기운이 편안하기 때문이다.

② 식의食醫라는 것은 입으로 달게 음식을 먹게 하는 것이니, 입이 달면 기운이 편안하고, 입이 쓰면 몸이 괴로워지는 것이다. 음식에도 차고 더운 것이 있어서 처방 치료할 수가 있는데, 어찌 쓰고 시다거나 마른 풀이나 썩은 뿌리라고 핑계하겠는가. 지나치게 먹는 것을 금지하지 않는 자가 있는데, 이것은 식의가 아니다.

③ 약의藥醫라는 것은 다만 약방문을 따라 약을 쓸 줄만 알고, 비록 위급하고 곤란한 때에 이르러서도 복약服藥 권하기를 그치지 아니하는 자이다.

④ 혼의昏醫라는 것은 위태한 때에 임하여 먼저 당혹하고, 급할 때를 당하여 문득 망연하여 혼혼昏昏하기가 실성한 것 같아서 조치할 바를 알지 못하므로, 일을 보더라도 무슨 일인지를 알지 못하고 말을 들어도 무슨 뜻인

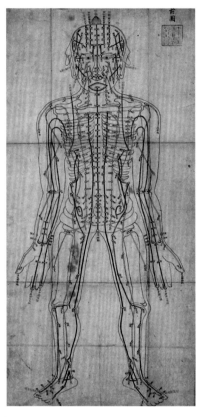

동인도 銅人圖 인체의 경혈을 그림으로 표시한 의료용 인체해부도

지를 알지 못하며, 우두커니 앉아서 잠자코 자기가 해야 할 바를 제대로 하지 못하는 자이다.

⑤ 광의狂醫라는 것은 자상히 살피지 아니하고, 갑자기 열약烈藥 독한 약과 침폄針 쇠침과 돌침 등을 쓰기를 또한 꺼리지 아니하고, 스스로 말하기를, "나는 귀신을 만나도 공격하여 이길 수 있다"고 한다.

⑥ 망의妄醫라는 것은 목숨을 건질 약이 없거나 혹은 병자와 같이 의논하지 않아야 마땅한데도 가서 참여하기를 마지않는 자이다.

⑦ 사의詐醫라는 것은 마음으로는 의원이 되려고 하나 의술을 잘못 행하고, 사실 온전히 의술을 알지 못하는 자이다.

⑧ 살의殺醫라는 것은 조금 총명한 점이 있어서 스스로 의술이 넉넉하다고 생각하나, 세상의 일을 겪어 보지 못하여 인도人道와 천도天道에 통달하지 못하며, 병자를 측은하게 여기는 마음도 일찍이 가진 적이 없다. 미혹한 사람에게는 자랑을 하며, 거만하여 신인神人을 소홀히 여기어 종종 직업

조선의 문화와 생활

에 미혹한 짓을 범하니, 지금 당장 나타난 재액은 없다고 할지라도 어느 때에 그 행동을 고치겠는가. 이것을 살의라고 하는 것이다. 살의라는 것은 어리석은 사람이 아니라, 스스로를 옳다고 여기고 다른 사람을 그르다고 여기어 능멸하고 거만하게 구는 무리이다. 최하의 쓸모없는 사람이다.

『세조실록』 9년 12월 27일

　　최고의 경지는 마음을 다스리는 심의, 최악의 의사는 오히려 사람을 죽이는 살의. 아무리 시대가 달라졌다지만, 이러한 분류는 많은 것을 시사해 주고 있다. 심의란 병자에게 항상 마음을 편안하게 가지도록 가르쳐서, 그 원하는 바를 얻게 해 주는 의사이다. 마음이 편안하면 기운이 편안해지기 때문이다. 우리의 지친 마음까지도 치유해 줄 수 있는 '심의'를 기대해 본다.

신비의 명약
'천문동'

예로부터 건강하게 오래 살고 싶다는 욕망은 누구에게나 다 있었 겠지만, 근래에 들어서 이른바 노령화 시대와 더불어 그런 바람은 한층 더 커지고 있다. 흔히들 웰빙 시대라 하지 않는가. 예전에는 재테크재산 투자를 강조했다면 요즘은 건강테크건강에 대한 투자를 말하고 있다. 100세 시대를 맞이하여 그만큼 건강에 대한 관심이 높아진 것이다.

지난날 고도성장 시대처럼 자신의 젊음을 믿고서 오로지 직장 일 에 전념하는 우직한 사람은 확실히 적어진 듯하다. 사오정45세 정년이니 오륙도56세까지 직장에 있으면 도둑니 하는 새로운 용어와 더불어, 제2의 혹 은 제3의 인생을 시작하는 나이 역시 더 젊어졌다. 그러다 보니 그런 세대를 겨냥한 운동이나 웰빙 음식 등의 건강 컨셉이 유행하고 있는 것 이다.

건강하게 잘 살고 싶다는 바람은 죽음을 바라보는 시선마저 바꾸

조선의 문화와 생활

어 놓았다. 어느 날 문득 예기치 않게 맞이하는 죽음이 아니라 일종의 삶의 연장으로서, 그리고 준비된 형태의 죽음을 편안하게 맞이한다는 식이다. 삶과 죽음, 생사生死를 별개의 것으로 보는 것이 아니라 연장 내지 다른 측면으로 보려는 것이다. 그와 더불어 '생사학生死學'이란 학문 분야 역시 새로운 영역으로 떠오르고 있다.

그러면 조선시대 사람들은 건강과 질병, 그리고 죽음에 대해서 어떻게 생각했을까? 건강이란 소극적인 의미에서는 아픈 곳이 없는 상태를 말하지만, 보다 적극적으로는 밝고 활발하게 살아가는 것이라 하겠다. 질병과 건강은 마치 동전의 양면과도 같다. 건강함 위에서 혹은 그 연장선에서 웰빙이 가능해지는 것이다.

왕실의 질병과 건강, 나아가서는 웰빙 식품, 문화에 대해 어떠했을까. 왕실과 궁중의 의료와 건강법에 대해서는 소설『동의보감』및 드라마 〈허준〉과 〈대장금〉 등을 통해 이미 관심이 높아져 있지 않은가. 건강 문제와 떼어 놓을 수 없는 음식과 요리 역시 '임금님 진상품'이니 '궁중 요리'니 '대장금 요리'니 해서 인기를 끌고 있다. 그런 참에 2007년 개봉된 영화 〈식객〉도 한몫했다고 하겠다.

당연한 얘기지만 조선시대 의료 행위의 성격은 기본적으로 한의학韓醫學과 동의학東醫學 漢醫學이 근간을 이루고 있었다. 이른바 서양 의학이 도입되기 이전이었다. 지금도 그렇지만 옛날도 의원되기는 그렇게 쉽지는 않았다. 의원으로 출세하기 위해서는 취재取才나 의과 시험에 합격해야만 했다. 하지만 의원들의 신분은 양반이 아니라 중인 계층이었다.

동의보감 東醫寶鑑 광해군 2년1610년에 편찬된 허준이 지은 대표적인 의학서적

　　신분제 사회였기 때문에 속하는 신분에 따라 이용하는 병원의 급이 달랐다. 의료 관서 이용이 제한되었다. 내의원內醫院은 왕실의 진료나 제약을 담당했으며 왕명에 따라 더러 대신들의 의료에 종사하기도 했다. 전의감典醫監은 왕실 및 조정의 신하들의 의료뿐만 아니라 일반 백성이나 병졸들의 의료도 담당했다. 그리고 혜민서惠民署는 주로 일반 서민들의 의료를 맡았으며, 활인서活人署에서는 도성 안의 전염병 환자와 빈민 및 죄수들의 진료 활동에 종사했다. 지방의 의료 활동은 의학 생도들이 파견되어 맡았다.

　　궁중 사람들은 그야말로 좋은 것만 먹고, 좋은 옷만 입고, 좋은 집에서 살았으니 무슨 걱정이 있으랴 싶고, 그래서 아픈 곳이나 질병이 아예 없을 것 같지만 그렇지는 않았다. 나름대로의 스트레스와 질병이 없지 않았던 것이다.

　　　　　　　　　　　　　　　　　　　　조선의 문화와 생활

그 정확한 원인을 알 수 없지만, 조선왕조실록을 보면 왕실에 '종기'로 고생하는 왕들이 많았던 듯하다. 종기라면 곪은 것을 침으로 터뜨려서 피고름을 뽑아내고 약을 바르는 것이 일반적이라 하겠다. 하지만 그게 그렇게 간단하지 않았다. 실록을 보면 문종, 중종, 선조, 정조 등이 그런 종기 질환에 시달렸다는 것을 확인할 수 있다.

문종은 종기 때문에 고생을 했는데 특효약이라기보다는 나름대로의 비방秘方이 있었다. 수질水蛭, 즉 거머리를 써서 나쁜 피고름을 빨아내는 것이었다. 승정원에서 문안을 여쭙자, 그는 이렇게 대답한다.

> 어제 아침에는 차도가 있더니, 어제 저녁에는 쑤시고 아파서 밤에 수질을 붙인 뒤에는 약간의 양통痒痛 가려움은 있으나 어제 저녁 같지는 않다.
>
> 『문종실록』 1년 11월 16일

궁중의 비방인 '거머리 요법'은 그 후에도 자주 이용되었던 듯하다. 종기를 앓고 있는 중종에게 약방藥房 제조提調 장순손 등은 거머리 이용 방법 등에 대해서 자세하게 말한 후에 왕에게 이렇게 아뢴다.

> "좋은 약은 입에 쓰지만 병에는 이롭고 충성스러운 말은 귀에는 거슬리지만 행실에 유익하다"고 한 것은 옛 성인의 가르침이시고, 병을 숨기고 의원을 꺼리면 해로우며, 병은 조금 나은 데서 심해질 수 있다고 한 것도 옛사람이 깊이 경계한 말입니다. 밝게 살피소서.
>
> 『중종실록』 28년 2월 6일

중종 역시 거머리를 써서 나쁜 피를 뽑아내고 태일고太一膏 · 호박
고琥珀膏 · 구고고救苦膏 등의 연고를 발랐다. 심지어 무엇인지도 모르고
자하거紫河車, 즉 어린아이의 태胎까지 복용했다. 정혈精血을 돕는다 하
여 몸이 허한 증세에 사용했다.

처음 편찮으실 때 자하거라는 약이 가장 신통하고 영험스러운데, 방문方文에
의하면, 사람에게 복용시킬 때 먹는 사람이 무슨 약인지 알지 못하게 해야
더욱 효험이 있다고 했습니다. 그래서 그 당시 상께 아뢰지 않았었습니다만,
동궁東宮에는 방문을 갖추어 말씀 올렸습니다. 이제는 아뢰지 않을 수 없으
므로 감히 아룁니다.

『중종실록』 28년 2월 11일

그리고 몸에 냉기가 있어 병에 차도가 없자 반총산蟠蔥散을 먹고
소금과 총백蔥白 파의 밑동을 한방에서 이르는 말을 주머니에 담아 붙이기도 했다.
그렇다. 낫기야 한다면야 무엇인들 먹지 못하고, 무슨 일인들 하
지 않으랴. 이미 소설과 드라마로 유명해진 의관 양예수와 허준 등이
주치의로서 보살폈던 선조 역시 침을 맞기도 했고, 뜸을 뜨기도 했다.
선조는 신하들의 자세한 의학적 설명과 처방에 대해서 이렇게 답한다.
고통을 직접 겪고 있어서 그런지 아마추어 수준을 넘어서고 있는 듯하다.

약은 짓지 마라. 날씨가 따스해지기를 기다려 침을 맞는 것이 좋겠으며 이
밖에는 달리 할 만한 일이 없다. 불로단은 서툰 의원이 자기 마음대로 첨가

조선의 문화와 생활

해 넣어서는 안 된다. 오가피주에 대해서는 알았다. (중략) 맥도脈度에 대해서는 번거롭게 서계할 것이 없다.

『선조실록』 31년 3월 12일

조선시대 왕들 중에서 특히 박학다식했던 정조는 의학 상식과 지식 역시 수준 높은 실력을 과시하고 있었다. 그는 신하들에게 이렇게 하명하고 있다.

머리에 난 부스럼과 얼굴에 생긴 종기가 어제부터 더욱 심해졌다. 씻거나 약을 붙이는 것도 해롭기만 하고 약물도 효험이 없어서 기氣가 더 막히고 쌓여서 화火가 더 위로 치밀어 오른다. 얼굴은 모든 양기陽氣가 모인 곳이고 머리도 뭇 양기가 연결되어 있는 곳인데, 처음에는 소양少陽 왼쪽 눈꼬리 부위에서 심하게 화끈거리더니 독맥督脈 부위로 뻗어나갔다. 왼쪽으로는 귀밑머리 가에 이르고 아래로는 수염 부근까지 이르렀다가 또 곁의 사죽혈絲竹穴 눈썹 뒤 오목한 부분으로도 나고 있다.

이는 모두 가슴속에 떠돌아다니는 화이니, 이것이 내뿜어지면 피부에 뾰루지가 돋아나고 뭉쳐 있으면 곧 속이 답답하여지는 것인데, 위에 오른 열이 없어지기도 전에 속의 냉기가 갑자기 일어나는 것을 의가醫家에서는 대단히 경계하는 것이다. 성질이 냉한 약제를 많이 쓸 수 없음이 이와 같으니 오직 화를 발산시키고 열어 주는 처방을 써야 효과를 볼 수가 있을 것이다. 경락經絡에 침을 맞는 것이 합당한지의 여부를 여러 의원들에게 물어서 아뢰라.

『정조실록』 17년 7월 4일

이에 대해 약원은 "삼복三伏에는 침을 놓지 말라는 경계가 의서醫書에 기록되어 있습니다"라고 답했다. 하지만 정조는 "잠시 경락을 소통시키는 것에 불과하므로 구애받을 필요가 없다"고 하면서, 마침내 세부위에 침을 맞았다. 정조의 인물됨이 어떠한지 충분히 엿볼 수 있는 장면이라 하겠다. 정조는 할아버지 영조의 병간호를 오래 했을 뿐 아니라 의약서를 편찬하기도 했다. 반쯤은 의원이 되었다고 해도 좋으리라.

조선왕조실록에 등장하는 신비의 약재도 있다. 삼촌에게 왕위를 빼앗기고 불운하게 세상을 떠나간 단종, 그는 불행한 왕이라 할 수밖에 없겠다. 그가 즉위한 직후의 일이다. 경창부윤慶昌府尹 이선제李先齊는 천식이 심해 여름 동안에 편히 쉬면서 『신농본초神農本草』를 깊이 살펴보았다고 하면서 약에는 상품, 중품, 하품의 3품이 있음을 알게 되었다고 한다. 그 구분을 보면 다음과 같다.

> 상약上藥 120종은 군주격君主格으로 양명養命 목숨을 기름을 맡아보며 하늘에 부응하여 독성이 없으며, 많이 또 오래 복용하여도 사람을 상하게 하지 않으며, 몸을 가볍게 하고 기운을 더하게 하여 늙지 않고 오래 살게끔 하고자 합니다. 중약中藥 120종은 신하격臣下格으로 양성養性 본성을 기름을 맡아보며 사람에 부응하여 각기 마땅한 것을 짐작하여 병을 막고, 허약함을 보충하게끔 하고자 하는 것입니다. 하약下藥 125종은 좌사격佐使格으로 치병治病을 맡아보며 땅에 부응하여 독이 많아서 오래 복용할 수 없으며, 한열寒熱과 사기邪氣를 제거하고 병의 쌓임을 깨뜨려서 질병을 고치게끔 하고자 하는 것입니다.
>
> 『단종실록』 즉위년 12월 25일

조선의 문화와 생활

이어 그는 천문동天門冬이 '상약 중의 으뜸'이라는 것을 『신농본초』 · 『손진인기孫眞人記』 등의 여러 전거를 들어가면서 힘주어 말한다. 마치 아주 신명난 약장사가 신기한 이야기를 열심히 떠들어대고 있는 듯하다.

신이 일찍이 세종께서 춘추관에 내린 비방祕方을 보건대, 천문동은 사람으로 하여금 장생불사하게 하고, 기력을 백배하게 하며, 오래 복용하면 살이 살아나며 골수를 채워 주고, 몸이 가벼워지며 총명해지고 수명을 크게 연장하여 끝이 없으니 신선으로 올라갈 만하다. 남녀가 모두 복용할 수 있으며, 80세 이상이 복용하면 문득 아들을 낳게 되고, 방실房室이 쇠퇴할 줄 모르며, 100명의 여인을 거느릴 수 있고, 방실을 끊은 사람은 선인仙人이 될 수 있다. (중략) 오래 복용하면 사람이 물에 들어가도 젖지 않고, 천지와 더불어 서로 마치게 되며, 더 오래 먹으면 신명神明에 통하고, 늙은 사람은 다시 젊어지고 흰머리가 다시 검어지며 빠진 치아가 다시 난다. (중략) 약을 먹은 지 20일 만에 그 효과를 알 수 있고, 30년 만 먹으면 승천昇天을 하며, 피부가 팽팽해지고 얼굴빛에 광택이 나고 귀와 눈이 총명해져 아들을 많이 낳게 된다고 하였습니다.

『단종실록』 즉위년 12월 25일

그러니까 천문동은 조선시대의 '신비의 명약' 내지 오늘날 말하는 이른바 '웰빙 식품'의 원조격이라 할 수 있겠다. 천문동은 하늘의 문을 열고 신선이 된다는 약초라는 뜻이다. 유명한 강장제로 알려져 있던 탓으로 '호라지비좆'이라는 별난 이름도 지니고 있다. 뿌리가 홀아비의 거시기와 비슷하다고 해서 호라비좆뿌리라 하기도 한다. 울릉도에서는 눈 속에서 돋아나는 이 나물을 부지깽이나물이라 하여 산채 중의 으뜸으로 꼽는다.

『세종실록지리지』에서 36개 지역의 특산 약재로 소개하고 있는데, 백합과에 속하는 다년생 초본식물이다. 현대 학명은 Asparagus cochinchinensis MERR. 한방에서는 뿌리를 약재로 이용하며, 아스파라진asparagine · 베타-시토스테롤β-sitosterol 등이 함유되어 있다. 동물 실험의 결과 이뇨 · 강장 효과가 인정되었으며, 실험관 내에서는 황색포도상구균 · 용혈성연쇄상구균 · 폐렴쌍구균 · 디프테리아균 등에 대한 항균 효과가 나타났다고 한다.

아무튼 이선재가 천문동에 대해 왜 그렇게 열광했는지는 모르겠다. 단종의 환심을 사려고 그랬는지는 알 수 없으나, 천문동을 채취해서 먹게 되면 무병장수하고 아들도 많이 낳을 것이라 적극적으로 제안했다. 무슨 연유에서인지 단종은 그 권유를 받아들이지 않았다. 귀가 솔깃했을 텐데도 불구하고. 왜 그랬을까. 안타까운 느낌이 드는 것은 그의 불행 때문일는지도 모르겠다.

건강에 좋은 음식도 있지만, 해로운 것도 있다. 술과 담배 같은 기호 식품들이 그렇다고 하겠다. 특히 담배는 건강의 천적으로 여겨지고 있다. 남초南草 · 연초煙草 · 남령초南靈草로 불리기도 하는 담배는, 광해군 8년1616년 바다를 건너 들어왔다. 처음에는 피우는 자가 많지 않았으나 몇 년 뒤에는 피우지 않는 사람이 없어 손님을 대하면 번번히 차茶

와 술을 담배로 대신하기 때문에 혹은 연다煙茶라고 하고 혹은 연주煙酒라 하였다고 한다인조 16년 8월 4일. 당시 풍속화를 보면 긴 담뱃대를 멋지게 물고 있는 사람들의 모습을 쉽게 볼 수 있다. 담배가 남녀노소 모두에게 유행하고 있었음을 알 수 있다.

그런데 한 번 맛을 본 이상 끊기 어려웠던 모양이다. 순조가 이렇게 탄식하고 있다.

> 속칭 이른바 남초는 언제 시작되었는지 알 수 없는데, 혹은 위를 조양調養하는 데 이롭다고 하고 혹은 담痰을 치료하는 데 긴요하다고 하나, 과연 그런지 모르겠다. 근래에 이르러서는 습속이 이미 고질이 되어 남녀노소를 논할 것 없이 즐기지 않는 사람이 없어서 겨우 젖먹이를 면하면 으레 횡죽橫竹으로 피우고 있는데, 세상에서 더러 "팔진미八珍味는 폐지할 수 있어도 남초는 폐지할 수 없다"고 하니, 비록 금하고자 하나 이유가 없을 따름이다. 옛날에 듣건대, 금한金汗 청나라 태종이 군중軍中에 거듭 금했으나 오히려 그치지 않는다고 하니, 금한의 위세로써도 오히려 금지시킬 수 없는 것은 무엇 때문인가?
> 『순조실록』 8년 11월 19일

그런 순조도 술에 대해서는 상대적으로 관대했다. "남초가 폐해가 되는 것은 술과 일반이겠으나, 술은 그래도 제사에 쓰고 성인聖人도 또한 말하기를 '술은 양量을 제한하지 않되 난잡한 데 미치지는 않는다'고 했다"고 하면서도 "술에 크게 취해 고을에서 소란을 일으키는 자가 근래에도 많다"고 우려하고 있다. 그러자 한 신하는 이렇게 화답한다.

"술이 사람을 어지럽힘은 서울과 지방이 다를 바 없습니다. 무릇 살옥 殺獄의 문서 가운데 그 근본을 상고해 보면 태반이 술로 인한 것이었습니다."

담배가 개인적 영역에 국한되는 것임에 비해 「술 권하는 사회」라는 제목의 소설도 있듯이, 술은 다소 사회적인 속성을 갖는다고 할 수 있지 않을까. 적당하게 즐기면 사람들 사이의 윤활유가 될 수도 있겠지만, 정도를 넘어서면 어느 한순간 진한 '독'이 되어 버리는 것이다.

언젠가 한국에서 어떤 식품을 팔기 위해서는 "정력에 좋다"는 말만 한마디 하면, 그것으로 만사 오케이라는 얘기를 듣고서 씁쓸하게 웃었던 적이 있다. 한국 남성들이 강장 식품과 정력제를 밝히는 것을 보면 가히 엽기적인 것이라 할 만하다. 동남아에 가서 뭐든지 다 먹어대는 엽기적인 르포 필름을 본 적이 있다.

역시 건강을 위해서는 몸에 좋다는 고단백 음식이나 강장 식품에 대한 지나친 탐닉보다는, 건전한 생각을 가지고 절제하는 생활을 하면서 틈틈이 자신에게 맞는 적당한 운동부터 해나가는 것이 좋지 않을까 한다.

조선의 문화와 생활

단원풍속도첩 김홍도의 단원풍속도첩 중 벼타작

조선 왕실의
추석과 달구경

한동안 맹위를 떨치던 더위가 언제 그랬냐 싶게 물러가면 바야흐로 하늘은 높고 말은 살찐다는 천고마비天高馬肥의 가을이 한걸음 성큼 다가온다. 가을은 수확의 계절인 만큼 들판에 누렇게 익은 곡식을 바라보기만 해도 배부른 느낌이다. 가을을 느낄 때면 우리 민족 최대의 명절인 추석을 빼놓을 수 없다. 일 년 중 가장 풍요로운 가을에 맞는 명절로서 속담에도 "더도 덜도 말고 늘 한가위만 같아라"라는 말이 있다.

추석은 음력 8월 15일로 흔히 한가위 또는 중추절仲秋節이라 한다. 한가위의 '한'은 크다라는 뜻이고, '가위'란 가운데란 뜻이다. 한가위의 기원에 대해서는 신라 때 길쌈놀이인 가배에서 유래한 것이라고 한다. 신라 제3대 유리왕 때 한가위 한 달 전에 베 짜는 여자들이 궁궐에 모여 두 편으로 나누어 한 달 동안 베를 짜서 한가위 날 그동안 베를 짠 양을 가지고 진 편이 이긴 편에게 술과 밥을 장만하여 잔치와 춤으로

조선의 문화와 생활

갚았다고 한다.

그 시원을 찾아본다면, 삼국시대 이전까지 거슬러 올라간다. 아마도 초기 국가 시대에 행했던 제천 의식이나 추수감사제고구려 동맹, 부여 영고, 동예 무천 등를 그 원형으로 볼 수 있을 것이다.

그러면 조선시대에는 추석을 어떻게 생각했으며, 어떤 제사와 행사를 치렀는지, 그리고 어떤 의미를 부여했는지 등에 대해서 살펴보고자 한다. 우선 조선왕조실록에는 가배·한가위·가위란 용어는 나타나지 않고, 추석秋夕·중추中秋·중추일中秋日 등의 용어가 쓰이고 있다.

추석과 관련해서 주목되는 부분은, 오늘날과는 달리 국가적인 행사로 추석제秋夕祭를 지냈다는 점이다. 실록에서 처음으로 보이는 추석 관련 기사는 태종 2년1402년 8월 13일, 태상왕태조 이성계이 추석제를 제릉齊陵에서 행한 내용이다.

『세종실록오례의』「길례」편 시일時日조를 보면 "무릇 제사에 일정한 날이 있는 것이 있으니 중춘仲春·중추의 상무上戊와 납일에 사직에 제사하고, 삭망과 세시歲時 설·한식·단오·추석·동지·납일에 종묘·계성전·문소전·건원릉·제릉에 제향하고, 세시에 준원전과 여러 산릉에 제향한다"고 했다.

그 제사가 엄숙했음은 물론이다. 연산군 3년1497년 8월 15일 문소전 추석 제향 때 신위판을 떨어뜨린 대축大祝 제사 때 축문을 읽는 봉상시 관원 윤은보를 국문한 사례가 있다.

윤은보가 제4실의 신위판을 받들다가 발이 헛놓이는 바람에 땅에 떨어져서 독이 깨져 금이 갔다. 왕이 이르기를 "신神이 놀라서 동요되었을 것인데, 고유제告由祭를 드리는 예가 있지 않느냐? 예관으로 하여금 고례를 상고하여 행하게 하라" 명하고, 윤은보를 의금부에 하옥시켜 국문하게 했다.

국가 제례인 추석제를 거행할 때 일부러 병을 칭탁하고 불참한 자가 있거나 하면 추고하도록 했다. "불참한 자는 으레 모두 병을 칭탁하니 만일 병이라고 하여 추고하지 않는다면, 조정 예의가 볼썽사나울 뿐만 아니라 제사를 지내는 예절에 있어서도 매우 미안합니다. 그래서 병을 칭탁하고 나오지 않은 자는 사헌부에서 모두 추고했습니다. 따라서 대사헌 홍언필도 병을 칭탁하고 참여하지 않았으니 관직에 있을 수 없으며, 대사간 황사우와 헌납 하계선도 모두 참여하지 않았습니다. 모두 체직시키소서" 하니, 그대로 따랐다. 추석제 행사를 중요시했음을 알 수 있다중종 26년 8월 17일.

세종 즉위년1418년에는 상왕인 태종이 건원릉에 나아가 추석제를 행하고, 겸하여 전위傳位를 고유했다. 영의정 한상경, 호조판서 최이, 예조판서 변계량이 호종했다. 그 제문에는 이렇게 적고 있다.

아아, 우리 황고皇考는 지극하신 덕이 하늘과 같거늘, 제가 외람하게 대통大統을 받들어 이은 지 19년에 몸이 오랜 병에 시달려 청정聽政을 감당하기 어려우므로, 세자에게 왕위를 전하여 주고 그로 하여금 정령政令을 전담케 했습니다. 그리고 옛 도읍을 순행하느라고 봄으로부터 여름까지 걸렸고, 또한 영절令節을 지내되 잔 한 번 올리지 못했음을 한탄하옵던 차에, 이제 추석을 당하여 삼가 약소한 전을 차려 산릉에 공경하여 뵈옵나이다. 우러러 바라보

조선의 문화와 생활

매 두렵고 슬픕니다. 겸하여 충정을 고하오니 헤아리시어 굽어 효孝하는 생
각을 살피시고 한 잔을 흠향하시옵기 바라나이다.

『세종실록』 즉위년 8월 15일

그런데 추석은 음력으로 8월 15일인 만큼, 비가 오거나 하늘이 흐
리지 않는 한 보름달을 볼 수 있었다. 지금도 그러하듯이 하늘이 높고
맑은 가을만큼, 달의 둥그런 모습을 거의 그대로 볼 수 있었을 것이다.
추석날의 달맞이와 달구경은 옛날이나 지금이나 크게 다를 바 없었던
것 같다. 그러면 궁궐에서는 어떠했을까. 왕과 신하들이 한데 모여서, 덕
담을 주고받으면서 달구경하는 모습을 한 번쯤은 상상해 볼 수 있겠다.

이러한 추석 행사를 가리켜 완월연玩月宴 달을 즐기는 연회이라 부르기
도 했다. 성종 20년1489년 8월 15일 저녁, 처음으로 경연 당상과 출직한
승지·주서 등에게 주악을 내려 함께 즐기도록 했다. 그리고 승정원에
다음과 같은 어서御書를 내렸다.

옛사람이 추석에 달구경을 한 것이, 어찌 황음荒淫하여 그러했겠는가? 당나
라 구양첨의 완월서序에 이르기를 "가을의 시절은 여름의 뒤이고 겨울의 전
이며, 가을의 8월은 계절의 끝에서는 시작이고 계절의 시작에서는 끝이며,
15일의 밤은 한 달의 가운데이니, 천도에서 헤아려 보면 한서寒署가 고르고,
한 달의 수에서 따져 보면 달이 둥글며, 티끌이 흐르지 아니하고 대공大空이
유유하다" 했다. 그렇다면 옛사람의 달구경은 반드시 뜻이 있어 나무랄 수
없다. 우리나라는 본래 이 풍속이 없어서 비록 상례로 삼을 수 없으나, 일시

의 군은軍恩이고 마침 가절佳節을 만났으니, 무슨 방애됨이 있겠느냐? 답청踏

靑 삼월 삼짇날 들에 나가서 파랗게 난 풀을 밟는 일과 등고等高 음력 9월 9일에 높은 산

에 올라가 국주菊酒를 마시며 재액을 물리치는 일도 일시의 일이었다. 오늘 저녁에

내가 경연 당상과 출직한 승지·주서와 홍문관·예문관에게 주악酒樂을 내

려, 청량한 곳을 가려서 태평의 날을 즐기게 하려고 하는데, 이 또한 아름답

지 않겠는가?

『성종실록』 20년 8월 15일

이듬해 성종 21년1490년 추석 전날인 8월 14일에도 완월연 준비
가 한창이었다. 승정원에서는 어디서 완월연을 가질 것인지 장소 문제
를 제기했다. "장악원은 땅이 협소하니, 훈련원에 옮겨 설치함이 어떠
하겠습니까?" 하니, 전교하기를 "당상堂上정3품 당상 이상의 관원·당하堂下정
3품 당하 이하의 관원가 한 곳에 모이면 비단 땅이 협소하여 용납하기 어려
울 뿐만 아니라, 지위가 낮은 자는 반드시 마음대로 놀 수가 없을 것이
니, 두 곳에 나누어 설치함이 편하겠다." 이에 당상관은 훈련원에, 당
하관인 낭청郎廳은 장악원에서 완월연을 시행하게 하고, 당상관이 모인
곳에는 술 50병, 악樂 1등等을 내려 주고, 당하관이 모인 곳은 술 30병,
악樂 2등을 내려 주었다.

그런데 흥미롭게도 같은 날 사간원 정언정6품 유빈은 완월연을 중
지할 것을 건의하고 있다. 그 이유는 요즈음 뇌진雷震이 변고를 보이고
바야흐로 또 공구수성恐懼修省 두려워하며 수양하고 반성함한 지가 달을 지나지
않았거늘, 온 조정이 연락宴樂하여 희롱하여 노는 일을 하면, 그 하늘의

경계를 삼가는 게 어떻겠습니까?"라는 것이었다. 뇌진雷震·산붕山崩·수한水旱의 재이는 마땅히 공구수성해야 하는데, 온 조정이 완월하는 것이 불가함을 강조하고 있다.

이에 대해 성종은 옛사람도 달을 구경한 일이 있었고, 또 진찬進饌 궁중 잔치의 한 가지로, 진연進宴보다 규모가 작고 의식이 간단했음을 대비전에 갖추어야 하는 까닭으로 겸하여 재상을 먹이려고 함이다. 한번 재변이 있다 하여 끝내 연음宴飮하지 않게 되면 어느 때에 즐기겠느냐?"라고 했다. 그리하여 행사는 진행하되 장소는 인정전 아래에서 완월하게 했다.

추석에 지내는 제사나 제문의 문구를 보면, 국가적으로 어려운 일이나 변괴가 있을 경우에는 자연히 행사나 의례 역시 간소하게 치렀다는 것을 알 수 있다. 왕과 신하들이 한데 모여서 달구경을 하면서 한 잔의 술과 한 자락의 음악을 즐기는 모습 역시 볼 수 없었을 것이다. 계속 재변이 일어나면 즐기는 것 자체를 금하기도 했으니까. 그랬던 만큼 "한번 재변이 있다고 해서, 끝내 연음하지 않는다면 어느 때에 즐기겠느냐?"고 반문한 성종의 인간적인 모습은 더 가깝게 다가온다.

또한 추석에는 명절인 만큼 사형 집행을 금지했다. 형조에서 사형 집행 절차에 관한 것을 의정부에 보고했다.

『속형전續刑典』에 이르기를 '중외中外의 장형掌刑 아문은 입춘으로부터 추분에 이르기까지와 초하루·보름 상하현 되는 날과 24절기와 비오는 날과 밤이 밝지 아니한 때에는 사형을 집행하지 못한다' 했사오나, 종묘와 사직의 제사로 인하여 서계誓戒하는 날과 제사지내는 날 및 대전·중궁·동궁의 탄

일에 사형을 집행하는 것도 불가하오니, 지금부터는 상항上項의 날과 속절俗

節 제사 이외에 철따라 지내던 차례인 단오·추석·중양 등에는 모두 사형을 금하

게 하소서" 하니 그대로 따랐다.

『세종실록』 21년 12월 4일

이제 실록 이외의 문헌에서 찾아볼 수 있는 추석에 대한 묘사를

한둘 더 들어 두기로 하자. 순조 19년1819년 김매순이 한성의 연중행사

를 기록한 책 『열양세시기洌陽歲時記』 열양은 한양을 뜻하며, 한양의 세시풍속 80여 종

류를 월별로 구분, 해당 절후와 그에 따른 풍속을 적었다를 보면, 추석에 다음과 같이

적고 있다.

8월에는 온갖 곡물이 성숙하고 중추라 가히 가절이라 할 만한 고로 민간에

서는 이 날을 가장 중요하게 여긴다. 비록 아무리 벽촌의 가난한 집안에서라

도 예에 따라 모두 쌀로 술을 빚고 닭을 잡아 찬도 만들며, 또 온갖 과일을

풍성하게 차려 놓고 즐거이 놀면서 하는 말이, 더도 말고 덜도 말고 늘 한가

위 같기만 바란다.

사대부 양반 집에서는 설날, 한식, 추석, 동지의 네 명절에는 산소에 가서 제

사를 지내는데, 설날과 동지에는 혹 안 지내는 수가 있으나, 한식과 추석에

는 성대히 지내고, 한식보다 추석에 더 풍성하게 지낸다.

『열양세시기』

또한 조선 말기 최영년의 시집 『해동죽지海東竹枝』를 보면 추석 음

식인 송편에 대해 다음과 같이 적고 있다. "집집마다 쌀떡을 만들어 사이사이 솔잎을 썰고 쪄서 산소에 받들고 가서 제사지내니 이를 '추석송편'이라고 한다."

그 외의 다양한 풍속과 의례 행위는 오늘날 전해지는 세시풍속을 통해서 미루어 알 수 있다. 추석날 아침이면 온 가족이 모여서 지내던 차례, 음복한 뒤 조상의 묘를 찾아서 행하는 벌초와 성묘, 그리고 햅쌀로 지은 밥과 정성을 들여 빚던 송편, 그리고 여러 가지 놀이와 행사에 대한 기억과 추억을 가지고 있다. 송편을 예쁘게 잘 빚어야 잘생긴 배우자도 만나고, 또 예쁜 딸도 낳는다는 얘기를 믿고서 열심히 송편을 빚었던 적이 있었으니까.

　어디 그뿐이랴. 농악과 춤으로 한바탕 신명나게 놀기도 하고, 처자들이 모여 강강술래를 하기도 하고, 또 서로 편을 갈라 줄다리기를 하기도 하지 않았던가. 장사들이 기운을 한껏 뽐내는 씨름판과 윷놀이 역시 한몫하지 않았던가.

　하지만, 이미 시대가 많이 달라졌으니, 추석을 지내는 모습이나 풍습 역시 상당 부분 달라졌을 것이다. 지난날에는 근대화, 최근에는 세계화 과정을 겪고 있으니까, 달라지고 있다는 표현이 더 정확할 것이다. 그럼에도 추석이라는 명절에 담겨 있는 깊은 의미, 그 명절을 통해서 조상의 덕을 추모하면서 온 가족이 한데 모여서 오순도순 정을 나눈다는 근본정신은 크게 달라지지 않았다고 생각한다. 그래서 추석을 비롯한 명절 때만 되면 우리는 평소보다 몇 배나 걸리는 시간에다 고속도로 막히는 것도 마다하지 않고서 기꺼이 귀성歸省과 귀경歸京 전쟁을 치르곤 하는 것이다.

조선의 문화와 생활

조선의 사회와 유교

조선의 법과 정치

조선의 무역과 경제

PART 2

조선의
사회와
유교

조선의 사회와 유교

조선의
자유부인들

  '조선남녀상열지사朝鮮男女相悅之事'라는 부제를 단 영화 〈스캔들〉2003년 10월 개봉은 대단한 인기를 끌었으며, "통하였느냐"라는 유행어를 만들어 내기도 했다. 조선시대 남녀 간의 사랑과 성이라는 주제를 1782년 발간된 프랑스 원작 소설 『위험한 관계Les Liaisons dangereuses』에 조선시대 남녀 간의 사랑과 성이라는 주제를 적절하게 대입시킴으로써, 흥미를 한층 더해 주었기 때문일 것이다. 이 소설은 2012년 장동건, 장쯔이 주연의 〈위험한 관계〉허진호 감독로 다시 만들어지기도 했다.

  제목에다 대놓고 '음란'이란 단어를 붙였던 영화 〈음란서생淫亂書生〉 2006년 2월 개봉 역시 전통시대의 성 문제를 직접적으로 건드리고 있다. 야한 그림이 들어 있는 음란소설이 베스트셀러가 되었다는 소재도 그렇지만, 거기서 언급된 체위體位가 실행 가능한가 하는 것도 관심거리의 하나였다. 이미 안방에서 보는 역사물이나 사극에서도 애정 표현 장면이나 베드신을 적절한 양념처럼 집어넣기도 한다. 그래서 세인들의 관심에 오르내리곤 한다.

오늘날 우리 사회의 경우 성性에 관한 한 갈 데까지 갔다는 느낌을 받을 때가 있다. 조금 심하게 말하자면 불륜不倫이란 말 자체가 어색해진 시대라고 해도 좋겠다. 야동야한 동영상, 원조교제, 동성애 등은 더 이상 얘깃거리도 안 되는 듯하다. 부부를 서로 바꾸어 성 관계를 맺는, 이른바 스와핑이 불거져 열띤 논란을 부르기도 했으며, 마치 유행처럼 여자 연예인들의 자발적인 누드 촬영 소식이 연일 이어지던 때도 있었다.

그러면 조선시대의 성생활과 실상은 어떠했을까? 유교 사회를 표방했던 만큼 표면적으로야 열녀와 정절녀가 두드러져 보일 수도 있겠다. 하지만 사람이 살았던 만큼, 모두가 열녀와 열부였을 리는 없지 않은가. 거기서도 적절치 못한 관계, 다시 말해 간통이나 섹스 스캔들이 일어나곤 했다. 종의 아내를 간통하여 딸을 낳은 대사헌사헌부 종2품, 며느리 간통을 사주한 여자를 죽인 자에 대해서 사형을 면하고 유배형으로 감면한 사건 등 사건은 끝없이 이어졌다. 한 가지 덧붙여 두자면 오늘날 개념과 용어로는 간통姦通이지만, 조선왕조실록은 '通奸' 혹은 '通姦' 등으로 적고 있다.

조선시대의 양반층이 연루된 섹스 스캔들 중에서 세종 때 수많은 남자와 간통한 유감동俞甘同의 얘기를 보자. 남편은 평강 현감 최중기이며, 아버지는 검한성檢漢城 명예 서울시장 유귀수로 사족士族 집안이었다. 최중기가 무안 군수로 나갔을 때 같이 갔다가 병을 핑계 삼아 먼저 서울로 돌아왔다. 외로움을 견딜 수 없었는지 유감동은 이른바 음란한 행

조선의 사회와 유교

실을 하기 시작했다.

유감동의 간통 사건은 사회적
인 문제가 되어 관심을 끌게 되었다.
세종 9년1427년 8월 17일 세종이 "도
대체 감동이 정을 통한 남자가 몇
이나 되는가?" 묻자, 좌대언 김자는
"이승 · 이돈 · 황치신 · 전수생 · 김
여달 등이며, 몰래 간통한 사람은 이
루 다 기록할 수 없을 정도"라고 보
고했다. 뒤이은 사헌부 조사에 의해

…통하였느냐?

조선남녀상열지사

스캔들

| 스캔들 영화 포스터

수 십명에 달하는 간통한 사람들의 명단이 밝혀졌다. 간부들의 신분
역시 고위 관리에서 장인匠人에 이르기까지 다양했다.

사헌부의 사건 보고서는 유감동의 자유분방함에 대해 이렇게 적
고 있다.

> 유감동은 관리의 정처로서 남편을 버리고 도망하여 거짓으로 창기라 일컫
> 고 서울과 외방에 횡행하면서 밤낮으로 음란한 짓을 하여 추악함이 비할
> 데가 없다. 이승과 이돈은 간통하면서 감동의 아버지의 집에까지 드나들었
> 으며, 오안로는 내력도 모르는 여자를 관청에 끌어들여 간통하고 관청의
> 물건까지 팔기도 하고 주기도 했으며, 전수생도 여러 달 동안 간통했다. 이
> 효량은 처남의 정처와 간통했으니 사람이라 할 수 없으며, 김여달은 길에
> 서 피병하러 가는 유감동을 만나자 순찰한다고 위협하여 강간하고, 드디어

음탕한 욕심에 남편 최중기의 집까지 왕래하며 거리낌 없이 간통하다 마침내 유감동을 데리고 도망했다. 유감동이 최중기와 같이 살 때 밤에 남편과 같이 자다가 소변 본다고 핑계대고 김여달에게 도망쳤다.

『세종실록』 9년 9월 16일

사헌부는 유감동의 죄가 중한 만큼, 교수형에 처할 것을 주장했다. 하지만 세종은 변방으로 귀양 보내는 것으로 사건을 마무리했다.

이어 종친의 아내로 행동이 문란해 사회적 물의를 일으킨 요부妖婦 어을우동於乙宇同 어우동을 꼽지 않을 수 없다. 때는 성종 시절. 아버지는 승문원 관리 박윤창, 남편은 종실 태강수泰江守 이동李仝.

일찍이 은장銀匠이를 불러 은기銀器를 만드는데 어을우동이 은장이를 보고 좋아하여 거짓으로 계집종처럼 하고 나가서 서로 이야기하며 가까이 하려고 했다. 그 사실이 알려져 어을우동은 친정으로 쫓겨가게 되었다. 어을우동이 홀로 앉아 슬퍼하며 탄식하자 한 계집종이 이렇게 위로했다. "사람이 얼마나 살기에 상심하고 탄식하기를 그처럼 하십니까? 오종년이란 이는 일찍이 사헌부 관리가 되었고 용모가 아름답기가 태강수보다 월등히 나으며, 신분도 천하지 않으니 배필을 삼을 만합니다. 주인께서 만약 생각이 있으시면 제가 불러오겠습니다"라고 했다. 어느 날 계집종이 오종년을 맞이하여 오니 어을우동이 맞아들여 간통을 했다.

이후 어을우동의 남성 편력은 끝없이 이어진다. 그녀가 미복을 하고 자기 집 앞을 지나가는 것을 방산수方山守 이난이 맞아들여 간통을 했다. 그 정이 매우 두터웠던 모양이다. 이난이 자기의 팔뚝에 이름 새기기를 청하여 먹물로 새겼다. 단옷날에 화장을 하고 나가 놀다 도성 서쪽에서 그네 타는 놀이를 구경하는데 수산수 이기가 보고 좋아하여 그 계집종에게 물었다. "뉘 집의 여자냐?" 계집종이 대답하기를 "내금위의 첩입니다"라고 해서 서로 정을 통했다. 전의감 생도 박강창 역시 어을우동과 놀아났는데, 그녀가 가장 사랑하여 팔뚝에다 이름을 새겼다 한다.

이미 더 이상 거리낄 것이 없는데다 대담해진 그녀 쪽에서 적극적으로 나서기도 했다. 과거에 합격하여 유가遊街 합격자가 광대를 앞세우고 풍악을 잡히면서 거리를 돌며, 좌주·친척 등을 찾아보는 일. 대개 방방 후 사흘 동안 하였음를 하는 홍찬을 본 어을우동은 문득 간통하고 싶은 마음이 일었다. 그 후 길에서 만나자 소매로 그의 얼굴을 슬쩍 건드렸다. 이에 홍찬이 그녀의 집으로 가 정을 통하기도 했다. 그 상대가 반드시 양반에 국한된 것은 아니었다. 서리書吏 중앙 하급 관리 감의향이 길에서 어을우동을 만나자 희롱하며 그녀의 집에까지 따라가 간통하기도 했다. 어을우동이 사랑하여 등에다 이름을 새겼다 한다.

이러한 자유분방한 생활은 마침내 조정에까지 알려졌으며, 풍속을 어지럽혔다는 이유로 체포되었다. 그녀를 어떻게 처벌할 것인가를 놓고 열띤 논의가 벌어졌다. 뿐만 아니라 어떤 사람들과 간통했는가 하는 것도 관심사였다. 그때 옥중獄中에 있던 방산수 이난이 어을우동에게 이르기를 "예전에 유감동이 많은 간부姦夫로 인하여 중죄를 받지 아니하였으니, 너도 사통한 바를 숨김없이 많이 끌어대면 중죄를 면할

| **기생** 妓生

수 있을 것이다" 하였다. 그러자 어을우동이 관계를 맺은 간부들의 이름을 늘어놓았다. 문초를 받은 관계자들만 하더라도 수십 명에 이르렀다.

조정 대신들의 의견을 들어 보기로 하자. 심회는 "어을우동의 죄는 율을 상고하면 사형에는 이르지 않으나, 사족의 부녀로서 음행이 이와 같은 것은 강상綱常 삼강三綱과 오상五常 사람이 지켜 할 도리를 이름에 관계되니, 청컨대 극형에 처하여 뒷사람의 경계가 되게 하소서"라고 극형을 주장했다.

윤필상도 "어을우동은 강상을 무너뜨렸는데도 죽이지 않으면 음풍이 어떻게 그치겠습니까? 남녀의 정은 사람들이 크게 탐하는 것이므로, 법이 엄격하지 않으면 사람들이 장차 욕정을 자행하여 정나라·위나라의 풍속이 이로부터 일어날 것이니, 이 여자를 극형에 처하여 나머지 사람들을 경계하소서"라고 했다.

김국광과 강희맹은 이렇게 의논하였다. "어을우동은 종실의 부녀로서 음욕을 자행하기를 다만 뜻에만 맞게 하여, 친척과 귀천을 가리지 않고 즐겨 서로 간통하여서, 이륜彝倫 사람으로서 떳떳하게 지켜야 할 도리을 손상시킨 것이 이보다 심함이 없습니다. 마땅히 조종조의 법에 따라 중벌에 처하여 규문 깊숙한 속의 음탕하고 추잡한 무리들로 하여금 이것을 듣고서 경계하고 반성하게 함이 옳겠습니다. 중국 조정의 예에 의하여 저잣거리에 세워 도읍의 사람들로 하여금 모두 보고서 징계가 되게 한 연후에, 율에 따라 멀리 유배하소서."

결국 어을우동은 성종 11년1480년 10월 18일 교수형에 처해졌다. 아울러 조선 최대의 음녀淫女로 기록되어 있다. 더구나 종실의 아내로 그녀의 자유분방한 성생활은 당시로서는 파격적인 것이었고, 유교 윤리를 표방하고 있던 조선 사회가 그녀를 포용할 수는 없었다.

흥미로운 것은 어을우동과 간통을 벌인 것으로 알려진 남자들에 대한 처벌이다. 여러 사람들의 이름이 거론되어 실제로 문초를 당하기도 했지만 대부분 죄가 면해졌다. 성종 13년1482년 8월 8일 실록에 의하면, 어을우동과 간통한 자들은 이미 모두 석방되었다.

조선왕조실록에서는 요즘도 더러 뜨거운 사회적 이슈가 되곤 하는 동성애도 확인된다. 때는 세종 시절. 세종의 아들로서 훗날 문종이 되는 세자의 두 번째 부인 봉씨奉氏가 동성애자라는 사실이 드러났다. '세자빈의 동성애 사건'을 세종은 측근의 신하들을 물리치고 도승지와 동부승지 왕실의 출납을 담당하던 승정원의 관원. 오늘날 청와대 비서실장과 비서관만 배석시킨 채 논의하고 있다. 세종 18년1436년, 실록은 다음과 같이 적고 있다.

지난해 세자가 종학宗學에 옮겨 거처할 때 봉씨가 시녀들의 변소에 가서 벽 틈으로부터 외간 사람을 엿보았다. 또 항상 궁궐 여종에게 남자를 사모하는 노래를 부르게 했다. 요 근래 봉씨가 궁궐의 여종 소쌍을 사랑하여 항상 그 곁을 떠나지 못하게 하니, 궁인들이 혹 서로 수군거리기를 "빈께서 소쌍과 항상 잠자리와 거처를 같이한다"고 한다.

어느 날 소쌍이 궁궐 안에서 소제를 하고 있는데, 세자가 갑자기 묻기를 "네가 정말 빈과 같이 자느냐?"고 하니, 소쌍이 깜짝 놀라서 대답하기를 "그러하옵니다" 하였다. 그 후에도 자주 듣건대, 봉씨가 소쌍을 몹시 사랑하여 잠시라도 그 곁을 떠나기만 하면 원망하고 성을 내면서 말하기를 "나는 비록 너를 매우 사랑하나, 너는 그다지 나를 사랑하지 않는구나" 하였고, 소쌍도 다른 사람에게 늘 말하기를 "빈께서 나를 사랑하기를 보통보다 매우 다르게 하므로, 나는 매우 무섭다" 하였다.

소쌍이 또 권승휘의 노비인 단지와 서로 좋아하여 함께 자기도 하였는데, 봉씨가 시종 석가이를 시켜 항상 그 뒤를 따라다니게 하여 단지와 함께 놀지 못하게 하였다. 이 앞서는 봉씨가 새벽에 일어나면 항상 시중드는 여종들로 하여금 이불과 베개를 거두게 했는데 자기가 소쌍과 함께 동침하고 자리를 같이한 이후로는 시중드는 여종을 시키지 아니하고 자기가 이불과 베개를 거두었으며, 또 몰래 그 여종에게 그 이불을 세탁하게 하였다.

이러한 일들이 궁중에서 자못 떠들썩한 까닭으로 내가 중궁과 더불어 소쌍을 불러서 그 진상을 물으니, 소쌍이 말하기를 "지난해 동짓날에 빈께서 저를 불러 내전으로 들어오게 하셨는데, 다른 여종들은 모두 문 밖에 있었습니다. 저에게 같이 자기를 요구하므로 저는 이를 사양했으나, 빈께서 억

조선의 사회와 유교

단오풍정 端午風情 국보 제135호. 신윤복이 그린 풍속화첩.

박지르므로 마지못해 옷을 한 반쯤 벗고 병풍 속에 들어갔더니, 빈께서 저의 나머지 옷을 다 빼앗고 강제로 들어와 눕게 하여, 남자의 교합하는 형상과 같이 서로 희롱하였습니다" 하였다.

『세종실록』 18년 10월 26일

동성애는 적지 않게 이루어지고 있었던 것으로 보인다. 시녀와 종비從婢 등이 사사로이 서로 좋아하여 동침하고 자리를 같이한다고 하므로, 그것을 매우 미워하여 궁중에 금령을 엄하게 세워 범하는 사람이 있으면 이를 살피는 여관女官 궁녀이 아뢰어 곤장 70대를 집행하게 했고 그래도 금지하지 못하면 곧장 100대를 더 집행하기도 했다. 그런 후에야 그 풍습이 조금 그쳐지게 되었다고 한다.

하지만 세종도 이러한 사실이 적나라하게 드러나는 것이 걱정되었는지, 세자빈 봉씨가 궁궐의 여종과 동숙한 일은 매우 추잡하므로 교지敎旨 왕이 내리는 문서에 기재할 수는 없으니, 우선 질투가 심하며 아들이 없고, 또 남자를 사모하는 노래를 부른 네댓 가지 일을 범죄 행위로 헤아려서 교지를 지어 바치게 했다. 결국 봉씨는 그 사건으로 인해 폐출되어 서인으로 강등되어 사저로 내보내졌다.

위에서 살펴본 사례들은 두드러지는, 아니 어쩌면 예외적인 것들이라 해야 할지도 모르겠다. 조선시대나 사회 전체가 그러했다는 식으로 볼 수는 없을 것이다. 그러나 분명한 사실 하나는 남성들의 성행위에 대해서는 상대적으로 관대하면서 여성들에 대해서는 정절을 강조하는 남성 중심의 유교적, 가부장적인 질서가 엄연히 존재했다는 점이다. 따라서 그들에 대한 평가 역시 시대에 따라, 개인에 따라 얼마든지 달라질 수 있다. 그들을 가리켜 요부妖婦 혹은 음부淫婦로 볼 수도 있겠고, 성해방론자 내지 인간해방론자, 그리고 남녀평등론자로 자리매김할 수도 있겠다.

결국 이들에 대한 평가는 각자의 몫이라 할 수밖에 없다. 한마디 덧붙인다면 시대와 세상의 변화에 따라 윤리와 도덕의 구체적인 내용은 바뀔 수밖에 없겠지만, 윤리와 도덕의 존재 그 자체가 없어질 수는 없지 않을까 한다.

국가가 관여한
부부관계

통계청의 2011년 혼인 이혼 통계2012년 4월에 따르면 혼인 건수는 32만 9천 1백 건, 이혼 건수는 11만 4천 3백 건으로 이혼이 혼인의 1/3을 차지하고 있다. 으레 결혼식 때면 주례사에서 '검은 머리 파뿌리 될 때까지', '백년해로' 하는 소리를 듣곤 했지만 부부가 같이 사이좋게 늙어 가는 것이 그렇게 쉬운 일은 아닌 듯하다. 오늘날 우리 사회에서 이혼은 아주 흔한 일이 되어 버렸기 때문이다. 예전과는 달리 그다지 흠도 되지 않는다. 젊은이들 사이에 '돌싱돌아온 싱글'이란 새로운 조어도 생겨났다.

그런 세태를 반영이라도 하듯이 온 가족이 뿔뿔이 흩어지는 〈바람난 가족〉2003년 8월 개봉이라는 제목의 영화도 나왔다. 거기서 '젊은(?) 할머니윤여정 분'는 남편이 죽은 직후 곧바로 재혼함으로써 '황혼이혼'과 다를 바 없는 모습을 보여 주었다. 그에 앞서 그녀는 오르가

가슴을 느낀다고 토로했다. 게다가 다른 사람의 아이를 임신한 아내에게 "잘할게" 하는 남편황정민, 하지만 아내문소리는 아주 쿨하게 "당신, 아웃이야"라고 선언한다.

남녀가 만나서 가정을 이루고 사는 결혼이 있다면, 언제 어디서나 다시 헤어지는 이혼은 어떤 형태로든 존재할 수밖에 없다. 다만 정도의 차이일 것이다. 그럼에도 잉꼬부부로 소문났던 중견 연예인 부부가 이혼했다는 소식은 또 다른 느낌으로 다가온다. 그렇다면 조선시대의 경우 이혼은 어떠했을까?

먼저 이혼을 나타내는 용어를 보면, 오늘날 우리가 쓰는 이혼離婚 보다는 이이離異라는 표현이 많이 쓰였다. 이이는 헤어져 남이 된다는 뜻이다. 한문본 조선왕조실록을 검색해 보았더니 이혼 11건, 이이 182건의 기사가 확인되었다. 그 외에 출처出妻, 소박疎薄, 기처棄妻, 휴기休棄 등의 용어가 쓰이기도 했다.

조선시대의 이혼을 오늘날의 그것과 같은 차원에서 논의할 수는 없을 것이다. 조선시대의 경우 역시 유교, 특히 성리학이 사회 전반에 걸쳐 영향력을 미치고 있었다. 어느 시대보다도 여성의 정절이 강조되었다. 성리학적인 명분론에 따르자면 "굶어죽는 것은 사소한 일인 데 반해, 정절을 잃는 것은 그야말로 큰 일"이었기 때문이다. "두 임금을 섬기지 않고, 지아비를 바꾸지 않는다不事二君, 不更二夫"는 원칙론이 강조되었다.

비슷한 맥락에서 군자의 도는 부부에서 출발한다고 보았다. 부부는 인륜의 근본으로서, 그 뜻이 더욱 중하여 한번 문란하게 되면 곧 강상綱常이 무너지는 것으로 여겼기 때문이다성종 7년 8월 5일. 그랬던 만큼 혼인한 다음에는 부부가 마땅히 같이 일생을 살아야 한다는 생각이 원칙으로 되어 있었다. 말하자면 특별한 사유가 없는 한 이혼에 대해 호의적이지 않았다. 그래서 이혼을 하기 위해서는 관의 허락을 받아야만 했다. 국가가 개입하고 있는 것이다.

이런 측면은 조선왕조실록에 등장하는 최초의 이혼 사례에 잘 나타나 있다. 태조 4년1395년 12월 11일 간관이 이혼을 요청하는 기사이다. 전 개성부윤정2품 변남룡이 죽은 판서 이송의 아내 염씨에게 장가들고, 변남룡의 아들 변혼이 또 이송의 딸에게 장가들자, 간관의 요청에 따라 변혼의 처와 이혼하도록 했다. 아들이 아버지의 재취 부인의 딸과 혼인하여 이혼하도록 한 것이다.

또한 국가에서는 아내가 있는데도 다시 아내를 취하는 경우有妻娶妻에는 법제적으로 강력하게 징계하여 이혼하게 하고, 즉시 발각되지 아니하여 자신이 죽은 뒤에 자손이 적자嫡子를 다투는 자가 있으면 먼저 난 사람을 적자로 삼도록 했다세조 7년 7월 9일. 문종 2년1452년 전 헌납사간원 정5품 고태필은 아내가 있는데도 새로 아내를 얻고서 사칭하기를 전처가 죽었다고 하여 장杖 90대를 집행했다. 그리고 후처를 이혼시키고 전처와 다시 합하게 했다. 이렇듯 국가와 사회 전반에 걸쳐 이혼에 대해 호의적이지 않았다지만, 실제로 이혼이 없을 수는 없었다.

17세기 이후 남존여비男尊女卑, 삼종지도三從之道, 출가외인出嫁外人, 여필종부女必從夫, 일부종사一夫從事, 귀머거리 3년 벙어리 3년 장님 3년

식의 남성 중심의 가부장제가 더욱 굳어졌다. 예로부터 전해져 온 것으로 아내를 내쫓을 수 있는, 강제로 이혼할 수 있는 조건이 정해져 있기도 했다. 이른바 칠거지악七去之惡 이다. 부모에게 순종하지 않는 것不順舅姑, 자식을 못 낳는 것無子, 행실이 음탕한 것淫行, 질투하는 것嫉妬, 나쁜 병이 있는 것惡疾, 말썽이 많은 것口舌, 도둑질하는 것盜竊이었다. 설령 칠거지악에 해당하더라도 부모의 삼년상을 함께 치렀거나, 장가들 때에 가난했다가 뒤에 부귀하게 되었거나, 아내가 돌아가서 의지할 곳이 없는 경우는 '삼불거三不去'라 하여, 아내를 버리지 못하도록 했다.

그러면 칠거지악 및 삼불거가 언급되고 있는 실제 이혼 사례를 하나 보기로 하자. 세종 22년1440년 6월 19일 전 찬성의정부 종1품 이맹균의 처 이씨가 시기하여 집 여종을 죽인 사건이 발생한다. 사헌부에서는 남편을 업신여기는 것은 천변天變에 관계된다고 하여 처벌을 요청한다. 세종은 "이씨의 부도한 것은 오로지 가장家長이 집안을 잘 다스리지 못한 때문에 그러한 것이다. 맹균의 직임을 파면시켰으며, 이씨는 나이 이미 늙었고 작첩을 거두었으니 다시 어떻게 죄를 주겠는가" 했다.

이에 사헌부에서는 "이씨가 질투로 인하여 여종을 죽였으니 죄악이 큽니다. 하물며 여자는 칠거七去의 의義가 있는데, 지금 이씨는 질투하고 또 자식이 없으니, 이거二去를 범하였습니다"라고 했다.

그러자 세종은 "한나라 광무제가 질투한다고 황후를 폐했는데 선유先儒가 그르게 여겨 말하기를 '질투는 부인의 보통 일'이라 했다. 또 여자에게 삼불거가 있으니, 전에는 빈천하다가 뒤에는 부귀하면 버리지 못하는 것이고, 함께 삼년상을 치렀으면 버리지 못하는 것이다. 이씨가 비록 질투하고 아들이 없다고는 하나, 이 두 가지 버리지 못하는 의義가 있으니, 갑자기 이것만으로 이혼시킬 수는 없는 것이다. 또 대신의 명부命婦는 형을 가할 수 없으니 작첩을 거둠으로 족한 것이다. 남편이 되어서 아내를 제어하지 못하였으니 진실로 죄가 있다" 하고, 사헌부에 명하여 이맹균을 황해도 우봉현으로 유배시켰다.

실록을 보면, 그야말로 오늘날 신문의 사회면에서나 볼 수 있을 법한 놀라운 이혼 사건들이 눈에 띈다. 때는 연산군 시절, 이혼하기 위해서 남편이 거짓으로 아내가 간통하여 임신했다고 고하는 사건이 발생했다. 사헌부는 다음과 같은 보고를 올렸다.

공신의 아들 정승충이 그의 집 여종 정덕을 시켜서, 그의 처 신씨가 문경 집에 있을 때 실행失行하여 임신하고 정덕의 남편인 은동을 시켜 낙태약을 사 갔다고 고하게 했습니다. 정승충이 또 스스로 말하기를 "아내가 젖이 검고 배가 부르니 임신한 것이다" 하기로 본부에서 여의女醫 10명을 보내어 진찰해 보았는데 징험이 없었습니다. 여종 정덕과 그의 남편 은동을 심문한즉, 문경에는 은동이 애당초 간 일이 없었다고 하니 약을 사 갔다는 것은 과연 거짓말입니다. 이것은 반드시 정승충이 아내를 버리기 위해 이런 말을 무함하여 만들어 낸 것이니, 형벌로 심문하여 사실을 밝혀야 하겠습니다.

『연산군일기』 3년 1월 15일

이에 대해, 연산군은 그를 추국하여 죄를 가리도록 했다.

이번에는 아내가 강압적으로 남편에게 이혼을 요청한 사건이다. 세종 14년^{1432년} 10월 29일 길주 김가물의 아내가 남편에게 이혼한다는 증서를 억지로 쓰게 하고서, 사사로이 이실의 아들과 같이 살았다. 가물이 악감정을 품어 이실의 집에 불을 지르고, 이실의 소를 죽이고 도망치는 사건이 발생한다. 마침 이실의 집이 관가에서 가까워 현장에서 가물이 잡혀 사건의 전모가 밝혀졌다.

다음은 성종 21년^{1490년} 장인이 딸의 목숨을 보존하기 위해 이혼을 요청하는 사건. 사직정^{5품 무관} 조지산이 아뢰기를 "사위 청천군^{淸川君} 한환이 신의 집에 이르러 딸의 머리채를 잡고 옷을 벗겨 함부로 때렸는데, 그 상처가 난 자국을 헤아릴 수가 없습니다. 이전에도 일찍이 구타하고 장신구와 재물을 빼앗아 갔는데, 이는 오로지 첩 중생과 비부^{婢夫} 귀손이 농간을 부린 것입니다. 만약 같이 살게 한다면 죽게 될는지도 모르니, 아비와 자식 사이에도 차마 보지 못하겠습니다" 하며 딸을 이혼시켜서 생명을 보전하기를 요청했다. 조씨의 상처를 살핀 의녀는 그 상처가 심하다는 보고를 올렸다. 의금부에서도 한환이 애첩^{愛妾} 중생을 사랑하여 정처인 조씨를 때려서 다치게 했음을 밝혔다. 한환은 처를 구타하여 거의 죽게 만들었고, 계집종은 피살되었으며, 계집종의 지아비 또한 장^杖을 맞아 거의 죽게 되었다. 처를 구타하여 죽기에 이르게 하면 율문에 따라 교형^{絞刑}에 처해야 하는데, 인혜대비의 친동생임을 감안하여 외방^{外方}으로 유배 보내는 것으로 일단락되었다. 그 아내는 이혼시키도록 했다.

그런데 한 가지 덧붙여 두고 싶은 사실은, 앞에서 본 여성의 '정절 이데올로기'에 관해 심각한 사태가 발생하게 되었다는 점이다. 임진왜란 때도 그랬지만, 병자호란 이후 많은 여인들이 청나라에 포로로 잡혀갔다. 전쟁에서 여인들이 겪는 수난이야 새삼 말할 것까지도 없겠다. 여인들은 스스로 탈출하거나 몸값을 지불하는 방법으로 귀국할 수 있었다. 하지만 이미 더럽혀진 몸은 어떻게 할 수가 없었다. 그들을 어떻게 처리할 것인가 하는 문제로 조정과 재야가 뜨겁게 달아올랐다. 그들을 환향녀還鄕女라 불렀다. 오늘날 행실이 나쁜 여자를 지칭하는 '화냥년'은 여기서 파생된 것이다.

환향녀에 대해서, 많은 사대부들이 이혼을 요청했다. 인조 16년1638년 3월 11일 신풍부원군 장유는 예조에 다음과 같은 요지의 글을 올렸다. "외아들 장선징의 처가 잡혀갔다가 속환되어와 지금은 친정부모 집에 가 있다. 그대로 배필로 삼아 함께 선조의 제사를 받들 수 없으니, 이혼하고 새로 장가들도록 허락해 달라" 이에 대해 "청나라에 잡혀갔던 부녀들이 비록 본심은 아니었다 해도 절의를 잃지 않았다고 할 수 있겠는가. 이미 절개를 잃었으면 남편의 집과는 의리가 끊어진 것이니 억지로 다시 합하게 해서 사대부 가풍을 더럽힐 수는 없는 것"이라는 이혼 찬성론이 제기되었다. 하지만, 전쟁의 급박한 상황에서 벌어진 일로 이를 허용하게 되면 환향한 부녀들이 모두가 이혼을 당하게 될 것이므로, 끝내 인조는 허락하지 않았다.

그렇지만 2년 뒤인 인조 18년1640년 장유의 아내 김씨가 단자를 올려, 며느리가 타고난 성질이 못되어 시부모에게 순종하지 않고 또

남한산성 사적 제57호. 둘레 약 8천m로 북한산성과 함께 도성을 지키던 남부의 산성으로, 1636년 병자
호란 때 인조가 이곳으로 피난하였다.

조선의 사회와 유교

편치 않은 사정이 있으니 이혼시켜 주기를 요청했다. 칠거지악을 내세워 며느리의 이혼을 요구한 것이다. 인조는 원칙적으로는 이혼을 인정할 수 없으나 훈신勳臣의 독자를 생각하지 않을 수 없어 특별히 허락했다. 그러면서도 이 일로 관례를 삼지 말 것을 명하고 있다.

필자는 서로 마음 맞지 않는 부부가 억지로, 다시 말해서 '실질적인 이혼' 상태로 일생을 살아가는 것보다는 차라리 깨끗하게 이혼하고 새 출발을 하는 것이 낫지 않을까 생각한다. 서로가 서로에게 무거운 짐이 되어서는 안 될 것이다. 그렇다고 작은 것들을 참아내지 못하고, 성급하게 이혼을 결정하는 추세에도 다소 문제가 없지 않다고 하겠다. 언젠가 초등학교 아이들이 제일 무서워하는 것이 부모의 이혼이라는 이야기를 듣고서 과연 그렇구나 하고 탄식했던 적이 있다.

좋든 싫든 간에 이혼은 이미 우리의 일상사가 되고 있다. 이제 부모가 이혼할 경우 자식들의 성씨마저 마음대로 선택할 수 있도록 하지 않았는가. 적어도 가족 영역에서는, 우리 사회는, 그리고 우리 의식은 정말 급격하게 변하고 있는 것이다. 그 같은 현상은 역설적으로 우리에게 가족의 소중함을 새삼 말해 줌과 동시에 가족에 대한 새로운 개념 정의가 필요하다는 점 역시 시사해 준다.

어찌 재가를
허용하겠는가

오래 전에 들은 이야기 한 토막. 당시 미국에서 이혼한 남녀가 각각 아이를 데리고 재혼해서, 얼마 후에는 다시 아이를 낳았다. 부모가 다른 세 아이가 한 집에 살게 된 셈이다. 그들 부부 사이가 좋을 때는 문제가 없었으나, 서로 싸울 때는 'my baby내 아이, your baby당신 아이, our baby우리 아이'라는 사실적인 용어가 쓰인다고 했다. 그 이야기를 들었을 당시, 다소 신기하게 생각했던 기억이 아직도 남아 있다.

그런데 요즈음의 우리 사회는 어떤가. 그처럼 다소 낯설었던 이야기가 충분히 있을 수 있는, 그리고 실제로 일어나고 있는 현실이 되고 있다. 이미 TV 드라마에서 다루는 중요한 소재가 되어 있다. 재혼, 보다 넓게는 결혼 풍속 자체가 변하고 있다. 아이 딸린 이혼녀와 총각의 결혼 같은 사례도 볼 수 있게 되었다. 그러니 열녀니 여성의 정조 같은 것들은 이미 전근대 사회의 낡은 도덕, 구시대의 유물이라는 낙인을 피하기 어려울 것이다.

그러면 조선시대의 경우 재혼은 과연 어떠했을까? 성리학을 근간으로 하는 가부장제 사회 속에서 여성의 정절은 유난히 강조되었다. 그것이 남녀 간의 차별을 근간으로 하는 불평등한 것이었음은 주지하는 바와 같다. 실제로 많은 사람들이 일부종사一夫從事, 여자 팔자는 뒤웅박 팔자, 여자가 잘나면 팔자가 드세다는 등의 언설들을 어렵지 않게 떠올리곤 한다.

그 같은 인식이 완전히 틀린 것은 아니다. 하지만 한국의 역사를 거시적으로 보자면, 그런 현상은 조선 후기, 좀 더 구체적으로는 17세기 후반 이후에 한정된 이야기라는 것이다. 그러니까 조선 후기 200년 동안 여성의 모습이 우리들에게 정형화된 이미지로 각인돼 전체 역사에 투사시키고 있다고 해도 과언은 아니다. "겉보리 서 말만 있어도 처가살이는 하지 않는다"거나, "처가와 뒷간은 멀수록 좋다"든지, "출가외인出嫁外人" 등은 조선 후기에나 나올 수 있는 말이라 하겠다.

물론 남성 우위라는 전제하에서 개념 정의된 '열녀烈女'는 삼국시대부터 있었다. 신라 진평왕 때의 설씨녀薛氏女 이야기, 백제 개루왕 때의 도미처都彌妻 이야기 등에서 정절 윤리의 흔적을 찾아볼 수 있다. 하지만 조선시대의 경우 중요한 것은 국가에서 정표旌表 정책을 실시, 여성에게 수절을 강요하게 되었다는 점이다. 여자는 두 남편을 섬기지 않는다女不事二夫는 법도가 신하는 두 임금을 섬기지 않는다臣不事二君는 충절과 표리를 이루는 절의로써 장려되고 또 강제되었다. 수절한 자와 정절을 지킨 자에게는 포상이 주어졌다.

정문旌門 붉은색 문으로 홍문紅門 이라고도 함을 세워 표창하고 그 집의 요역搖役을 면제해 주었다. 그러다 보니 자연히 여성의 정절을 강조하게 된 것이며,

그 같은 사회적 분위기 속에서 이혼과 재혼, 특히 재혼은 꺼려야 할 사안으로 자리 잡았다. 남계 중심의 혈통 사회를 유지하기 위해서 요청되는 것이라 해도 좋겠다.

한 가지 짚어 둔다면 시대를 거슬러 올라가면 상대적으로 재혼이 자유로웠다는 점이다. 고려시대의 경우, 심지어 왕의 부인 중에도 재혼녀가 있었다. 고려 성종의 문덕왕후文德王后 유씨, 충렬왕의 숙창원비淑昌院妃 김씨는 과부였는데, 나중에 왕과 혼인했다. 예전 자식들은 왕자와 공주의 예로 대우를 받았다 한다. 재가녀라고 해서 사회적으로 차대나 불이익을 받았던 것은 아니었다.

이러한 풍속이 하루아침에 변할 수는 없었다. 조선 전기에는 사대부 가문에서도 재혼이 이루어지고 있었다. 하지만 남편이 죽은 지 3년 이내에 재가한 경우에는 처벌을 받기도 했다. 사대부 가문에서 재혼하는 모습을 『태종실록』의 다음 기사에서 생생하게 볼 수 있다. 사헌부에서 평성군 조견의 죄를 청하는 상소를 올렸다.

조견이 과부 표씨의 뜻을 빼앗고자 하였으니 전혀 재상답지 못하며, 중매한 자인 사직司直 정5품 박지는 고신告身 조정에서 내리는 벼슬아치의 임명장 을 거두고 죄를 물으소서.

『태종실록』 11년 윤12월 1일

그런데 왕은 박지에게는 죄를 묻고 조견은 공신이라 죄를 묻지 않았다. 실제 사건 내막을 보면 표씨가 거짓으로 고한 것이었다. 표씨는 판도판서判圖判書 표덕린의 딸, 오건의 아내로서 집은 부유하나 일찍 과부가 되었다. 박지가 평성군 조견에게 중매하자 표씨가 허락했다. 그러나 혼인 날 저녁, 표씨는 조견이 늙어서 수염이 흰 것을 엿보고서는 도망쳤다. 그리고는 사헌부에 거짓으로 호소하기를, 조견이 강제로 장가들려고 한다고 했다. 그때 사람들이 모두 비방했다. 그리고 나서 얼마 후, 과부 표씨는 수원부사水原府使 조계생에게 시집갔다.

태종 15년1415년 11월 1일에는 영돈녕부사정1품 이지가 죽은 중추원부사 조화의 아내 김씨에게 장가든 문제로 사헌부에서 탄핵된 사건이 발생했다. 김씨는 문하시랑 찬성사의 딸인데 아름다우나 음란하여 늙을수록 더욱 심했다. 처음에 김씨가 이지에게 시집가기를 꾀하면서 아들 조명초 등에게 알지 못하게 했다. 어두운 저녁에 이지가 이르니, 아들 명초가 비로소 알고 이지의 목덜미를 잡고 함께 땅에 쓰러져서 목 놓아 슬피 울며 말리었으나 어쩔 수가 없었다. 김씨와 첫날밤을 보내고 이튿날 사람에게 말하기를 "나는 이 분이 늙었는가 하였더니, 참으로 늙지 않은 것을 알았다"라고 했다. 김씨의 그때 나이 57세였다. 이 사건을 보고받은 태종은 사헌부에 지시하기를 "아내 없는 남자와 남편 없는 여자가 스스로 서로 혼인하는 것을 어찌 반드시 묻겠는가?" 하며 다시는 논하지 말라고 했다.

또한 현재 전하는 가장 오래된 족보인 『안동권씨성화보安東權氏成化譜』에는 양반 여자의 재가 사실이 나타나고 있다. '후부後夫'라 기록했는데 첫 번째 남편과 두 번째 남편이 나란히 기재되어 있다. 〈그림〉 3단에 보이는 "여부女夫 이수득 李壽得"과 "후부後夫 염제신廉悌臣"은 모두 안동 권씨 권한공의 사위들이다. 양반 사대부 집안의 족보에 재가 사례를 기재했다는 사실 그 자체가 오늘날 입장에서 보면 획기적인 것이라 아니할 수 없다.

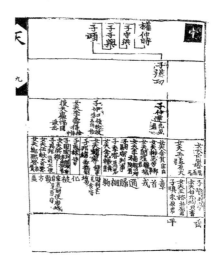

안동권씨성화보 성종 7년1476년 편찬, 성화는 명나라 헌종의 연호.

이 같은 현상은, 사회적으로 딸과 아들이 같은 대우를 받았다는 사실과도 관련이 없지 않다. 『경국대전』 형전 사천私賤조를 보면, 노비와 토지를 적자녀에게 균일하게 나누어 주도록 했다. 未分奴婢, 勿論子女存沒 分給, 未滿分數者, 均給嫡子女, 田地同

조선 전기의 경우 딸에게도 재산 상속이 균등하게 이루어졌을 뿐 아니라 상속받은 몫에 대한 재산권이 보장되었다. 균분均分 상속이 이루어졌던 만큼 상속에 따른 의무도 균등했다. 부모가 살아 있을 때는 봉양을 잘하는 것, 부모가 죽은 후에는 제사를 잘 지내는 것이었다. 그래서 제사도 아들의 몫만은 아니었다. 윤회봉사輪回奉祀라 하여, 아들과 딸이 몇 해씩 돌아가면서 부모의 제사를 모셨다. 사위나 외손을 친손

전통 혼례의 모습 조선 전기에는 결혼한 후 처가에서 사는 남귀여가혼男歸女家婚이 일반적이었다.

과 같이 대우했으며, 처가 및 외가에 대한 친근감이 본가本家에 비해 못하지 않았다. 혼인 양태 역시 결혼한 다음 처가에서 사는 남귀여가혼男歸女家婚이 일반적이었다. 실록에 다음과 같은 기사가 보인다.

> 우리나라의 풍속에 남자가 여자의 집으로 장가드니, 이성의 친함과 은혜로움이 동성과 차이가 없다. 외조부가 계시면 종형제들이 한집에서 길러지고, 외증조부가 계시면 재종형제가 한집에서 길러지니, 어려서부터 장년에 이르기까지 서로를 일컬어 형제라 하고, 숙질이라 하며, 또한 조손祖孫이라고 칭한다. 그 은혜와 정이 동성同姓의 친족과 다르리오.
>
> 『성종실록』 2년 5월 20일

조선의 사회와 유교

우리나라의 풍속은 처가에서 자라니 아내의 부모 보기를 오히려 자기 부모처럼 하고 아내의 부모 또한 그 사위 보기를 오히려 자기 아들처럼 한다.

『성종실록』 18년 8월 6일

하지만 조선 사회가 어느 정도 체제가 정비되면서 남성 우위와 더불어 여성의 정절이 강조되기 시작했다. 특히 법전에 포함된, 두 번 결혼한 재가녀再嫁女 아들에 대한 차별 규정은 중요한 하나의 전환점이 된다고 하겠다. 성종 때 편찬된 『경국대전』 예전에 다음과 같이 규정했다.

재가하거나 실절失節 절개를 지키지 못한 부녀의 아들 및 손자는 문·무과, 생원·진사 시험에 응시할 수 없다 再嫁失行婦女之子孫 勿許赴文科生員進士試 並武科同

『경국대전』 권3 예전 제과諸科조

이 규정은 뒤집어 보면, 이전에는 재가녀의 아들이 과거시험에 합격해서 관직에 진출하는 데 장애가 되지 않았음을 말해 주는 것이다. 입안 과정에서 사대부 부녀자들의 재가를 금지하기보다는 삼가三嫁 세번 혼인하는 것한 자만을 처벌하고 재가는 용인하고자 하는 대신들의 견해가 제기되기도 했다.

또한 조정에서는 장년壯年으로 아들이 있는 여자는 재가하지 않는 것이 진실로 마땅하나, 만약에 나이가 어리고 아들이 없는 여자는 그 부모가 개가시키려고 한다면 허락하는 것이 어떻겠냐는 의견도 있었다. 그러나 한 번 재혼을 허락하면, 나중에 가서 나이 어리고 장년인 것과 아들이 있고 없는 것과 부모가 있고 없는 것을 누가 분변하겠느냐는 주장에 따라 받아들여지지 않았다.

여기서 성종의 말을 들어 보자. 성종은 "풍속의 교화는 중요한 일인데 어찌 재가를 허용하겠는가? 재가하고 싶으면 마땅히 스스로 재가할 것이다. 죄는 제 몸에도 더할 수 없는데, 어찌 자손을 돌보겠는가? 나의 생각으로는 열녀烈女는 지아비를 바꾸지 않는 것이다. 결단코 재가를 허가할 수는 없다"는 입장이었다 성종 12년 10월 25일.

조선 후기가 되면 재가 금지의 윤리가 양반 사대부는 물론이고 일반 평민에까지 확산되었다. 영조 39년1763년 8월 1일에는 절개를 지키기 위해 목숨을 버린 전라도 장수현에 사는 선비 서문배의 아내 정씨와 양인 임동삼의 아내 오소사吳召史 소사는 양인의 여자에 대한 호칭이며, 양반 여자는 씨氏라 칭함의 마을에 정표旌表하라고 명했다.

정씨는 행실이 깨끗한 것으로 고을에 소문이 났는데 갑자기 강포한 자의 겁침劫侵을 당하여 치마를 찢기기에 이르자 정씨가 큰소리로 외치니, 이웃 사람이 달려가 구해 주어 드디어 모욕을 당하는 것을 면했다. 정씨가 말하기를 "분변하지 않고 죽으면 누가 나의 뜻을 밝혀 줄 수 있겠는가?" 하고, 즉시 관에 고발하여 그 강포한 자를 장살杖殺하게 했다. 그리고 나서 울면서 말하기를 "나의 몸은 비록 더럽혀지지 않았으나 한쪽 팔은 그에게 비틀렸었으니, 이를 그대로 두면 온몸이 더러워진다" 하고, 칼을 가져와 베어 내고 드디어 스스로 목매어 죽었다.

오소사는 일찍 과부가 되어 시부모를 봉양하면서 수절했다. 친정

화순옹주홍문 和順翁主紅門 충남유형문화재 제45호. 영조의 둘째 딸 화순옹주의 정절을 기리
는 열녀문. 화순옹주는 김한신과 혼인했으나 한신이 죽자 식음을 전폐하고 따라 죽어 후에 정
조가 정려를 내렸다.

어머니가 개가시키려 하자, 오소사가 말하기를 "남편의 무덤에 가서
한 번 곡哭한 다음 허락하겠습니다"라고 했다. 그리고 젖먹이 어린아이
를 업고 가서 통곡하며 말하기를 "당신이 왜 먼저 가서 나로 하여금 이
런 말을 듣게 합니까?" 하면서, 손으로 얼어붙은 무덤을 마구 파니 열
손가락에서 피가 흘렀다. 오소사와 아기가 거의 죽게 되었는데, 나무
하는 여인이 그 모습을 보고 불쌍하게 여겨 부축하여 남편의 친적 집으
로 데리고 갔다. 위로하고 달래었으나 끝내 듣지 않고 약을 마시고 죽
었다.

정조 13년1789년 1월 10일에는 심지어 절개를 세운 기생에게 정문

간비노우리나라
안동사룸이라유
텬계유쟝리안
ᄃ갈려그쳐
닐너굿ᄃ옴
하뇨훈날이어나셔
짜고갈려ᄒ노락해
ᄃᆫ오ᄂᆞ나도하가
저도나가갈어라
ᄒ고집의드러
쳥쟝은술어티너
밤듕의문득살
의급히ᄒᆡ는소리
ㅅ젓설놀깁ᄇᆨ놀나
ᄃᆞᆯ아ᄇᆞ범이볼
ᄀ지아비룰믈어
거는지라깁ᄇᆞ범

金氏攖虎本國圖

金氏

金氏

金氏

삼강행실도 三綱行實圖
조선시대의 도덕 교과서, 충신, 효자,
열녀의 행적을 그림과 글로 찬송한 책

旌門을 세워 준 기사를 볼 수 있다. 평안도 강계의 기생 소상매는 한 지아비를 섬기다 그가 죽자 뒤따라 죽었다. 그 절개를 높이 평가해 마을에 정문을 세워 주었다. 국가적인 차원에서 수절을 권장했던 것이다.

재가 금지는 고종 31년1894년 갑오경장 때 신분제도의 철폐와 함께 "부녀의 재가는 귀천을 막론하고 그 자유에 맡긴다"는 결정과 더불어 사라지게 되었다. 『경국대전』이래로 부녀자들의 재혼을 구속하던 법적인, 사회적인 족쇄가 마침내 풀리게 된 것이다.

이렇게 본다면 여성의 정조 강조와 재가 금지는 안과 밖으로 서로 짝을 이루고 있으면서 법적·사회적 제재를 넘어서 심리적인 제재까지 가하는 일종의 거대한 족쇄와 같았다고 하겠다. 그런 족쇄는 근대화의 물결과 더불어, 1894년 갑오경장 이후 법적으로는 해체되었지만 그 관성이 하루아침에 사라질 수는 없었다. 사회적으로, 심리적으로 여전히 짙은 그림자를 드리우고 있었던 것이다. 그런데 이제는 그러한 그림자가 완전히 사라지는 듯하다.

하지만 그와 동시에 우리 사회가 단순히 그림자 지우기에서 벗어나 더 급속하게 나아가고 있지 않나 하는 생각도 든다. 혼전동거, 화려한 싱글, 결혼하지는 않지만 아이를 갖는 싱글맘, 계약결혼 등이 보여 주듯이 남녀의 결합 방식 자체가 다양해질 뿐만 아니라 나아가서는 종래의 결혼과 가족 관념 자체를 변화시키고 있기 때문이다. 그 같은 변화의 끝은 과연 어디쯤일까?

조선시대판 살인의 추억

지난 2003년 9월부터 2004년 7월까지 21명을 연쇄 살인한 이른 바 '희대의 연쇄 살인 사건'은 발표 당시 온 나라를 충격으로 몰아넣었다. 그렇지 않아도 십 년 만의 불볕더위로 불쾌지수가 높았던 그해 여름, 그야말로 경악에 떨었던 기억이 새롭다. 스무 명에 달하는 연쇄 살인, 게다가 토막 살인과 암매장 등은 그야말로 공포 · 엽기 소설에서나 나옴직한 끔찍한 사안이었다. 그런데 실제로 현실에서 그런 엽기 살인이 일어난 것이다. 이는 영화 〈추격자〉2007년의 소재가 되기도 하였다.

집단 살인과 엽기 행각은 놀라움과 섬뜩함, 그리고 두려움을 안겨 주기에 충분했다. 동시에 과연 인간이 어디까지 갈 수 있는지 그 끝간 데를 보여 주는 듯했다. 카인의 후예인 인간인 만큼 잔혹하게 살해하는 연쇄살인 사건은 더러 영화의 소재가 되기도 했다. 조디 포스터가 주연했던 영화 〈양들의 침묵The Silence of the Lambs〉1991년이나 아직도 미궁에 빠져 있는 화성 연쇄 살인을 소재로 한 〈살인의 추억〉2003년 개구리 소년 실종 사건을 소재로 한 〈아이들〉2011년 등이 그 예라 하겠다.

그 같은 엽기적인 살인 범죄 행위를 바라보는 시각과 그에 대한 처방은 다양할 것이다. 범죄자의 심리 상태나 정신병리 같은 개인적인 측면에 주목할 수도 있겠고, 그 보다는 사회적인 배경이나 환경 같은 사회적인 측면을 중시할 수도 있겠다. 아무리 시대와 세상이 달라져도 변하지 않는 사실은, 참혹한 엽기나 연쇄 살인 행위는 언제 어디서나 '공공의 적'이라는 점이다.

유교와 양반 사회로 불리는 조선시대에는 어떠했을까? 삼강오륜三綱五倫이 작동하고 있었던 만큼, 그 같은 반인륜적인 범죄 행위는 일어나지 않았을까? 아니다. 삼강오륜은 명분이자 지향점이었으므로 조선왕조실록이 전해 주는 실제 생활 세계와는 거리가 있었다.

그러면 먼저 집단 살인 사건에 대해 보기로 하자.

사건 1 영조 10년1734년 5월 5일 경기도 광주에서 노비가 주인과 다른 노비를 집단으로 살해한 사건이 발생했다. 노비 영만이 저주咀呪하여 주인 김대뢰와 그의 노비 30여 명을 살해했다. 그러자 김대뢰의 노비 세적이 그 주인과 부모를 죽인 영만을 제 손으로 살해하고 관아에 자수했다. 감사監司 지방 장관 신방이 그 사실을 아뢰니, 사건을 형조에 처리하도록 했다. 주인과 부모를 살해한 흉악범에게 복수한 노비 세적은 어떤 처벌을 받았을까? 정상을 참작하여 형조에서는 형률에 따라 장杖 60대를 결정했으며, 영조는 그 결정을 그대로 따랐다.

사건 2 숙종 9년1683년 1월 11일 존속 살인 사건이 발생했다. 함경
도 경성의 백성 김명익의 온 집안이 발광하여 서로 함부로 죽였다. 김
명익은 스스로 어미와 두 딸 및 사촌 누이인 백삼길의 아내를 칼로 찔
러 죽였고, 또 아들 김유백으로 하여금 어미를 칼로 찔러 죽이게 했으
며, 백삼길로 하여금 자신의 아들 두 명을 칼로 찔러 죽이게 했고, 노
비로 하여금 또 아들 한 명을 찔러 죽이게 했다. 김명익 자신은 그 노
비를 찔러 죽이고, 백삼길은 또한 김명익을 잡아 죽여서, 서로 죽인 자
가 모두 10명에 이르렀다.

조정에서는 경차관敬差官 중앙에서 특수 임무를 띠고 지방에 파견하는 관리을 보
내어 조사, 처리하게 했다. 김명익의 여러 아들이 천연두를 앓았는데,
한 아들이 미치광이의 말을 하니, 김명익은 이를 요사스런 귀신이 붙었
다고 여기고는 불침火釘을 주었다. 그러자 아들들이 한꺼번에 발광하여
칼을 빼어 서로 죽이니, 몸과 머리가 여기저기 흩어져 있었다. 유독 김
유백만은 칼에 다쳤어도 목숨이 끊어지지 않았는데, 스스로 말하기를
"그때에 그의 어미를 보니 마치 산짐승이나 들짐승 같았으므로 아비의
말에 따라 칼로 찔렀다"고 했다.

이에 조정에서는 김명익과 김유백이 어미를 죽였고 그의 노비는
주인을 죽였으니, 한 집안의 세 사람이 강상綱常의 죄를 범했다 하여,
김유백을 국문하여 목 베고, 백삼길은 십악十惡으로써 논죄했다. 십악
은 10가지 큰 대악으로 모반謀反, 모대역謀大逆, 모반謀叛, 악역惡逆, 부도
不道, 대불경大不敬, 불효不孝, 불목不睦, 불의不義, 내란內亂을 가리킨다. 여

기서의 내란은 오늘날의 의미와는 달리 근친상간을 가리켰다.

　그 외에도 실록에서 남편과 그 후처와 아들 등 6명을 살해한 사건, 한 집안 식구 5명을 모두 살해한 사건 등을 찾아볼 수 있다. 이 같은 살인 사례는 형식상으로 집단 살인이라는 점 외에도, 그 성격으로 보자면 반인륜적이고 반사회적인 범죄라는 성격도 동시에 띠고 있다. 신분제 사회였다는 점에서 반상班常의 차이라는 사회계층적인 요소도 얽혀 있었음을 알 수 있다.

　윤리 규범에 어긋나는 범죄 사건을 몇 가지 더 살펴보기로 하자.

　사건 1　세종 즉위년1418년 10월 4일 안주의 백성 임부개가 어머니와 소를 가지고 다투다가 어머니의 목을 매어 끌었는데, 누이동생이 악한 역적이라고 부르짖으므로, 부개는 일이 탄로될까 두려워, 아우 임정·임원과 더불어 누이동생을 때려죽인 일이 있었다.

　사건 2　태종 4년1404년 2월 27일 노비 실구지 형제와 박질이 상전을 강간하는 사태가 벌어졌다. 한성 사람인 판사判事 이자지는 딸 셋이 있었는데, 맏딸은 내은이로서 나이 16세에 아직 시집가지 않았고, 나머지는 모두 어렸다. 부모가 연이어 죽으매 내은이는 종 연지와 소노를 데리고 두 동생과 함께 삼년상을 행하려고 했다. 가노家奴 실구지가 아우와 더불어 과주지금의 과천에서 살고 있었는데, 하루는 그리로 가서 살자고 청했다.

내은이가 말하기를 "여자의 도리는 안방 문을 나가는 것이 아니다. 하물며 지금 부모님이 돌아가셨으니 어찌 네게 가서 살 수가 있느냐?"라고 했다. 그러자 실구지는 "상전의 의식이 우리 두 사람에게 있으니, 만일 우리 말을 듣지 않는다면 장차 돌보지 않고 도망하겠습니다"라고 위협했다. 내은이는 할 수 없이 그의 집으로 갔다.

밤이 깊은 뒤에 실구지가 제 처남 박질을 방에 숨겨 놓고, 내은이를 발가벗겨서 박질에게 맡겼다. 내은이가 크게 소리를 치고, 두 동생도 크게 소리쳤다. 실구지가 제 아우와 더불어 내은이의 두 동생을 붙잡고 놓지 않았다. 내은이는 굳세게 항거하다가 새벽녘에 이르러 힘이 빠지니, 이에 박질이 그녀의 손발을 묶고 강간했다. 내은이가 도망하여 한성부에 호소했다. 한성부에서 실구지 형제와 박질을 잡아다가 국문하니 사실대로 실토했다.

사건 3 중종 29년1534년 12월 종성에서 어머니를 살해한 아들이 그 혐의를 자백하지 않은 채 감옥에서 병들어 죽은 사건이 발생했다. 함경도 경차관 박수량이 올린 보고서에 의하면, "이웃 사람들의 초사招辭 진술서에는 '김부기가 제 어미를 칼로 찔렀는데, 그 어미가 죽을 때 작은 소리로 자기 아들이 칼로 자기를 찔렀다고 하였다' 하니, 그 어머니를 칼로 찌른 것이 명백하다. 김부기의 초사에는 '내 어미가 칼집을 거꾸로 들고 나를 때릴 때 칼날이 나와서 잘못 찔렸다'고 하였고, 다섯 차례나 형신을 가했지만 자백하지 않고 죽었다"고 했다.

그러면 이러한 범죄 행위에 대해 어떤 처벌을 내렸을까. 임부개 사건의 경우 법률에 따라 부개를 찢어 죽이고 그의 동생 정과 원을 목 베게 했다. 실구지 사건의 경우 율律에 의하여 능지처참했다. 김부기 사건의 경우, 패륜아 부기는 처벌받기 전 감옥에서 죽었다. 하지만 중종은 그의 시신을 능지처참하고 효수梟首하여 먼 곳에까지 두루 전하여 보게 했다. 그리고 집은 부수고 못을 파서 대악大惡을 징계하게 했다.

기본적으로 사형죄에 해당하는 경우 조선시대에는 3번 심판을 받을 수 있는 심급제도인 삼심제도를 운영했다. 3심을 원칙으로 하는 사형죄 처결법은 『경국대전』에 법제화했다. 형전 추단조에는 "사형죄는 세 번 복심覆審하여 왕에게 아뢴다"고 규정했다. 인명을 중시했다는 점을 주목할 만하다.

> 형옥의 일 가운데 살인공사殺人公事는 지극히 중대한 일이다. 무릇 사죄死罪
> 에 들어 있는 사람은 반드시 삼복三覆을 하게 한 것은 인명을 중히 여기기 때
> 문이다. 사람을 죽인 사람은 목숨으로 보상함이 마땅하다. 그러나 형관은 모
> 름지기 반복해서 자세히 살펴야 할 것이다.
>
> 『중종실록』 24년 9월 12일

하지만 실제로 일어난 흉악한 범죄 행위에 대해서는 찢어 죽이는 형벌거열車裂, 목을 베 죽이는 형벌, 능지처참, 심지어 시신에 대해서까지 능지처참했다는 사실을 알 수 있다. 능지처참이란 능지처사凌遲處死

혹은 지해支解라고도 하며, 죄인이 살아 있는 상태에서 사지를 하나씩 베어 내고 마지막에 목을 베어서 여섯 토막을 내어 죽이는 가장 잔인한 형벌이다. 능지는 시체를 토막 내는 것으로 종결되는 것이지만, 시체 토막을 저잣거리에 내걸어 공개하거나 각 도에 회람시키거나, 머리만을 매달고 효시하는 등 후속되는 부가형이 있어 시체에 대한 형벌을 가중시켰다. 주목해야 할 것은 윤리, 강상을 어지럽힌 사건에 대해서는 특히 엄격함이 지켜지고 있었다는 점이다.

> 예로부터 천하와 국가를 다스리는 데 강상을 굳건하게 서게 하는 것보다 더 중하게 여긴 것이 없었습니다. 국가에서 반사頒赦하는 글에도 반드시 이르기를 "강상에 관계된 외에는 모두 용서한다" 하였는데, 그것은 강상에 관계된 죄가 십악과 같아 용서할 수 없기 때문입니다.
>
> 『성종실록』 4년 11월 23일

그래서 강상의 죄에 대해서는 국가에서 대사면을 내릴 경우에도 적용되지 않았던 것이다성종 5년 4월 11일. 흉악한 범죄에 대해서 과연 어디까지 처벌해야 하는가, 또 어디까지 처벌할 수 있는가, 아니면 감호 아래 교화시키는 것이 더 바람직한가, 흉악범에게도 인권은 있는가 하는 문제는 오늘날에도 여전히 쟁점이 되고 있다. 이른바 사형제도 폐지 논란이 그것이다.

지난 2012년 12월 30일은 정부가 사형 집행을 중단한 지 꼭 15년이 되는 날이다. 김영삼 대통령 말기인 1997년 12월 30일에 23명의 범

조선시대 형구들 형벌을 집행하기 위하여 사용하던 도구

조선시대판 살인의 추억

죄자를 사형 집행한 이후 김대중, 노무현, 이명박 정부 15년동안 한 명도 사형이 집행되지 않았다. 1948년 정부 수립 이후 50년간 모두 998명이 사형 집행된 데 비추어 보면 획기적인 변화다. 사형 제도는 1980년대 이후 세계 각국이 폐지하는 추세에 있다. 경제협력개발기구OECD의 30개 회원국 중에는 한국과 미국, 일본만이 사형제를 유지하고 있다.

먼 옛날 고조선의 8조법금八條法禁에서도 사람을 죽인 자는 사형에 처한다고 했다. 살인의 역사는 그만큼 오래된 것이다. 따라서 인간과 사회에 대한 흉악한 범죄, 그에 대한 형벌과 교화라는 문제는, 어느 시대나 피해갈 수 없는 근본적인 사안이라 해야 할 것이다. 그 문제는 결국 인간의 본성에 대한 이해와 맞물려 있기 때문이다. 형벌을 엄격하게 한다고 해서 범죄가 근절될 수 있을까. 연쇄살인 범죄는 잊어버리고 있던 인간의 본성 문제를 다시 한번 생각해 볼 것을 요구하고 있다.

조선의 사회와 유교

조선시대의 소방서
금화도감

지난 2005년 4월 5일 식목일, 강원 영동 지역에 대형 산불이 발생했다. 무엇보다 천년 고찰 낙산사의 동종·원통보전·홍예문·홍련암 등의 문화재가 전소하거나 훼손되었고, 주민 수천 명이 대피하는 상황이 발생했다. 신라의 고승 의상대사가 창건한 명찰^{名刹} 낙산사의 비극이라 하지 않을 수 없었다. 그로부터 20여 일 후인 4월 28일, 그 기억이 채 가시기도 전에 양양 등 전국 10여 개 지역에서 다시 산불이 일어났다. 양양에서만 2천여 명이 대피하기도 했다.

필자는 1980년대 초 대학시절 답사차 낙산사에 갔던 기억을 새삼 되새기며 안타까운 마음을 금할 수가 없었다. 앞으로 그런 일이 없기를, 하루 빨리 복구가 이루어지기를 바라는 마음과 더불어 두 손 모아 합장했다. 그 이후 재앙을 딛고서 '생명의 싹'을 틔우고 있다는 반가운 소식을 들었다. 중심 법당인 원통보전과 종각이 새로 지어졌으며, 까

맣게 탔던 소나무 숲도 조경 작업이 진행되어 조금씩 옛 모습을 되찾아 가고 있다는 소식이 간간이 들려왔다. 관동팔경의 하나로 당시 화마火魔를 피할 수 있었던 의상대는 지난 2007년 12월 국가 지정 명승이 되기도 했다. 마침내 최근2012년에야 옛 모습으로 복원되었다. 7년이 걸린 셈이다.

순간의 실수로 일어나는 화재는 인정사정 가리지 않고 그 모든 것을 태워 버린다. 국보건 보물이건 문화재건 가리지 않는다. 타 버리는 것은 그야말로 잠깐이지만, 복구하는 데에는 많은 시간과 공력을 요한다. '자나 깨나 불조심', '꺼진 불도 다시보자'는 표어는 오래되었지만, 그 함의는 여전히 새롭다.

조선시대에도 화재가 많이 발생했다. 그 화재 사건과 대비책에 대해 살펴보자. 실록에 보이는 최초의 화재 기사는 놀랍게도 태조 2년1393년 강원도 양양에서 발생한 것이다. 이 지역은 조선시대에도 화재가 적지 않았던 듯싶다.

> 큰 바람이 부는데 성중城中에서 잘못하여 불을 낸 사람이 많았다. 강릉도 양
> 주襄州 지금의 양양에서 한 집이 잘못하여 불을 내어, 불길이 이웃으로 번져서
> 관사와 민가가 거의 다 타 버렸다.
>
> 『태조실록』 2년 2월 20일

국가 차원에서 화재에 대비하는 것은 당연한 일이다. 방화防火 업무를 관장하기 위하여 세종 8년1426년 금화도감禁火都監을 설치했다. 세

낙산사 의상대 義湘臺 명승 제27호. 강원도 유형문화재 제48호. 의상대사가 관음보살을 친견한 바닷가 암벽 위에 세운 정자.

종은 그해 2월에 화적의 방화로 큰불이 일어나자 곧 금화도감을 설치하여 화재의 방지와 천거川渠의 수리 및 소통을 담당하게 하고, 화재를 이용한 도적들을 색출하게 했다. 관원은 제조 7명, 사使 5명, 부사·판관 각 6명을 두었다. 이어 같은 해 8월 이조의 건의에 따라 금화도감과 성문도감城門都監을 합병하여 수성금화도감修城禁火都監이라 불렀다. 성을 수리하고 화재를 금지하고, 길과 다리를 수리하는 따위의 일을 전적으로 맡게 했다세종 8년 6월 19일.

화재를 예방하기 위하여 인접한 가옥과 가옥 사이에 방화장防火墻을 쌓고 요소마다 우물을 파고 방화기기 등을 설치하도록 했다. 방화장은 오늘날 방화벽에 해당한다. 처마까지 높게 담을 쌓아 이웃 건물에 불길이 옮기지 못하게 했다. 세종은 다음과 같이 명했다.

> 서울의 행랑에 방화장을 쌓고, 성내의 도로를 넓게 사방으로 통하게 만들고, 궁성이나 전곡錢穀이 있는 각 관청과 가까이 붙어 있는 가옥은 적당히 철거하며, 행랑은 10칸마다, 개인 집은 5칸마다 우물 하나씩을 파고, 각 관청 안에는 우물 두 개씩을 파서 물을 저장하여 두고, 종묘와 대궐 안과 종루의 누문樓門에는 불을 끄는 기계를 만들어서 비치했다가, 화재가 발생하는 것을 보면 곧 쫓아가서 끄게 하며, 군인과 노비가 있는 각 관청에도 불을 끄는 모든 시설을 갖추었다가, 화재가 발생했다는 소식을 들으면 곧 각각 그 소속 부하를 거느리고 가서 끄게 하라.
>
> 『세종실록』 8년 2월 20일

성군으로 알려져 있는 세종 때에도 화재가 계속되자 대책이 논의되었다.

> 지사간知司諫 사간원의 종3품 고약해가 이렇게 말했다. "불을 지른 자는 마땅히 죄를 주고, 그를 고발하여 체포하도록 한 자는 마땅히 상을 주어야 할 것입니다. 그러나 화재가 발생하는 것은 오로지 백성의 마음이 바르지 못한 데에 기인되는 것입니다. 백성의 마음이 바르지 못한 것은 실로 대신들에게 관계가 있습니다. 지금 위에는 성스러운 임금이 계신데, 대신들이 하늘의 기후를 순조롭게 조화시키지 못하여 이러한 재변이 일어나게 되었습니다. 옛 사람

이 이르기를 '대인大人은 다만 마음 하나를 바로잡는 것뿐이라' 했으니, 대인
의 마음이 바로잡히면 백성의 마음이 평화롭게 되며, 하늘의 기후가 순조로
울 것입니다. 하늘의 기후가 순조롭다면 어떻게 풍재와 화재가 이렇게 심할
수가 있겠습니까." (중략) 그러자 세종은 "그대의 말이 옳다. 음양이 조화를
잃은 것은 나의 부덕不德한 소치로다. 내가 비록 변변치 못하나, 만일 대신이
협조한다면 곧 하늘의 재변도 없어질 수 있을 것"이라 하였다.

『세종실록』 8년 2월 28일

또한 화재가 빈발하자 세종은 근정전 등에 화재 시 사용할 쇠고리
를 만들게 했다. 승정원에 이렇게 명했다.

근정전이 높아서 만일 화재가 있다면 창졸간에 오르기가 어려울 것이니 쇠고
리를 연쇄連鎖하여 처마 아래로 늘여 놓았다가, 화재가 있으면 이를 잡고 오
르내리게 하는 것이 어떠한가. 또 옥상이 위험하여 불을 잡으려던 자가 미끄
러질 경우 잡을 만한 물건이 없으니, 역시 긴 쇠고리를 만들어서 옥상에 가로
쳐 놓는 것이 어떤가. 총제 이천과 더불어 이를 의논하여 아뢰라.

『세종실록』 13년 1월 2일

마침내 선공감繕工監 토목과 건축에 관한 일을 맡아보던 관청에 명해 근정
전 · 경회루 · 사정전 · 문무루 · 인정전 · 광연루 · 모화관에 사용할 쇠
고리를 만들어 바치게 했다.

이어 세종 13년1431년 의정부 · 6조 · 한성부 · 금화도감의 제조 등

이 논의해서 화재를 대비하는 조건을 건의했다. 그중에서 주목되는 몇 가지 사항만 살펴보기로 한다.

— 금화도감은 각 사 비자婢子 여자 노비의 많고 적음을 참작하여 급수비자汲水婢子를 정하고, 각 사에서는 사람의 수에 따라 물통을 미리 준비하여, 불이 날 적에는 각 사의 행수行首 동일한 계열의 우두머리 및 군색軍色 병조의 한 분장인 일군색. 이군색의 합칭 · 노비색奴婢色 노비에 관한 업무를 담당한 임시직 관원들이 그 사의 금화군인과 노자奴子 및 물통을 머리에 인 급수비자를 거느리고 와 모여서 도감의 지휘에 따라 시행한다.

— 한 마을마다 다섯 집에 장長을 두고, 장마다 통기統紀 통호의 번호. 통은 마을 조직편제 단위가 있어 다섯 집의 인명을 기록하면, 도감이 통기를 보고 단독자를 제외하고는, 존비尊卑를 물론하고 수를 정하여 모두 물통을 준비했다가 불이 나면 근처의 각호가 각각 그 집을 구하고, 그 나머지 각호는 각기 부령部令이 관령을 거느리고 장내의 불 끄는 사람을 모아 본 도감의 지휘에 좇아 시행한다.

— 비록 표標가 없으나 불을 끄기 위하여 출입하는 자는 금하지 말고, 난잡하게 날뛰는 자는 금지하며, 충호위의 헤어진 유장帷帳 장막으로 겹보자기를 만들어 불을 끄는 각 관청에 나누어 주어서, 물을 적시어 불꽃을 덮게 한다.

— 불을 끈 뒤에 공로가 있는 자에게는 도감이 계문하여 포상하고, 게으르고 느린 자는 논죄하며, 더디고 느린 각 사의 관원도 계문하여 죄를 다스린다.

『세종실록』 13년 5월 13일

실록에는 일종의 소방 장비인 수총기水銃器에 관한 기사도 보인다. 경종 3년1723년 5월 25일, 관상감에서 올린 서양식 수총기를 만들자는 계청에 따른 것이다. 수총기는 관상감 관원 허원이 중국 연경에 들어갔다가 가져온 것으로 화재를 진압하는 것이었다. 이어 경종은 각 군문에 영을 내려 만들어서 비치하도록 했다.

하지만 아무리 대비를 철저하게 하더라도 화재는 언제든지 일어날 수 있다. 예나 지금이나 다를 바 없다. 화재가 났을 경우, 담당 관원은 문책을 당했다. 사헌부가 화재의 책임을 물어 병조의 입직한 당상 낭청의 파직을 청했다.

> 병조는 화재를 금하는 임무를 맡고 있으니, 마땅히 언제나 경계하고 단속하여야 합니다. 그런데 지금 막중한 곳인 상방尙方 상의원의 별칭. 국왕과 왕비의 의복을 만들어 바치고 궁중의 재물과 보물을 맡아보던 관청에 한밤중에 화재가 일어나 대내를 놀라게 했으니 소임을 다하지 못한 것이 너무나 심합니다. 병조의 입직한 당상 낭청을 모두 먼저 파직시킨 뒤에 추고하라 명하소서.
>
> 『광해군일기』 6년 7월 15일

또한 왜관倭館에서 화재가 발생했을 때는 화재를 일으킨 왜인을 효수하기도 했다. 그럼에도 또 동래 왜관에 화재가 발생, 관사 80칸을 모두 태웠다. "왜인들이 담배를 즐겨 피우므로 떨어진 담뱃불로 화재가 일어난 듯하다"고 했다광해군 15년 2월 15일. 예나 지금이나 담뱃불이 화재의 주요한 원인의 하나였던 셈이다.

광해군 때에 실로 200년 만의 큰 화재가 일어나기도 했다. 광해군 11년1619년 4월 21일 도성에 큰 화재가 나서 1천여 호를 태우고 죽은 사람도 매우 많았다. 승정원이 아뢰기를 "오늘 어물전 행랑에서부터 불길이 일어나 종각까지 연소되어 달려 있던 종이 떨어져서 인정人定 통행금지 시간을 알리기 위하여 치던 종. 타종은 밤 10시과 파루罷漏 통행금지 해제. 타종은 새벽 4시를 칠 수 없다고 합니다" 하니, 급히 군병을 파견하여 불을 끄도록 했다. 이틀 후, 광해군은 다음과 같이 전교했다.

이번 성 안에서 난 화재는 200년 동안 없었던 큰 변고이다. 비록 풍세가 맹렬했다고 하나 만약 일찍 군병을 동원하여 일시에 진화했다면 어찌 밤중 내내 모조리 태우기야 했겠는가. 승정원과 병조가 매우 잘못했다. 금화사가 책임을 다하지 못한 죄는 책망할 것조차도 없다. 우리나라는 일마다 이와 같이 해이하고 완만하니 매우 가슴 아픈 일이다. 임금이 이러한 변을 만났는데 어찌 유사에게만 죄를 떠넘기고 몸을 닦고 반성하지 않을 수 있겠는가. 반찬을 줄이고 음악을 거두고 정전正殿을 피해 거처하는 등의 일은 이미 가뭄으로 인하여 거행하고 있으니 다시 할 만한 것이 없다. 이 밖에 행할 만한 일을 예관으로 하여금 자세히 논의하여 처리하게 하라.

『광해군일기』 11년 4월 23일

화재라는 재난에 대해서도, 가뭄이나 홍수 때와 마찬가지로 왕이 몸을 삼가야 한다는 것으로 이어졌다. "몸을 닦고 반성하지 않을 수 있겠는가"라는 광해군의 말에서, 그 같은 일단을 엿볼 수 있다.

화재라는 재난에 대해서 국가 차원의 다양한 구휼책이 마련, 시행되었다. 영조 때 평양부에 화재로 민가 235호가 연소되었는데, 임금이 비변사로 하여금 임술년1682년 대화재숙종 8년의 예에 따라 1호에 쌀 1석씩을 주었다영조 3년 4월 16일.

회양부에 화재가 났을 때는 신포身布 신역 대신 바치는 포목으로 매년 2필을 납부했음를 면제해 주고 전세田稅의 대동미를 3분의 2로 감해 주도록 명했다영조 3년 4월 20일. 정조 때에도 민가를 구휼하도록 하고, 신포도 면제해 주었다정조 15년 5월 2일.

정황에 따라 세금을 감면해 주는 등의 구휼책을 마련했던 것이다. 근래 들어서도 봄철만 되면 비슷한 원인으로 인해 거의 매년 산불이 일어나고, 그로 인해 피해가 늘어나고 있다. 그렇다면 그걸 어떻게 자연 재해로만 볼 수 있겠는가? 천재가 거듭된다면, 그것은 더 이상 천재가 아닌 것이다. 천재를 넘어서 이미 인재가 되고 있다. 아니 인재라 해야 할 것이다. 불을 탓할 것이 아니라 사람들의 잘못을 되돌아보아야 하지 않을까 싶다.

> 화재의 변고는 비록 하늘이 경계를 보이려고 해서 나왔으나, 불이 일어난 것은 회록回祿 불의 신. 필방畢方 새 모양을 한 신의 이름. 불의 귀신이 일으킨 것이 아니요, 불을 조심하지 않아서 참혹한 재변을 부른 것이니, 이는 반드시 사람이 잘못했기 때문입니다.
>
> 『명종실록』 8년 9월 17일

숭례문 崇禮門 국보 제1호. 서울 도성을 둘러싼 성곽의 남쪽 정문으로 흔히 남대문이라 부른다.
2008년 2월 10일 화재로 소실되기 전의 모습.

왕이 사는 경복궁에 화재가 나자 영의정 심연원, 좌의정 상진, 우
의정 윤개는 그 책임을 지고 관직에서 물러나려고 했다.

신들이 정승의 지위에 있으면서 직무를 제대로 수행하지 못하여 천재가 이
지경에 이르게 했으니, 어찌 감히 편안히 정승의 자리에 머물러 있을 수 있
겠습니까.

『명종실록』 8년 9월 14일

조선의 사회와 유교

| 숭례문 崇禮門 2013년 5월 4일에 복원된 모습

　　직무를 제대로 수행하지 못했다는 그들의 말은 기나긴 세월의 벽을 넘어서, 지금도 우리들 가슴에 와 닿는다.

　　낙산사 화재 이후 문화재청에서는 중요 목조문화재가 산불 등으로 소실되는 것을 막기 위해 중요 목조문화재 방재시스템 구축 사업을 추진해 왔다. 2007년 일차로 해인사, 봉정사, 무위사, 낙산사 등 4곳에 수막 설비와 경보시설을 설치했다.

　　2008년 2월 10일 TV에서 다급한 뉴스 속보가 전해졌다. 밤 8시경 화재가 발생하여 국보 제1호인 숭례문이 화염에 싸여 있다는 소식이 전해졌다. 결국 5시간 만에 숭례문이 전소되어 붕괴되는 참담한 사태를 맞이했다. 숭례문도 구축 대상인 중요 목조문화재 124개에 포함되었으나 아직 방재시스템이 구축되지 않은 상태였다고 한다. 참으로 안타까운 일이다. 아무튼 복구 공사가 진행된 지 5년 여만인 2013년 5월 4일 복원된 새모습이 공개되었다.

날씨가 건조한 봄철, 더구나 산에는 낙엽과 마른가지가 널려 있어서 작은 불씨 하나가 순식간에 걷잡을 수 없는 대형 산불로 번질 수 있다. 정부 관계 부처에서는 철저한 예방 조치를 갖추어야 할 것이며, 만에 하나 산불이 날 경우 초기 단계에서 진화할 수 있는 효율적인 시스템도 동시에 갖춰 두어야 할 것이다. 정부의 화재에 대한 근본적인 대책이 마련되기를 바라마지 않는다.

고구려는
조선의 역사다

　　최근 들어 세계화와 동시적으로 진행되고 있는 지역화 추세에 힘입어 동아시아 지역에서도 지역 협력과 공동체 논의가 이루어지기 시작했다. 하지만 현재 동아시아 지역에서는 지역 협력보다는 오히려 격렬한 '역사 전쟁'을 한바탕 치르고 있는 것 같다. 지난 날 일본의 과거청산과 역사 교과서 왜곡 문제가 국제적인 쟁점이 될 때마다, 중국은 한국과 더불어 일본의 역사 인식을 신랄하게 비판해 마지않았다. 그런데 그 중국이 이번에는 마찬가지로 문제 있는 역사 인식을 드러내고 있는 것이다.

　　중국의 이른바 동북공정東北工程, 정확하게는 '동북변강역사여현상계열연구공정東北邊疆歷史與現狀系列研究工程'은 동북 변경 지역의 역사와 현상에 대한 연구 과정으로, 중국 동북 변경 지역의 역사와 현황에 대한 일련의 연구 작업을 뜻한다. 2002년부터 2006년까지 5개년 계획 프로젝트로 중국 사회과학원이 주관하고 있다. 조직적으로, 그것도 중국 정부 차원에서 후원, 진행하고 있다는 점에 문제의 심각성이 있다고 하겠다. 2007년 2월 일단은 종료했지만 그렇게 매듭지어질 수 있는 사안은 아니라 하겠다. 여전히 관련된 책들이 출간되고 있는 등, 역사를 둘러싼 보이지 않는 전쟁은 여전히 진행 중이라 하겠다.

이 프로젝트의 문제점은 고구려 역사를 비롯한 고조선, 발해 등 고대 한국사의 역사상歷史像을 크게 왜곡하고 있다는 것이다. 특히 고구려를 중국의 소수 민족이 세운 지방 정권 정도로 보아, 고구려 역사를 중국사의 일부로 편입시키려 하는 것이다. 당연히 우리 정부 차원에서 그에 대한 적절한 대응이 있어야 한다. 왜냐하면 그것은 다름 아닌 우리의 '정체성identity' 문제이기 때문이다.

그런 측면에서 TV에서 방영되어 큰 호응을 불러일으켰던 드라마 〈태왕사신기太王四神記〉2007년 9월 ~ 12월나 〈대조영大祚榮〉2006년 9월 ~ 2007년 12월이 갖는 의미는 크다고 하겠다. 〈태왕사신기〉는 고구려 최대의 정복왕 광개토대왕이 사신과 함께 역경과 고난을 넘어서 왕이 되는 과정과 인간적인 모습을 판타지와 더불어 전달해 주었으며, 〈대조영〉은 고구려 유민들이 훗날 '해동성국'으로 불리기도 했던 발해를 건국하는 과정과 당시의 긴박한 국제 정세를 생생하게 펼쳐 보여 주었다. 재미도 재미려니와 다소 멀게만 느껴졌던 고구려와 고구려의 광활한 옛 영토에 대한 애정과 관심을 한층 제고시켜 준 듯하다.

국제적으로 뜨거운 관심사가 되고 있는 고구려, 바로 그 고구려에 대해서 조선시대 사람들은 어떻게 생각했을까? 조선왕조실록에서 어

장군총 將軍塚 7층으로 쌓은 고구려 시대의 돌무지무덤. 중국 지린성吉林省 지안현集安縣에 있다.
광개토대왕릉으로 여겨지나 장수왕릉으로 보기도 한다.

떻게 기록하고 있을까? 이 같은 검토는 동북공정에 대한 하나의 비판
으로서 의미를 지닐 수 있을 것으로 생각된다.

실록을 보면, 조선시대 사람들은 고구려를 백제와 신라를 포함한
'삼국三國'으로 인식했다. 이는 『삼국사기』나 『삼국유사』가 세 나라의
역사를 모두 다루고 있는 역사 인식을 그대로 이어받았다고 볼 수 있
다. 당시 사람들도 세 나라 중에 고구려가 제일 강했다는 인식을 갖고
있었다.

조선왕조실록에서 고구려에 대해 처음으로 언급한 것은 고구려가 불
교를 받아들였다는 기록이다. 태종 5년1405년 11월 의정부에서 불교의 퇴폐
상을 열거하고, 금산사 등의 토지와 노비를 환수할 것을 청했다.

불법佛法이 동방에 이른 것은 삼국 때에 시작되었으니, 고구려 제17대 소수림왕 때에 호승胡僧 순도順道가 진秦나라로부터 이르렀고, 백제 제13대 침류왕 때에 호승 마라난타摩羅難陀가 진晉나라로부터 이르렀는데, 그 초기에는 창건한 절이 한둘에 지나지 않았고, 머리를 깎고 중이 된 자도 수십 인에 불과하였습니다. 그 뒤에 신라에 흘러 들어와서 그 설이 더욱 성하여, 삼국의 군신이 다투어 사사寺社를 세웠고, 고려 때에 이르러서는 또 영건營建 건물을 지음을 더하여 비보裨補라 일컬었습니다.

『태종실록』 5년 11월 21일

조선왕조실록은 삼국시대 이전의 역사, 특히 우리의 시조라 할 수 있는 단군에 대해서도 여러 가지 기록을 전한다. 조선 건국 초기인 태종 12년1412년 6월 단군과 기자에게 제사드릴 것을 청하고 있다. 같은 해 7월 17일, 봄과 가을로 단군과 기자의 묘에 제사지내도록 하였다.

영의정 하륜이 일찍이 건의하여 조선朝鮮의 단군檀君을 제사하도록 청하였다. 예조에서 아뢰기를 "단군은 실로 우리 동방의 시조이니, 마땅히 기자와 더불어 함께한 사당廟에 제사지내야 합니다" 하니, 그대로 따랐다.

『태종실록』 12년 6월 6일

다시 고구려 얘기로 돌아가자. 조선시대 사람들은 누가 고구려를 세웠는지 알고 있었을까. 세조 6년1460년 10월 17일 영숭전永崇殿 태조의 영정을 모신 곳에 제사하고, 단군전과 고구려 시조전, 기자전에도 제사지냈다. 그때 세조가 승지 홍응에게 물었다. "고구려 시조가 누구인가?" 그러자 홍응이 "고주몽高朱蒙입니다"라고 대답하였다. 세조가 말하기를 "삼국 중에서 고구려가 막강하였다"고 하였다. 문답 내용으로 보자면, 고구려 시조를 홍응에게 물은 것이지만, 세조의 "삼국 중에서 고구려가 막강하였다"는 논평을 보면, 알면서도 짐짓 물어보았다는 것을 알 수 있다. 이미 세종 때에 고구려 시조와 함께 백제·신라 시조의 제사를 모시고 있다는 점을 보면 세조는 이미 고구려 시조에 대해 많은 정보를 알고 있었을 것으로 생각된다. 세종은 9년1427년 8월 21일, 예조에 명하여 단군과 기자의 묘제를 다시 의논하고, 신라·고구려·백제의 시조에게 묘를 세워 치제致祭하는 일을 모두 옛날 제도를 상고하여 상세하게 정하여 보고하도록 했다.

그러자 이조판서 허조가 보고하기를 "제사지내는 것은 공功을 보답하는 것입니다. 우리 왕조의 전장典章·문물文物은 신라의 제도를 증감增減하였으니, 다만 신라 시조에게 제사지내는 것이 어떻겠습니까?"라고 하였다. 이에 세종은 "삼국이 정립鼎立 대치하여 서로 막상막하였으니, 이것을 버리고 저것만 취할 수는 없다"고 하였다.

2년 후인 11년1429년 7월 4일 예조가 "신라·고구려·백제의 시조에 대해 이미 사당을 세웠으니, 사전祀典 제사에 대한 예전에 기재하고 치제할 것"을 건의하자, 세종은 이를 그대로 따라 시행하도록 했다.

조선 왕조의 전장과 문물이 신라의 그것을 근간으로 하고 있으니, 신라 시조에게만 제사지내는 것이 어떻겠느냐는 신하의 건의에 대해, 세종은 삼국이 정립해서 서로 대치했다는 역사적 사실을 충분히 알고 있었을 뿐만 아니라, 그들 세 나라 역사를 다 같이 역사적인 전통으로 생각하고 있었다는 점을 알 수 있다. 단순히 역사적인 인식만이 아니었다. 제사를 지내기 위한 경제적인 지원도 있었다. 세종 13년1431년 1월 10일 호조에 충청도의 백제 시조와 경상도의 신라 시조와 평안도의 고구려 시조의 제전祭田으로 각각 2결結을 지급할 것을 지시했다.

이듬해1432년 8월 4일 단군·기자·고구려 삼전三殿의 제기祭器를 처음에는 도화圖畵를 모방해 만들었으나 모두 법과 같지 않아, 삼위三位의 제기 중 보簠·궤簋 등을 주기鑄器로 고치고, 변籩·비篚는 봉상시奉常寺 국가의 제사를 관장하던 관청로 하여금 만들어 보내고, 와등瓦㽅은 평안도에서 구워 만들게 하였다.

시조제는 국가적인 차원에서 치르는 제사였던 만큼 엄숙하게 치러졌다. 그 제사에 맞는 제복을 맞추기도 했다. 세조 5년1459년 3월 11일 예조에서 단군전과 고구려 시조전 등의 제사 때 제복을 입게 할 것을 요청하였다. 예조에서 평안도 관찰사의 관문關文 공문서의 일종에 의거하여 아뢰기를 "평양부에서 단군전·고구려 시조전·기자전·구진익수·평양강의 제사와 문선왕의 석전제釋奠祭를 지낼 때 모두 시복時服 입시할 때나 공무를 볼 때에 관원들이 입는 옷을 착용하니, 성복盛服하여 제사를 받든다는 뜻에 어긋남이 있습니다. 봉상시로 하여금 제복을 만들어 보내게 하소서" 하니 그대로 따랐다.

아울러 시조의 사우祠宇나 능에 대해서도 잘 관리하게 했으며 훼손되면 수리하게 했다. 세조 2년1456년 4월 28일 평안도 관찰사에게 명하여 평양의 단군·기자·고구려 시조의 사우를 수리하게 했다. 같은 해

7월 1일, 조선단군신주朝鮮檀君神主를 '조선시조단군지위朝鮮始祖檀君之位'로, 후조선시조기자後朝鮮始祖箕子를 '후조선시조기자지위後朝鮮始祖箕子之位'로, 고구려시조高句麗始祖를 '고구려시조동명왕지위高句麗東明王之位'로 고쳐 정했다. 그리고 영조 39년1763년 4월 22일, 고려 왕조의 옛 능과 단군·기자·신라·고구려·백제 시조의 능을 수축하라고 명했다.

고구려의 명장 을지문덕乙支文德에 대해서 다음과 같은 기록이 있다.

> 수隋·당唐의 무렵에 천하의 군대를 평안도 하나로써 대적할 때도 오히려 안시성주安市城主의 기재奇才와 을지문덕 같은 사람이 있어 중국의 역사에서도 찬미하였습니다.
>
> 『선조실록』 28년 6월 1일

세조 2년1456년 3월 28일 기록을 보면 이후 매년 봄과 가을 두 차례 을지문덕의 제사를 지냈다고 한다. 그 후 숙종 3년1677년 11월 12일 을지문덕의 사우祠宇에 액호額號를 내려 주고 치제하게 했다.

또한 삼국 중에서 가장 막강했던 고구려가 멸망한 원인에 대해서도 평가를 내리고 있다. 세조 1년1455년 7월 집현전 직제학 양성지의 상소문에는 삼국의 멸망 원인에 대해 다음과 같이 적고 있다.

> 작은 일에 배려를 하라는 것입니다. 대개 천하의 일은 미세한 것으로부터 시작하여 큰 변고에 이르지 않는 것이 없는데, 어리석고 어두운 사람은 이를 소홀하게 여겼다가 결국 망하였으니, (중략) 신라가 망한 것은 여왕의 황음荒

고구려는 조선의 역사다

^淫 때문이었고, 백제가 망한 것은 갑작스런 승리로 적을 멸시한 때문이었으며, 고구려가 망한 것은 강한 것만 믿다가 병력이 궁진한 때문이었습니다.

『세조실록』 1년 7월 15일

단종 2년^{1454년}에 완성된 『세종실록』 148~155권에 실려 있는 전국 지리지^{地理誌}라 할 수 있는 『세종실록지리지』에는 고구려와 관련한 122개의 지명이 있다. 고구려의 강역이 우리 영토였음을 확인할 수 있어 주목된다. 제일 먼저 기재되어 있는 것이 경도한성부^{京都漢城府}이다. 그 기사를 보면, "본래 고구려의 남평양성^{南平壤城}이니 일명 북한산군^{北漢山郡}이다. 백제 근초고왕 27년^{372년}에 남한산^{지금의 경기도 광주}으로부터 와서 도읍을 정하여 105년을 지냈고, 문주왕이 고구려의 난을 피하여 공주로 옮겨 도읍하였다"고 했다.

이 밖에 평안도 · 함경도 · 황해도뿐 아니라, 경기도 · 충청도 · 경상도 · 강원도 등 전라도를 제외한 전국 각지의 지명에 대해 고구려 관련 연혁을 수록하고 있다.

- **평안도** 본래 조선^{朝鮮}의 옛 땅이다. 삼국시대에는 고구려의 소유였다.
- **평안도 평양부** 본래 삼조선^{三朝鮮}의 구도^{舊都}이다. (중략) 고구려 장수왕 15년^{427년} 정미에 국내성^{國內城}으로부터 평양으로 이도^{移都}하였는데, 보장왕 27년^{668년} 무진에 당나라 고종이 장수 이적을 보내어 왕을 사로잡아 돌아가니, 나라가 멸망되고 신라에 통합되었다.
- **함길도** 함길도는 본래 고구려의 고지^{故地}다.

· **함길도 영흥대도호부** 본래 고구려의 땅으로서 장령진長嶺鎭이라 했다.

· **경기京畿** 본래 고구려의 땅이다.

· **경기 광주목 과천현果川縣** 본래 고구려의 율목군栗木郡이다.

· **경기 수원도호부** 본래 고구려의 매홀현買忽縣이다.

· **충청도 충주목忠州牧** 본래 고구려의 국원성國原城이다.

· **충청도 청주목 죽산현竹山縣** 본래 고구려의 개차산군皆次山郡이다.

· **경상도 안동대도호부 영해도호부寧海都護府** 본래 고구려의 우시군于尸郡이다.

· **경상도 안동대도호부 청송군靑松郡** 예전 청부靑鳧는 본래 고구려의 청기현

  靑己縣이다.

· **황해도黃海道** 본래 고구려의 옛 땅인데 당나라 고종이 고구려를 멸하였으

  나 그 땅을 지키지 못해 신라에서 합병했다.

· **황해도 해주목海州牧** 본래 고구려의 내미홀군內米忽郡이다.

· **강원도江原道** 본래 예맥濊貊의 땅인데 뒤에 고구려의 소유가 되었다.

· **강원도 양양도호부襄陽都護府** 본래 고구려의 익현현翼峴縣이다.

영토 문제와 관련해서 특히 우리의 시선을 끄는 것은, 경종 1년
1721년 의주 부윤종2품 이명언이 의주의 성을 국내성으로 옮길 것을 요청
하는 상소문을 올렸다는 사실이다(장수왕 15년427년, 고구려는 수도를
국내성에서 평양으로 옮겼다).

서변西邊을 보장하는 요충지로서 본부本府보다 나은 곳이 없으나, 한 조각 고
성孤城이 다른 험애한 곳이 없고 믿는 것은 오직 장강長江 하나뿐인데, 근래

에는 수세水勢가 크게 변하여 창일漲溢 물이 넘쳐서 흐르는 것할 때가 아니면 걸어서 물을 건널 수가 있으니, 요충지로서의 험애함을 이미 믿을 수가 없습니다. 강 밖에는 호산胡山 오랑캐의 산이 죽 늘어서서 막고 있어 높은 곳에 올라가 멀리 살펴보며 경계하여도 수리數里를 벗어나지 못하니, 만일 창졸간에 포위를 당한다면 며칠 동안을 서로 버티기도 또한 어렵습니다.

여기에서 30리쯤 되는 거리에 고성古城이 하나 있는데, 이른바 국내성으로 곧 고구려에서 500년간이나 도읍을 하였던 곳입니다. 형세의 편리함이 본주本州의 주성州城보다 100배나 나을 뿐 아니라 바로 하나의 천작天作의 금탕金湯 금성탕지金城湯池의 준말. 곧 방비가 아주 견고한 성입니다. 몇 겹으로 둘러싸인 속에 저절로 일국을 이루고 있는데 옛 성터가 지금도 완연하고 밖은 험준하고 안은 평탄하여 토곽土郭이 천연적으로 이루어졌으며, 주위는 3,600여 보步나 되는데 그 안에는 옛 우물이 더욱 많고 겹쳐서 간수澗水 골짜기에서 흐르는 물의 여러 줄기가 마름이 없이 도도히 흐르고 있습니다. 성의 동남쪽에는 따로 산기슭 하나가 있어 옆으로 뻗어서 빙 둘러막고 있으니 하나의 외곽을 이루어 놓았으며, 또 10여 리를 지나서 압록강의 여러 줄기가 하나로 합수된 곳이 있는데, 바로 대총강입니다. 또 고진강이 있는데 대총강의 하류와 해구에서 합쳐지니, 이곳이 바로 양하진揚下津입니다.

이제 만일 국내성으로 고을을 옮기고 백마산성과 서로 성원聲援을 의뢰한다면 비단 험준함을 믿어 스스로 견고하게 수비할 뿐만 아니라, 황주와 철산의 통로가 두 성 사이에 있게 되니 비록 지키지 않는다 해도 걱정될 것이 없습니다.

본부를 옮긴 뒤에는 저쪽과 우리의 사신이 곧바로 저들의 마전참馬轉站에서

조선의 사회와 유교

권두權트의 북쪽을 경유하여 대총강을 건너서 국내성에 이르게 될 것이니, 아홉 개 참站에서 하나의 참으로 비용이 줄어들고 세 강을 따로 건너는 폐단이 일거에 모두 없어지게 될 것입니다.

『경종실록』 1년 6월 16일

당시 국내성의 모습이 눈에 그려지는 듯하다. 경종은 비변사로 하여금 논의하게 하였다. 하지만 비변사는 "변통하는 것은 폐단이 생기는 법이니 경솔히 의논하기가 어렵다"는 말로 보고해 결국 시행하지 못했다.

이에 대해 사관은 "의주는 평지에 자리하고 있으므로 실로 위급한 사태가 있을 때 믿을 곳은 못된다. 나라의 습성이 구습에 따라 행하는데 젖어 있어 비록 좋은 계책이 있더라도 시행되지 못하게 되니 한스러울 뿐이다"라고 했다. 국내성으로 옮기지 못한 것을 탄식하고 있는 것이다.

만약 그때 의주의 성을 국내성으로 옮겼다면 어떻게 되었을까. 역사는 가정假定을 용납하지 않지만, 아마도 그 후의 역사와 오늘날의 영토 문제 역시 크게 달라지지 않았을까.

우리는 조선시대에 고구려의 시조, 시조의 사우, 영토, 멸망 원인, 그리고 불교 수용 등 다방면에 걸쳐서 관심과 이해가 충분히 존재했음을 확인할 수 있다. 이처럼 고구려가 한국사를 구성하는 한 부분이라는 것은 일차 사료에 명백한 역사적 사실임에도 불구하고, 중국은 어찌하여 동북공정을 억지로 추진하려는 것일까.

여러 가지 요인이 복합적으로 작용한 것이겠지만, 동북 지역의 전략적 가치가 증대함에 따라 이 지역에 대한 역사적 연고권을 주장하려는 것으로 보인다. 사전에 이 지역의 역사를 중국사로 공언해 둠으로써 북한의 붕괴나 남북통일 등 향후의 상황 변화에 대비하려는 것이며, 나아가서는 통일 한국의 만주 지역에 대한 영향력 확대를 미리 차단하려는 의도가 깔려 있다고 할 수 있겠다.

또한 현재 세계는 지역 단위로 블록화되어 가고 있으며 동북아 역시 빠른 시일 내에 하나의 권역으로서 국제무대에서 활동하게 될 것으로 보인다. 다가올 시대에 과연 누가 동북아, 동아시아의 맹주 자리를 차지할 것인가. 중국은 이 점을 염두에 두고서 동북공정을 통하여 조직적인 역사 정비 작업을 진행하고 있는 것으로 보인다. 이는 총칼에 의한 전쟁은 아니지만, 그보다 더 치열한 역사를 둘러싼 전쟁이라 해야 할 것이다.

이를 통해서, 우리는 역사 인식이라는 것이 얼마나 중요한 것인지, 아울러 그것이 어떻게 정치적인 문제가 될 수 있는지 새삼 느낄 수 있다. 정부는 물론이고 민간, 시민단체 차원에서도 적절한 총체적인 대응이 있어야 한다. 세계화하면 할수록 오히려 자국의 역사에 대한 인식이 더 중요해지는 것이다. 역사에서 배울 줄 모르는 국민에게 역사는 가혹한 대가를 언젠가는 치르게 한다는 교훈을 기억해야 할 것이다.

광개토대왕릉비 廣開土大王陵碑
고구려 19대 광개토대왕374년~413년의 능비.
중국 지린성吉林省 지안현集安懸 에 있다. 일명
호태왕비好太王碑. 사면석비四面石碑로 높이가
약 6.39m 이다.

울릉도의 '아들' 독도

흔히들 한국과 일본 두 나라는 '가깝고도 먼 나라'라고 한다. 지리적으로 아주 가까운 반면, 역사적으로는 뒤얽힌 감정적인 굴곡 때문일 것이다. 36년에 걸친 식민지 지배에 대한 반감과 거부는 때로 격렬한 반일反日 감정으로 표출되기도 한다. 다른 한편에서는 학계 일각에서 식민지 체험이 오히려 한국의 근대화에 도움이 되었다는 요지의 '식민지 근대화론'이 나와서 열띤 논쟁을 불러일으키고 있다.

사면이 바다인 섬나라 일본은 '영토' 문제를 둘러싸고서 이웃 나라들과 끊임없이 갈등을 일으켜 왔다. 독도 문제 역시 그중의 하나라 하겠다. 지난 2005년 3월 16일 일본의 시마네현島根縣 의회는 '다케시마竹島독도의 일본명의 날' 제정 조례안을 통과시켰다. 조례안의 내용은 '다케시마'의 영토권 조기 확립을 지향하는 운동 추진, 2월 22일을 '다케시마의 날'로 지정, 이를 위해 필요한 시책을 강구한다는 것이었다.

그 조례안이 우리 국민들의 감정과 정서를 크게 거슬렸다는 것은 새삼 말하지 않아도 될 것이다. 「독도는 우리 땅」작사·작곡 박인호, 노래 정광 태이라는 노래의 노랫말은 이 같은 정서를 대변해 준다고 하겠다. "울릉도 동남쪽 뱃길 따라 이백 리, 외로운 섬 하나 새들의 고향, 그 누가 아무리 자기네 땅이라고 우겨도, 독도는 우리 땅", "하와이는 미국 땅, 대마도는 일본 땅, 독도는 우리 땅", "노일 전쟁 직후에 임자 없는 섬이라고 억지로 우기면 정말 곤란해, 신라 장군 이사부 지하에서 웃는다, 독도는 우리 땅" 하지만 이 노래는 일본 정부를 자극한다는 외교상의 이유로 방송금지곡이 되기도 했다.

일본 측의 독도에 대한 발언과 움직임은 최근 불거지고 있는 일본 우익의 역사 수정주의, 역사 교과서 문제와 맞물려서 때로는 한일 양국의 심각한 외교 문제가 되고는 한다. 또한 일본 정부 각료의 망언 역시 갈등을 한층 더 증폭시켜 주고 있다.

그러면 독도 문제를 어떻게 해야 할 것인가? 실마리를 풀어 가는 방법의 하나는 역시 역사적으로 어떠했는지 그 연원을 거슬러 올라가 보는 것이라 하겠다. 조선시대에는 독도에 대해서 어떻게 생각했으며, 또 한일 양국 간의 독도 문제는 어떠했는지 조선왕조실록을 통해 살펴보고자 한다. 독도는 경상북도 울릉군 울릉읍에 속하는 섬으로, 바다 밑 약 2,000m에서 솟은 용암이 굳어지면서 만들어진 화산섬이다. 우리 영토의 동쪽 끝으로, 울릉도 동남쪽 89.5km 지점에 있다. 한편 일본 도서로 가장 가까운 섬, 시마네현 오키섬隱岐島과는 160km 떨어진 지점에 있다.

역사적으로 독도는 우산도于山島, 삼봉도三峰島, 가지도可支島 등으로 불렸다. 독도라는 명칭이 공식적으로 처음 사용된 것은 1906년 강원도 관찰사에게 보낸 울릉도 군수 심흥택의 보고서의 "본군소속독도本郡所屬 獨島"에서였다. 일본에서는 다케시마, 마츠시마松島라 했고, 서양에서는 그 섬을 발견한 선박 이름을 따라 프랑스에서는 리앙쿠르Liancourt, 영국에서는 호넷Hornet이라고 했다.

주목해야 할 것 은 독도와 울릉도는 모자母子 관계에 있다는 점이다. 독도의 옛 이름은 우산도于山島지만, 자산도子山島라 하기도 했다. 울릉도의 자도子島라는 뜻이 담겨 있다. 독도의 역사는 울릉도와 함께 살펴보지 않으면 안 된다.

『삼국사기』 신라본기에는 다음과 같은 구절이 있다.

지증왕 13년512년 여름 6월에 우산국이 신라에 귀순하고 해마다 토산물로써 세공을 바치기로 하였다. 우산국은 명주의 바로 동쪽 바다 가운데 있는 섬으로 울릉도라고도 한다.

『삼국사기』 신라본기 지증마립간조

울릉도란 명칭이 정착되면서 우산이라는 명칭은 그 부속 도서인 독도를 가리키게 되었다. 고려 말에는 무릉도라는 명칭이, 조선시대에 들어서는 우산·무릉·울릉이라는 명칭이 등장한다.

조선은 15세기 초엽부터 공도空島 정책, 즉 주민들이 섬을 도피처로 이용하지 못하도록 비워 두는 정책을 결정했다. 그리고 쇄환을 위해

조선의 사회와 유교

관원을 자주 울릉도에 파견했다. 그 결과 울진현 정동 바다에 우산과 무릉의 두 섬이 있다는 것이 분명하게 되었다. 『세종실록지리지』의 기록이 뒷받침해 준다.

우산于山과 무릉武陵 두 섬이 현의 정동正東 바다 가운데 있다. 두 섬이 서로 거리가 멀지 아니하여, 날씨가 맑으면 가히 바라볼 수 있다.

『세종실록지리지』 강원도 삼척도호부 울진조

여기서 우산도는 독도를, 무릉도는 울릉도를 가리킨다. 그런데 우산도는 독도 이외에 울릉도를 가리키는 경우도 있다. 예컨대 태종 17년1417년 기사가 그렇다.

안무사按撫使 지방에 변란이나 재난이 있을 때 왕명으로 특별히 파견되어 민심을 수습하는 임시 관직 김인우가 우산도에서 돌아와 토산물인 대죽·수우피水牛皮·생저生苧·면자綿子·검박목檢樸木 등을 바쳤다. 또 그곳의 거주민 3명을 거느리고 왔는데, 그 섬의 호수戶數는 15구요, 남녀를 합치면 86명이었다. 김인우가 갔다가 돌아올 때에, 두 번이나 태풍을 만나서 겨우 살아날 수 있었다.

『태종실록』 17년 2월 5일

우산도와 무릉도가 같이 나오는 경우도 있다. 그럴 때 우산도는 독도를 가리킨다. 오늘날의 관점에서 분명치 않다는 느낌이 들지만, 그 당시 멀리 떨어진 섬에 여러 개의 명칭이 혼재할 수 있었다. 자연스러운 일이었는지도 모른다.

같은 태종 때의 기록에, 우의정 한상경이 육조·대간에 명하여 우산도·무릉도의 주민을 쇄출刷出 조사하여 찾아냄하는 것의 편의 여부를 의논케 하니, 모두가 말하기를 "무릉의 주민은 쇄출하지 말고, 오곡과 농기구를 주어 그 생업을 안정케 하소서. 그리고 책임자를 보내어 그들을 위무하고 또 토공土貢을 정함이 좋을 것입니다" 하였다.

그러나 공조판서 황희만 혼자 불가하다 하며 "안치시키지 말고 빨리 쇄출하게 하소서" 하니, 임금이 "쇄출하는 계책이 옳다. 저 사람들은 일찍이 요역을 피하여 편안히 살아왔다. 만약 공물을 정하고 책임자를 둔다면 저들은 반드시 싫어할 것이니, 그들을 오래 머물러 있게 할 수 없다. 김인우를 그대로 안무사로 삼아 우산·무릉 등지에 들어가 그곳 주민을 거느리고 육지로 나오게 함이 마땅하다" 하며 황희의 주장을 받아들였다.

태종은 무릉도 사람에게 옷과 갓, 목화를 내려 주고 우산 사람 3명에게도 각기 옷 1습씩 하사했다. 이어 강원도관찰사에게 명하여 병선 2척을 주게 하고 도내의 수군 만호와 천호 중 유능한 자를 선발하여 김인우와 같이 가도록 했다태종 17년 2월 8일. 몇 달 뒤인 8월 6일에는 "왜적이 우산도와 무릉도에서 도둑질하였다"는 기록이 있다.

우산도와 무릉도가 나란히 등장하는 기사, 따라서 독도와 울릉도가 같이 나오는 것은 세종 대의 실록에서도 확인된다.

전 판장기현사 김인우를 우산도·무릉도 등지의 안무사로 다시 파견했다.

조선의 사회와 유교

강원도 평해 고을 사람 김을지·이만·김울금 등이 무릉도에 도망가 살던 것을, 병신년(태종 16년, 1416년)에 국가에서 김인우를 보내어 다 데리고 나왔는데, 계묘년(세종 5년, 1423년)에 을지 등 남녀 28명이 다시 섬에 도망가서 살면서, 금년(세종 7년, 1425년) 5월에 을지 등 7명이 아내와 자식은 섬에 두고 작은 배를 타고 몰래 평해군 구미포에 왔다가 발각되었다. 감사가 잡아 가두고 본 군에서 급보하여 곧 도로 데려 내오기로 하고서, 김인우가 군인 50명을 거느리고 군기와 3개월 양식을 갖춘 다음 배를 타고 나섰다.

『세종실록』 7년 8월 8일

이렇듯 세종 대에 우산도와 무릉도는 확연히 인식되고 있었고, 그러한 인식이 앞에서 본 『세종실록지리지』에 반영되었다. 『신증동국여지승람』 강원도 울진현조에도 "두 섬, 우산도와 울릉도가 울진현 정동 바다 가운데 있다"는 기록이 그대로 나타나고 있다. 다만 그 주석에서 "일설에는 우산·무릉은 본디 한 섬이라고 한다"는 단서를 붙이고 있다. 그들 두 섬을 하나의 섬처럼 생각하는 사람도 있었던 듯하다. 이러한 견해는 조선 후기에 들어서 조선과 일본 간 울릉도 영유권 분규가 매듭지어지고 울릉도 수토(搜討 수색과 토벌) 제도가 실시되면서 사라지게 되었다.

독도 문제와 관련해서 빼놓을 수 없는 사람이 있다. 바로 독도 지킴이 안용복이다. 그는 동래부 출신 어부로 숙종 때 두 차례(1693년과 1696년)에 걸쳐 일본으로 건너가, 울릉도와 독도가 조선 땅임을 일본 막부 정부가 자인하도록 활약한 민간 외교가라고 할 수 있다.

안용복은 동래 수군으로 들어가 부산의 왜관(倭館 일본인이 조선에서 통상을 하던 무역처에 자주 출입해서 일본말을 잘했다. 숙종 19년1693년 봄, 그는 울산의 어민 40여 명과 울릉도에서 고기잡이를 하던 중, 고기를 잡기 위해 침입한 일본 어민을 힐책하다가 박어둔과 함께 일본으로 잡혀 갔다. 이때 호오키주(伯耆州 태수와 에도 막부에 대해 울릉도와 독도가 조선 땅임을 주장하고 막부로부터 조선 영토임을 확인하는 서계를 받아냈다.

하지만 조정에서는 무사안일주의 외교 정책을 취했다. 비워둔 땅으로 인해 왜인과 평화를 깨뜨리는 것은 좋지 않은 계책이라 여겼다. "좌의정 목내선과 우의정 민암은 아뢰기를 '왜인들이 민호(民戶를 옮겨서 들어간 사실은 이미 확실하게 알 수는 없으나, 이것은 300년 동안 비워서 내려둔 땅인데, 이것으로 인하여 혼란을 일으키고 우호(友好를 상실하는 것은 또한 좋은 계책이 아닙니다' 하니, 임금이 민암 등의 말을 따랐다." 이에 대해 사관은 "버려둔 땅과 같이 여기고 분변하여 다투려고 하지 않으니, 그 계책이 잘못되었다"라고 비난하고 있다숙종 19년 11월 18일.

숙종 22년1696년 안용복은 다시 10여 명의 어부들과 울릉도에 고기 잡으러 나갔다가 마침 어로 중인 일본 어선을 발견했다. 이를 추격해 조선의 영토에 들어와 고기를 잡는 침범 사실을 문책했다. 또 울릉자산양도감세(鬱陵子·山兩島監稅 여기서 자산은 독도를 가리킴라 가칭하고 일본 호오키주에 가서 태수에게 국경을 침범한 사실을 항의, 사과를 받고 돌아왔다숙종 22년 9월 25일.

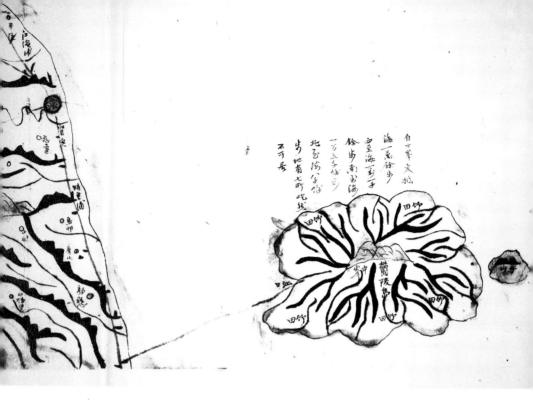

| 대동여지도의 울릉도와 독도 당시 독도를 우산도于山島라 하였다.

하지만 안용복은 나라의 허락 없이 국제 문제를 일으켰다는 이유로 조정에 압송되어 사형까지 논의되었다. 영부사領府事 돈녕부에 소속된 정1품 관직 남구만 등의 간곡한 만류로 인해 유배가게 되었다숙종 23년 3월 27일. 어쨌든 그의 활약에 힘입어 철종 때까지 울릉도와 독도에 대한 분쟁은 일어나지 않았다.

근·현대로 접어들면서 독도는 새로운 국면에 접어들게 되었다. 1900년 고종 황제의 칙령 41조로 독도를 울릉군의 한 부속 도서로 강원도에 편입시켰다. 한편 1905년 1월 일본에서는 내각회의에서 다케시마를 일본 영토로 편입시킬 것을 결정했다. 논거는 무주물선점無主物先占

원칙, 즉 그때까지 독도가 무인도로 다른 나라가 점령 지배하지 않았다는 논리를 폈다. 그해 2월에는 현 고시를 통해 편입시켰다.

제2차 세계 대전을 종결하는 샌프란시스코 평화조약에는 "일본은 한국의 독립을 인정하고 제주도·거문도·울릉도를 포함하는 한국에 대한 모든 권리와 청구권을 포기한다"는 조항이 있다. 그 섬들은 중요한 섬의 예로 언급된 것이므로 울릉도에 딸린 독도는 당연히 한국의 영토에 포함된다고 보아야 할 것이다. 하지만 일본에서는 이들 세 섬은 한국 영토의 바깥 외곽선을 표시한 섬들이며, 따라서 독도는 한국의 영토에서 제외된다고 억지 주장을 계속 펴오고 있다.

지난 2005년 3월 25일 해양수산부는 울릉도와 독도 사이의 거리는 물이 가장 많이 빠졌을 때를 기준으로 87.4km로 통일한다고 밝혔다. 물리적으로 두 섬의 위치가 변하지 않았지만 독도에 대한 우리의 심리적 거리는 더욱 가까워진 셈이다. 독도에 대한 전 국민의 사랑 역시 깊고 넓어지고 있다. 아울러 독도 문제와 관련해 시마네현, 즉 현 단위의 행동이기 때문에 국가 차원의 대응이 아니라 울릉군 차원의 대응이 필요하다는 지적이 조심스레 나오기도 했다.

독도와 역사 교과서 문제가 불거질 때면 한일 관계는 급속히 냉각했을 뿐만 아니라 거의 '외교전쟁'을 방불케 하고 있다. 일본상품불매운동, 방화사건, 지방자치단체의 일본시찰계획 취소, 자매결연 중단 등의 사태가 이어지기도 했다. 반일 감정이 고조되었을 때 제주도의 한 골프장에서는 '일본인 입장 금지'라는 팻말까지 붙었다. 그런데 그 골프장을 찾는 일본인 골퍼는 연간 500여 명이었다고 한다.

지난 2005년은 을사조약 100주년이자 동시에 광복 60주년에 해당하는 해이기도 했다. 또한 '한일 우정의 해'로 설정되기도 했다. 드라마 〈겨울연가〉의 돌풍과 함께 불기 시작한 일본의 한류韓流 열풍과 더불어 한일 관계는 한층 더 돈독해질 것처럼 보였다. 두 나라 사이의 해묵은 감정과 현안에 대한 난국을 타개해 나갈 수 있는 지혜가 그 어느 때보다 필요하다고 하겠다. 역사는 미래를 비추는 거울이기 때문이다.

PART 3

조선의
법과 정치

조선의 법과 정치

유교문화권의
다원적 외교 정책

오늘날 전 지구적으로 보자면 세계화 추세 이외에 지역화 경향 역시 두드러지는 듯 하다. 유럽연합이나 북미자유무역협정, 아세안+ 한국·중국·일본을 근간으로 하는 동아시아 공동체 논의 등이 그렇다고 하겠다. 그같은 지역 연합으로 가기 위해서라도 현실적으로는 국가들 사이의 관계, 다시 말해 '외교'가 더욱 중요한 위상과 비중을 차지하게 될 것이다.

외교 문제와 관련해서 지난 2005년에는 한국과 일본의 국교 정상화, 이른바 '한일협정'1965년에 관한 문서가 공개되기도 했다. 그동안 베일에 싸여 있던 교섭 과정과 내용이 드러나자 비판과 논란이 이어지기도 했지만 구체적인 평가에 대해서는 차치해 두고자 한다. 중요한 공문서들이 일정 기간이 지난 후에 공개되었다는 점에서는 바람직한 일이라고 하겠다.

더구나 2005년은 한국과 일본의 수교가 이루어진 지 40주년이 되는 해이기도 했다. 아울러 한국의 '안보' 문제와 관련해서 보자면, 역사적으로 각 정권의 이념적 지향성과 관련해서 오랜 우방이라 할 수 있는 미국과의 관계 역시 변화가 없지는 않았다. 그 밑바닥에는 한미 관계를 보는 근본적인 '시각'의 차이가 있는 듯하다. 더러 마찰도 없지 않았으며, 지난 10년 동안의 햇볕정책과 북한 핵문제 등이 맞물리면서 그 관계는 한층 복합적인 양상을 띠지 않을 수 없었다. 아무튼 2013년 2월 새 정부의 출범과 더불어 한미 관계 역시 새로운 국면에 접어들게 되었다. 2013년은 한미동맹한미상호방위조약을 맺은지 60주년이 되는 해이기도 하다.

그런 만큼 "지난날을 돌이켜보아 새것을 안다溫故而知新"라는 경구를 생각하면서 조선시대의 외교와 그 정책에 대해서 살펴보자. 미리 한 가지 일러두고 싶은 것은 외교라는 국가의 행위 역시 당시의 세계관 내지 국제정치 관념 내에서 이루어진 만큼, 오늘날의 잣대로 평가하기에 앞서 그 작동 원리나 이념에 대한 정확한 이해가 선행되어야 한다는 점이다.

전통시대 동아시아의 경우 중국을 중심으로 하는 유교문화 권역圈域, 즉 국제정치권에 속하고 있었다. 국제정치권이란 일정한 정치 행위의 의미가 보편타당한 것으로 받아들여지는 권역이라 할 수 있다. 그 안에서는 세력의 경합이나 전쟁과 평화, 외교의 교섭 등에 대해서는 상호 간에 양해되고 정당화될 수 있는 명분이 정해져 있으며, 그 명분 위에서 제도화가 이루어졌다. 그 같은 제도화에 따르는 나름대로의 상징과 이데올로기 체계를 지니고 있었다.

이른바 유교문화 국제정치권의 가장 큰 특징은 그 관계가 서계序
階적인 구조, 다시 말해서 수직적인 불평등 관계라는 것이다. 그런 점
에서 국가 평등 관념을 바탕으로 하는 서구 근대의 국제정치 질서와
는 다른 것이었다. 그같은 서계적인 관계는 '사대事大'로 요약될 수 있
다. 국제정치에서 힘의 우열에 따라 큰 나라와 작은 나라가 있는 것은
당연하다. 힘의 관계를 근간으로 해서, 작은 나라는 큰 나라를 섬긴다는
것이다. 살아남기 위해서 취하는 전략 내지 의례적인 행위라는 측면도
담겨 있었다. 그런 점에서 사대 그 자체를 주의主義로 삼으며, 그 자체
를 목적시하는 '사대주의'와는 구분되어야 할 것이다.

하지만 사대는 힘이 약한 나라의 일방적인 것만은 아니었다. 큰
나라 입장에서는 작은 나라를 어여삐 여겨야 한다는 '자소字小', 즉 일
종의 의무를 동시에 수반하는 것이다. 따라서 작은 나라가 크고 강한
나라에 사대 행위를 한다는 것은, 크고 강한 나라에게 '자소'를 기대
하며 또한 그것을 심정적으로 강하게 요구한다는 의미도 담겨 있다.
국가 간의 관계에서도 적나라한 힘의 관계보다는 예禮가 근간을 이루
고 있었던 것이다. 다음의 구절은 그 같은 원리를 상징적으로 나타내
준다.

예라는 것은 작은 것이 큰 것을 섬기고 큰 것은 작은 것을 어여삐 여기
는 것을 말한다禮者, 小事大大字小謂.

『춘추좌씨전』 소공 30년조

제나라 선왕이 물었다. "이웃 나라와 사귐에 도가 있습니까?" 맹자가 대답하였다. "있습니다. 오직 인자仁者만이 큰 나라로서 작은 나라를 섬길 수 있습니다. 그렇기 때문에 탕 임금은 갈나라를 섬겼고 문왕은 곤이를 섬겼습니다. 오직 지혜로운 사람만이 작은 나라로서 큰 나라를 섬길 수 있습니다. 그래서 태왕은 훈육오랑캐족의 명칭을 섬겼고 구천월나라 왕은 오 나라를 섬겼던 것입니다. 큰 나라로서 작은 나라를 섬기는 것은 하늘의 뜻을 즐기는 것이고, 작은 나라로서 큰 나라를 섬기는 것은 하늘의 뜻을 두려워하는 것입니다. 하늘을 즐기는 사람은 천하를 편안하게 하고, 하늘을 두려워하는 사람은 자기 나라를 편안하게 합니다."

『맹자』양혜왕편

아울러 빼놓을 수 없는 것은, 수직적인 '사대 — 자소' 관계 이외에, 중국을 둘러싼 주변국들 사이에서는 수평적인 관계도 없지 않았다는 점이다. '교린交隣'이 그것이다. 어떤 의미에서는 사대 관계가 주변 국가들 사이의 그 같은 교린 관계를 지탱해 주는 역할을 하고 있었다고 해도 되겠다. 따라서 유교문화권 내에서는 사대 질서 내지 사대와 교린이 국가 사이의 관계와 질서를 유지하는 근간을 이루고 있었으며, 조선시대의 국제정치 인식 역시 이러한 틀 속에서 이루어졌다. 실록의 다음과 같은 구절은 그러한 특징을 잘 말해 준다.

상왕上王 전하는 나라를 이루는 계책을 세우시고, 사직을 안정시키는 기틀을 결행하시어, 어버이를 사랑하고 형을 공경하다가 백성을 위하여 왕위에 오르셨습니다. 교린하고 사대하여 세상의 도리를 돌이켜서 평화로운 시대에 이르게 하였고, 제사를 지내는 데 신령이 살아 있는 것같이 정성을 다하시고, 정사政事를 베푸는 데 무고한 사람들을 먼저 하시었습니다.

『태종실록』 18년 11월 8일

용감하고 굳센 태종께서는 밝은 정치 잘하시어 임금 노릇 잘하시고, 천자를 극진하게 섬기시니 크게 훌륭한 명성은 일어나고 나라는 창성하였네. 지금 임금 즉위하여 기업基業을 이으시매 선왕이 남기신 훈업을 더욱 두텁게 하시네. 정신을 가다듬어 정치를 힘쓰시니 모든 것이 마땅하여 결함이 없으시나, 겸허하여 그 광명을 드러내지 않으시네. 충심으로 사대하고 성의로 교린하시니, 천자는 은총을 내리고 우방은 평화를 지키며 백성들은 태평하고 편안하네. 이에 전적典籍을 고증하여 예와 악을 일으키니 문물은 찬란하게 빛이 나고, 피리와 종경 소리 번갈아 일어나니 화기는 상서祥瑞를 불러오네.

『세종실록』 14년 4월 29일

"충심으로 사대하고 성의로 교린한다事大以忠 交隣以誠"는 것, 사대와 교린에 임하는 자세를 잘 드러내 주고 있다. 비중은 역시 교린보다는 사대에 주어졌다. 한문본 조선왕조실록을 검색해 보면 사대교린이 68건, 사대는 1,610건, 교린은 485건이 나타난다.

이 같은 사대교린 체제는 16세기 말부터 변화하는 양상을 보여주고 있다. 일본의 조선 침략, 즉 임진왜란은 앞서 본 것과 같은 동아시아 국제정치 질서를 뒤흔든 일대 사건이었다. 국가 외교의 비중을 오로지 중국 명나라에 두고서, 그동안 문치주의를 숭상했던 조선으로서는 종래의 '교린' 대상이었던 일본의 갑작스런 무력 침략 앞에 당황할 수밖에 없었다. 20여 일 만에 서울이 함락되고, 선조가 의주까지 피난을 갔다는 사실 자체가 단적인 증거가 되기에 충분하다. 명나라에 원병을 청하는 것은 자연스러운 수순이었다.

돌이켜보면, 임진왜란은 조선의 위정자들에게 외교나 대외 관계의 궁극적인 뒷받침은 역시 힘, 국방에 있다는 사실을 뼈저리게 느끼게 해 주었을 것이다. 하지만 선조를 비롯한 대부분의 위정자들은 최악의 경우 명나라로 피신했다가, 명나라 군사에 의해서 잃었던 조선이 회복되면 그때 다시 돌아오겠다는 안이한 생각을 지니고 있었다. 명나라에 지나치게 의존하고 있었던 것이다.

서울을 떠나 개성을 향하던 선조는 대신들에게 앞으로 어떻게 해야 할 것인지에 대해 의견을 물었다. 도승지 이항복은 의주에 가서 어가를 멈추고 있다가 만약 어려운 상태에 빠져서 힘이 다 없어지고 팔도가 적에게 모두 함락된다면, 즉시 명나라 조정에 가서 사태의 위급함을 호소해야 한다면서 중국과 가까운 의주 쪽으로 피난할 것을 건의했다.

다급해진 선조는 유성룡에게 의견이 어떠한지 물어보면서, 명나라에 들어가서 복속하는 것이 본래 내 뜻이라며 이항복의 생각에 마음이 기울어진 모습을 보여 주었다. 이에 대해 유성룡은 이렇게 답했다.

왕의 행렬이 조선의 영토를 한 걸음이라도 벗어난다면 조선은 우리의 것

동래부순절도 東萊府殉節圖 보물 제392호
동래 출신의 화원 변박卞璞이 임진왜란
때 동래부사 송상현宋象賢과 군민軍民들
의 항전을 그린 기록화이다.

이 될 수 없습니다. 지금 관동·관북의 여러 도는 아직 그대로 남아 있고, 호남지방의 충의열사忠義烈士들이 곧 봉기할 것인데 어찌 이와 같은 논의를 할 수 있습니까?

『선조수정실록』 25년 5월 1일

그래도 조정 일각에서 나름대로의 항전과 자주국방 의지를 확인할 수 있어, 그나마 다행스럽다고 하지 않을 수 없다.

종래의 사대와 교린 관계를 뒤흔들었던 다른 하나의 사건으로는 중국에서의 명나라와 청나라의 교체라 해야 할 것이다. 종래의 전통적인 유교문화 관념에서 보자면 오랑캐 나라, 즉 이적夷狄이 중원 지방을 차지함으로써 중국 대륙의 주인이 된 셈이다.

정묘1627년, 병자1636년 두 차례에 걸친 호란胡亂으로 인해 조선은 현실적으로 청나라를 섬기지 않을 수 없었다. 이적으로 얕잡아 보던 북방의 오랑캐 여진에게 당한 굴욕은 치유하기 힘든 것이었다. 종래 교린에 해당하던 청나라여진가 마침내 사대 범주로 격상되었다. 이전의 예로 보자면 있을 수 없는, 지극히 참람한 일이었다. 심하게 상처받은 조선조 유학자들은 문화적 우월감에 바탕을 둔 중화中華, 소중화小中華 관념을 빌려서 자신들의 자존심을 지켜나가게 된다.

그럼에도 국제정치 전반에 걸쳐 사대와 교린 관계는 계속 유지되었다. 국제질서에 대한 관념 자체가 크게 변한 것은 아니었다. 조선은, 명나라는 물론이고 심지어 청나라에 대해서도 사대 관계를 그대로 유지했다. 조공朝貢을 실행했던 것이다. 유학자들 사이에 팽배했던 청나라 정벌론을 생각하면 다소 의아 하게 생각될지도 모르겠다. 하지만 현실을 무시할 수는 없었다. 그 후 일본과도 교린 관계를 회복하게 되었다.

하지만 19세기 말 서세동점과 더불어, 서양의 국가 평등 관념을 바탕으로 한 국제정치 관념 내지 만국공법 질서가 전해지게 됨으로써, 세계관의 충돌이라는 큰 틀 내에서 국제정치 관념 역시 격심한 충돌을 빚게 되었다. 그 과정은 '사대' 질서로 불리는 전통적인 국제 질서관이 급격하게 해체되어 가는 과정이기도 했다.

종래의 국제정치 질서를 고집하던 청나라와 새로운 문명과 개화, 그리고 근대적인 국제 질서 관념으로 무장한 일본의 한판 승부라 할 수 있는 청일전쟁1894년은, 사대 질서 국제정치와 전통적인 외교 관념의 해체를 최종적으로 공식화한 것이라 할 수 있다.

오늘날 전 지구적으로 유행하고 있는 세계화나 지역화 추세는, 얼핏 보면 특히 이념적으로 개별 국가의 위상을 크게 약화시키는 것처럼 보이기도 한다. 하지만 우리가 기억해야 할 중요한 사실은, 현실에서는 역설적으로 개별 국가의 위상과 역할이 오히려 더욱 커지고 있다는 점이다. 개별 국가 사이의 관계, 다시 말해서 외교가 그만큼 더 중요해지기 때문이다.

따라서 국가 영역에서 외교를 담당하고 있는 사람들의 역할과 책임에 대한 분명한 의식이 필요하다는 것, 그리고 외교는 궁극적으로 '국력'에 의해 뒷받침되어야 한다는 것은 아무리 강조해도 지나치지 않을 것이다. 자신들의 행위가 국가와 민족의 안위로 곧바로 이어진다는

만동묘 萬東廟 충청북도 기념물 제25호. 임진왜란 때 조선을 도와준 데 대한 보답으로 1703년 명나라 신종神宗과 의종毅宗을 제사지내기 위해 충북 괴산군 청천면 화양리에 세운 사당이다.

조선의 법과 정치

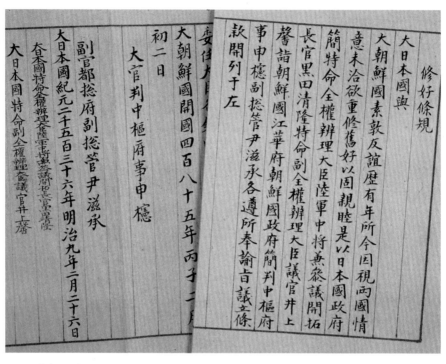

修好條規

大日本國

大朝鮮國與
大朝鮮國素敦反誼歷有年所今因視兩國情
意未洽欲重修舊好以固親睦是以日本國政府
簡特命全權辨理
長官黑田清隆特命全權辨理大臣陸軍中將兼議開拓
馨詣朝鮮國江華府朝鮮國政府簡判中樞府
事申櫶副捻管尹滋承各遵所奉諭旨議立條
款開列于左

委任大臣名

初二日
大官判中樞府事申櫶

大朝鮮國開國四百八十五年丙子二月

副官都捻府副捻管尹滋承

大日本國紀元二千五百三十六年明治九年二月二十六日

查本國特命全權辨理長官黑田清隆特命副全權辨理大臣井上馨

大日本國特命副全權辨理議官井上馨

| 강화도 조약　조약의 정식 명칭은 조일수호조규 朝日修好條規. 1876년 강화부에서 조선과 일본 사이에 체
| 결된 조약.

엄연한 사실을 잊어서는 안 될 것이다. 양상이 달라졌다고는 하지만, 기본적으로 영원한 적도 영원한 동지도 없다는 국제정치의 냉혹한 현실에 대한 분명한 인식과 더불어, 어느 한 강력한 동맹국에 전적으로 의존하기보다는 최대한 협력적인 관계를 유지하면서도 동시에 자주 외교, 국방에 대한 절실한 인식이 필요하다고 하겠다.

아울러 1960년대 한일회담 관련 문서 공개2005년가 말해 주고 있

조선의 법과 정치

듯이, 오늘날 국가 차원의 외교 행위는 언젠가는 드러나기 마련이며, 그 자체가 역사의 일부가 된다는 것, 그리고 당장은 아니라 하더라도 머지않아 엄정한 역사적인 평가를 받게 된다는 평범한 진리 역시 마음에 깊이 새겨두는 것이 좋을 듯하다.

법 위에
군림한 권력

지난 제17대 대통령 선거2007년 12월에서 가장 두드러졌던 점 중의 하나는 한나라당 대통령 후보자에 얽힌 의혹 사건이른바 BBK 김경준 사건이라 해야 할 것이다. 이명박 후보자는 대통령에 당선되었다. 국민의 선택, 다시 말해서 정치적인 판단은 일단 이루어진 셈이었다. 이어 진행된 '이명박 특검'은 수사 끝에 마침내 '무혐의'로 사건이 종결되었다. 그리고 특검은 간판을 내렸다. 이미 선거로 당선된 대통령에 대해서 과연 무엇을 할 수 있을까 하는 우려도 없지 않았다. 하지만 임기 말에는 친형, 국회의장, 정치적 멘토의 뇌물 비리 사건이 발생하기도 했다.

여기서는 보다 흥미로운 주제 하나를 제기해 볼 수 있지 않을까 한다. 그것은 다름 아닌 '권력의 핵심'에 대해서 법은 과연 어디까지 그 효력을 발휘할 수 있을 것인가 하는 점이다. 법과 권력의 관계, 그것은 법의 위상과 관련해 중요한 하나의 지표가 된다고 하겠다. 법의 공정한 적용 및 형평성과 관련해서 문제가 될 수 있기 때문이다.

　법과 권력, 그것은 긴장 관계로 보이기도 하지만, 때로는 유착 관계로 여겨지기도 한다. 유착의 성격은 다양하겠지만, 문제는 '권력의 법에 대한 우위'가 아닐까 싶다. 법은 '권력의 시녀'라는 말조차 있을 정도니까. 그처럼 법과 권력이 맞물리는 일은, 조선시대에도 없지 않았다. 예나 지금이나 사람 살아가는 모습은 그렇게 크게 다르지 않은 것 같다.

　조선시대의 한성^{한양}으로 한번 날아가 보자. 성종 9년^{1478년} 1월 11일, 세상을 뒤흔드는 살인 사건이 터졌다. 모화관 인근에서 여자의 변시체가 발견되었다. 삼사^{三司 사헌부 · 사간원 · 홍문관의 합칭}에서 합동 수사를 펼쳤지만, 단서가 잡히지 않았다. 범인을 체포하는 자나 신고하는 자에게는 현상금을 지급한다는 포고령이 내려졌다. 수사가 진행 중이던 1월 27일, 범인의 단서를 밝히는 익명의 편지 한 통이 날아들었다. 창원군 이성^{세조}와 후궁 귀인 박씨의 둘째 아들이 범인이라는 것.

　세조의 아들이 유력한 살인 용의자로 떠올랐으니, 조정에서는 비상이 걸렸다. 하지만 창원군은 범행 사실을 부인했다. 수사 결과 창원군이 범행을 지시, 그 집안 종들이 살해한 것으로 밝혀졌다. 성종으로서는 상당히 고민스러웠던 것 같다. 법을 지키자니 종친에 대한 안타까움이 앞서고, 종친을 봐주자니 법에 대한 신뢰가 무너질 것이기 때문이다.

　드디어 3월 11일, 모든 것이 밝혀졌다. 성종은 하는 수 없이 부

오대산 사고지 五臺山史庫址 사적 제37호. 강원도 평창군 진부면 동산리. 실록각, 선원각, 수호사찰인 영감사가 있었으나 소실되었다. 최근 선원각과 영감사는 복원되었다.

처付處 일정한 지역을 정하여 그곳에 강제 거주시키는 형벌하라는 명령을 내렸다. 하지만 성종은, 이틀 뒤인 13일, 은근히 그의 죄를 용서해 주자는 쪽으로 여론을 움직여 가는 모습을 보였다. "창원군의 죄질이 가볍지 않으니 마땅히 먼 지방에 부처하는 것이 옳다. 다만 대왕대비세조의 부인 정희왕후 윤씨께서 하교하시기를 '세조대왕의 친자에 오직 창원군 형제만 있을 뿐인데 하루아침에 외방에 부처한다는 것은 차마 할 수 없다. 하물며 창원군은 생계가 빈한하니 만약 집을 떠나 생업을 잃는다면 생활이 더욱 어려워질 것이다. 우선 너그럽게 용서하여 개과천선하기를 기다리는 것이 어떤가?' 하셨다. 이 말을 들으니 마음이 매우 슬프다. 경들

조선의 법과 정치

모화관 서울시 서대문구 현저동 소재. 독립문 뒤의 건물. 중국 사신을 영접하던 객관으로 1897년 독립협회가 개수하여 독립관으로 사용하였다.

의 생각은 어떠한가?"라고 물었다.

승정원_{왕명 출납을 관장하던 관아} 승지들은 답하기를 "법은 굽힐 수 없는 것이나, 때로는 굽히는 일이 있습니다. 지금 대왕대비의 하교가 이와 같으니 우선 부처를 정지하고 집에 있게 하되 출입하지 못하게 하는 것이 좋겠습니다"라고 했다. 그러자 성종은 기다렸다는 듯 창원군을 부처하지 말도록 하고 직첩_{職牒} 관리 임명장만 회수하도록 했다.

하지만 사간원의 관리들은 성종의 판결에 불복하여 창원군의 죄가 지극히 무거우니 용서할 수 없다면서 처벌을 요청하는 상소를 연일 올렸다. 사간원 헌납 김괴는 "어찌 법을 굽힐 수 있겠습니까? 하물며

덕수궁 중화전 품계석 品階石 품계를 새겨서 정전 앞쪽에 세운 돌. 두 줄로 되어 문무 양반이 벼슬에 따라 차례로 늘어서게 되어 있다.

왕명이 한번 나가면 오직 시행할 뿐이 아니겠습니까? 이미 이루어진 명령을 중지할 수는 없습니다"라고 아뢰었다.

또한 사헌부 대사헌과 사간원 대사간 등이 이렇게 상소하였다. "법이란 것은 천하의 공기公器이니, 친하고 귀함으로 흔들릴 수 없습니다. 법이 낮아졌다 높아졌다 하는 일이 있다면, 백성이 어떻게 편안히 살 수 있겠습니까? 그런 까닭에, 옛날의 성왕은 능히 신하가 법을 준수하도록 하였습니다. 그러한 뒤에라야 그 법이 믿어지고 조정이 의지할 바가 있었던 것입니다." 그가 누구냐에 따라 법을 마음대로 굽힐 수 없다는 상소는 연일 이어졌다. 여기서 우리는 권력에 굴하지 않는, 소

조선의 법과 정치

신 있는 관리들의 모습을 볼 수 있다.

심지어 사간 경준은 "창원군의 죄는 용서할 수 없습니다. 이것이 비록 대왕대비의 명령이더라도 조정의 법을 대비께 아뢰셨다면 어찌 들어주지 않았겠습니까?" 하고 직언했다. 이에 성종은 "그 말이 옳다. 그러나 대비께서 지금 몸이 편치 않으시다. 아마 이 일로 상심하셔서 그런 것 같다. 그대들은 어찌 생각지도 않고 말하는 것이 이에 이르렀는가?"라고 했다.

대간臺諫 감찰臺諫의 임무를 맡은 대관臺官과 국왕에 대한 간쟁의 임무를 맡은 간관諫官을 합하여 부르는 명칭의 거센 반대에 성종이 "대간의 말은 반드시 다 따라야 하는가?"라고 묻자, 한명회는 "대간이 간언하는 바를 주상께서 취하거나 버리거나 하실 뿐"이라고 하고, 이극배도 "대간의 말이 옳으면 따르고 옳지 못하면 버리는 것인데, 창원군은 지친至親으로 죄주지 아니하는 것은 부득이한 데에서 나온 것입니다. 대간이 말하였으니 취하고 버리는 것은 전하께 달려 있습니다"라고 했다.

그러면, 이 사건은 어떻게 귀착되었을까? 결국 대간들의 거센 간언에도 불구하고, 창원군 이성은 집안의 권세에 힘입어 유배 한 차례 떠나지 않고 직첩만 회수당하는 것으로 마무리되었다. 회수했던 직첩도 같은 해 10월 4일 돌려주었다. 원칙적인 법의 정신과 적용이 주장되기는 했지만, 그 귀착에는 역시 권력의 입김이 강하게 작용했다고 해도 좋겠다.

물론 법이란 것 자체가 고정되어 절대 불변하는 것은 아니다. 법을 정한 시점에서 멀어질수록 현실과의 괴리는 생겨나기 마련이다. 따라서 법을 시세에 맞게 해석하고 또 적용하는 것은 불가피하다. 하지만 구체적인 상황에 직면해서, 법의 적용이 '무슨 죄를 지었는가?'가 아니라 '그 사람이 누구냐?'에 따라 달라진다면, 더구나 권력의 위세 앞에는 한없이 무기력하고, 돈없고 힘 없는 국민들에게 무섭게 군림한다는 인상만 안겨 준다면 어떻게 되겠는가. "유전무죄有錢無罪, 무전유죄無錢有罪"라는 말은, 많은 사람들의 심정적인 정서를 솔직하게 대변해 주는 측면도 없지 않은 것 같다.

어느 사회나 법의 공정한 적용 및 형평성 문제는 법체계에 대한 단순한 믿음 문제에 머물지 않는다. 그것은 곧 정치권력, 나아가서는 그 체제의 정당성마저 위험하게 만들 수 있다는 점을 잊어서는 안 될 것이다. 드러나지 않지만 국민들은 언제나 지켜보고 있다.

왕에게도
두려운 것이 있었다

지난 2004년 3월 12일, 그날은 한국 현대정치사에서 오래도록
기억될 것이다. 야당당시 한나라당과 새천년민주당이 발의한 현직 대통령에
대한 탄핵 소추가 마침내 국회에서 찬성 193표, 반대 2표로 가결되었
기 때문이다. 이날로 대통령의 직무가 정지되었고, 총리가 그 직무를
대행하게 되었다. 법리적으로 보자면, 180일 이내에 헌법재판소에서
탄핵 심판을 하며, 그 판결 여하에 따라 대통령은 '파면'될 수도 있고,
다시 업무에 '복귀'할 수도 있었다.

대통령 탄핵 가결이라는 사건은, 우리 헌정사에서 처음 있는 일
이었다. 그러다 보니, 모두 다 충격을 받았던 듯하다. 그것이 미친 파
장은 결코 적지 않았다. 반대하는 촛불 시위와 찬성하는 시위가 연일
신문 지면을 뜨겁게 달구었다. 시민 단체들은 탄핵 소추안 가결을 야
당의 쿠데타, 3 · 12 쿠데타로 규정하고 탄핵안 철회 운동에 돌입했다.

　　그런 만큼 그 해2004년 4월 15일 치러진 제17대 국회의원 선거는
정치적 의미를 갖는 것이었다. 그 선거에서 열린우리당은 과반이 넘는
152석을 차지했으며, 제1당 한나라당은 121석밖에 얻지 못한 결과를
낳았다. 제2당이던 새천년민주당은 9석, 자유민주연합은 4석을 얻었
다. 그야말로 국민들이 냉엄한 심판을 내려 준 셈이다.

　　노무현 전 대통령에 대한 탄핵 사태를 기억하면서 조선시대의 왕
과 신하들과의 관계에 초점을 맞추어 보자. 당연한 일이지만, 오늘날
의 대통령과 조선시대의 왕을 같은 차원에서 논할 수는 없다. 그리고

　　　　　　　　　　　　　　　　　조선의 법과 정치

논해서도 안 될 것이다. 하지만 조선시대의 왕이 가졌던 '권력'과 그것에 따르는 속성 등을 한번 되돌아보면 나름대로 시사하는 바가 있지 않을까 한다. 언제나 그러하듯, 지난 역사는 오늘 이 시점의 사안에 대해서도 많은 것을 가르쳐 주기 때문이다.

조선시대의 왕은 실제로 어느 정도의 권력을 가지고 있었을까? 흥미로운 것은 조선시대의 제도와 규정, 다시 말해 국가 운영의 근간을 정해 놓은 『경국대전』에는 왕의 권한에 대한 규정이 없다는 점이다. 왕은 모든 법의 근원으로서, 법 규정의 대상이 되지 않았다. 말하자면 절대 권력자였던 것이다. 오늘날의 근대적인 법치주의 개념으로는 도저히 파악되지 않는다. 19세기 말에 이르러서야 헌법에 군주의 권한을 정한 '입헌군주'라는 개념이 서양에서 전래되었으니까.

그렇다고 해서, 왕이 무소불위의 절대 권력을 휘둘렀던 것은 아니다. 그럴 수 없었다. 그들이 두려워했던 것은 후세의 평가, 역사의 평가다. 흔히 우리는 태조니 세종이니 하지만, 그것은 왕명이 죽은 후에 붙여지는 묘호庙號 임금이 죽은 뒤 종묘에 그 신위를 모실 때 드리는 존호였다. 생전에는 '주상'이나 '전하'로 불렸다. 묘호는 왕 사후에 치적에 맞게 대신들이 의논해서 정하는 것이다.

역대 왕들의 묘호는 크게 종宗과 조祖로 나뉜다. 조공종덕祖功宗德이라 하여, 공이 많으면 조, 덕이 많으면 종이라 붙였다. 정변에 얽힌 왕들의 경우, 묘호가 바뀌는 경우도 있었다. 조선 제6대 왕으로 어린 나이에 숙부인 수양대군훗날의 세조에게 희생당한 단종의 경우 노산군魯山君으로 불리었다. 그래서 실록도 『노산군일기』이다. 그러다 숙종 24년 1698년에 이르러 비로소 '단종端宗'이란 묘호를 갖게 되었다.

그런데 조선시대는 물론이고, 지금도 '군君'으로 불리는 왕이 두 사람 있다재임 시절의 기록 역시 '실록'이 아니라 '일기'라 한다. 폭군으로 알려진 연산군과 광해군이 그들이다. 그들은 다름 아닌 신하들에 의해서 폐위되었는데, 그 같은 정치적 변혁은 '반정反正'으로 불린다. 중종반정과 인조반정이 그것이다. 반정은, 말하자면 신하들에 의해서 바른 상태로 되돌아간다는 것, 적나라하게 말한다면 나쁜 왕을 폐위시키고 새로운 왕을 세우는 것이다. 반정으로 실각한 연산군에 대해 사관은 다음과 같이 평하고 있다.

연산은 스스로 그 잘못을 알고 말하는 이가 있을까 두려워서, 경연을 폐지하고 사간원·홍문관을 혁파했으며, 지평持平 사헌부 정5품직 2명을 감하였다. 무릇 상소上疏·상언上言·격고擊鼓 등의 일은 일절 모두 금지하였다. 형벌 씀이 극히 참혹하여, 낙신烙訊 단근질로 신문하는 것·촌참寸斬 마디마디 잘라 죽이는 것·부관참시剖棺斬屍 죽은 사람의 관을 쪼개서 시체의 목을 베는 것·쇄골표풍漂風 뼈를 빻아 바람에 날리는 것을 상전常典으로 삼았다. (중략) 즉위 이후의 일기사초日記史草에 만약 직언당론直言讜論이 있으면, 모두 도려내고 삭제하게 했으며, 가장家藏 사초도 또한 거둬들이게 하였고, 또 인군의 과실을 기록하지 못하게 하였다. 예로부터 난폭한 임금이 비록 많았으나, 연산과 같이 심한 자는 아직 있지 않았다.

『중종실록』 1년 9월 2일

말하자면, 반정은 조선시대 정치사에서 가장 두드러지는 사례라 할 수 있다. 신하들에 의해서 절대 권력을 가지고 있는 왕이 폐위되었으니까. 반정이라는 극적인 사태는 이르지 않았다 할지라도 신하들은 왕에 대해 엄정한 평가를 내리고 있었다. 예컨대 중종에 대한 다음과 같은 평가가 눈에 띈다.

인재 등용이 마땅함을 잃고서 의례적으로 이루어지고, 현명함으로 하지 않으니 인망이 없는데도 자급資級 벼슬의 위계의 차례를 뛰어넘어 등용하는 경우가 있다.

『중종실록』 39년 2월 24일

인자하고 유순한 면은 남음이 있었으나 결단성이 부족하여 비록 일을 할 뜻은 있었으나 일을 한 실상이 없었다. 좋아하고 싫어함이 분명하지 않고 어진 사람과 간사한 무리를 뒤섞어 등용했기 때문에 재위 40년 동안에 다스려진 때는 적었고 혼란한 때가 많아 끝내 소강小康의 효과도 보지 못했다.

『중종실록』 39년 11월 15일

명종에 대한 평가 역시 흥미롭다.

성품이 강명剛明하여 환관들의 잘못을 조금도 용서하지 아니하고, 항상 궁중에서 조금이라도 거슬리거나 소홀히하는 자가 있으면 즉시 꾸짖고 매를 치기까지 하였다. 다만 스스로 심열心熱 마음의 울화 때문에 생기는 열을 걱정하였다. 희로喜怒가 일정하지 않아 아침에 벌을 주었다가 저녁에는 상을 주고 또는 저녁에 파면시켰다가 아침에 다시 서용하니, 환관들이 임금의 마음을 미리 헤아려 심히 두려워하지 않았다.

『명종실록』 17년 7월 12일

실제로 조선시대 왕의 경우, 국정 운영에서 신하들의 반대에 부딪히는 일이 많았다. 신하들은 상소를 통해 자신들의 생각을 개인적으

세검정 洗劍亭 서울특별시 기념물 제4호. 인조반정 때 반정인사들이 광해군의 폐위를 의논하고 칼을 갈아 씻었던 자리라 한다.

로 혹은 집단적으로 피력하곤 했다. 때로는 그 간하는 말의 수위가 아슬아슬한 경우도 없지 않았다. 왕의 허물을 가차 없이 지적하고 있는 숙종 대의 예를 하나 보기로 하자.

지금은 조정이 자주 바뀌고 모든 일이 잇따라 변경되어 나라의 일이 흡사 바둑놀이와도 같아서 개혁함이 그칠 날이 없고, 앞의 허물을 되풀이하며 명령을 아침도 끝나기 전에 도로 거두어들이니, 속담에 이른바 삼일공사三日公事 모든 법이나 제도가 3일도 지나기 전에 변경된다는 뜻라는 말이 불행하게도 근사합니다. (중략) 임금은 간하는 말을 들으면 너그럽게 용납해야 하는데, 신료들의 소疏에 있어서 마음에 들지 않으면 지나치게 위엄과 성을 내며, 그 말이 병폐에 적중하면 혹시 가장嘉奬을 내릴 때도 있으나, 끝내 한 마디의 말을 채용하거나 한 가지 일도 시행함을 보지 못했으니, 경전經傳에 이른바 "말하는 것이 어려운 것이 아니라 오직 실행하는 것이 어렵다"는 것은 전하의 병통에 해당하는 듯합니다.

『숙종실록』30년 4월 18일

왕과 신하들의 관계, 그것은 어떤 정해진 패턴이 있었던 것은 아니다. 왕의 성품에 따라서 신하들의 대응하는 정도와 방법에 따라서 다를 수밖에 없었다.

그렇기 때문에 결말은 사안의 성격에 따라 달라지기 마련이었다. 우리는 실록을 통해서 그 상황의 전말을 알 수 있다.

이제, 당시 탄핵 정국에 일정한 시사점을 줄 수 있을 것으로 보이는 사례를 하나 보기로 하자. 때는 성종 14년1483년 6월, 왕이 송영을 사헌부 장령정4품으로 임명했다. 그러자 대신들은 송영이 난신亂臣 송현수에게 연좌緣坐되어 두 번이나 사헌부의 논박을 당하여 관직을 그만두었음을 들어 인사의 부적절함을 지적하고 나섰다. 대간들의 인사의 불합리함을 알리는 상소가 빗발치고 연좌된 자와 벼슬을 같이할 수 없다는 사직 요청이 연이어 제기되는 사태에 이르렀다. 그럼에도 성종은 이를 받아들이지 않았으며, 다음과 같이 말하고 있다.

임금의 위엄은 천둥소리와 같아서, 한번 그 위엄을 발하면 온 조정이 모두 놀라기 때문에 쓰지 아니하는 것이다. 그리고 내가 송영을 사랑하고 아끼는 것이 아니다. 다만 경 등이 나를 감히 이기고자 하기 때문에 듣지 아니하는 것이다. 송영의 일로 인하여 나의 고집을 경들이 알고, 경들의 고집을 나 또한 아니, 나는 끝까지 들어주지 않겠다.

『성종실록』 14년 9월 29일

내가 들어주지 아니하는 것은 뜻이 있다. 예로부터 사람을 쓰는 도리는

조선의 법과 정치

친소親疏의 차이가 없는데, 내가 송영에게 비록 지친至親이라고 하더라도 사사로이 하지 아니할 것인데 하물며 지친이 아님에 있어서이겠는가? 대간이 송영에게 죄주기를 청하였으나 내가 들어주지 아니하였는데, 대간이 또 그 아내의 분경奔競 벼슬을 얻기 위하여 권세 있는 집을 분주하게 찾아다 던 일. 조선시대에 분경금지법을 법제화하였음한 일을 들추어 말이 반복됨이 많으니, 이는 나를 경모輕侮하는 것이다. 대간이 나의 명에 따르지 아니함이 이와 같으니, 내가 비록 임금의 자리에 있을지라도 어떻게 정사를 하겠는가?

『성종실록』 14년 10월 4일

마침내 이듬해인 1484년 6월 23일, 송영은 봉정대부정4품 사헌부 장령으로 임명되었다. 이미 왕의 고집을 보았기 때문에, 일찍이 송영을 난적亂賊의 족속이라고 탄핵하여 관직을 같이하지 않았던 대간들조차 "이제는 몹시 두려워하여 끝내 한마디도 논박하는 자가 없었다"고 실록은 적고 있다. 여기서 우리는 언로가 막히고 있는 모습, 그리고 왕을 이기려는 신하들을 받아들일 수 없어 명령을 철회할 수 없다는 성종의 모습에서 최고 통치자의 고집과 오만을 읽을 수 있다.

하지만 다른 한편으로 실록은 절대 권력자인 왕이 솔직하게 자신의 잘못을 뉘우치는 모습도 전해 주고 있다. 병자호란1636년 때 남한산성에 파천했던 인조가 청나라에 세 번 절하고 아홉 번 머리를 조아리는 삼배구고두례三拜九叩頭禮라는 치욕을 겪으며 항복한 뒤, 자신의 잘못을 뉘우치며 중앙과 지방의 군사와 백성들에게 교유教諭하는 내용이 그것이다.

지난 날의 잘못을 생각하건대 후회되는 일이 한두 가지가 아니다. 갑옷
과 병기를 수선하고 단련하여 환란에 대비할 것을 생각했지만 각 마을이
이로 인해 불안해하였고, 미곡을 무역하여 군량을 비축하려고 했지만 민
력이 이로 인해 크게 곤궁해졌다. 명예와 절개를 포상함은 세상 사람들
을 격려시키기 위한 것인데도 근거 없는 의논이 이로 인해 더욱 심해졌
고, 요역과 부세를 부과하여 독촉함은 완악함을 경계하기 위한 것인데도
포악한 관리가 이로 인하여 횡포를 부렸다. 조정에는 아첨하는 풍조가
지배적이었고, 세상에는 순후한 풍속이 결여되었다.

재앙과 이변이 번갈아 나타났는데도 나는 두려워할 줄 몰랐고, 원망과
한탄이 떼로 일어났는데도 나는 제대로 듣지를 못했다. 이는 실로 천성
이 용렬하고 어두워 정치의 요체를 몰랐기 때문인데, 합당한 정치를 펴
려다가 도리어 혼란으로 몰고 갔으니, 대군이 몰려오기도 전에 나라는
이미 병들었던 것이다. 전傳에 "나라는 반드시 자신이 해친 뒤에야 남이
해치는 법이다"라고 한 말을 어떻게 믿지 않겠는가?

『인조실록』 15년 2월 19일

이어 인조는 다음과 같이 자신의 말을 맺고 있다.

이제 묵은 폐단을 통렬히 징계하고 가혹한 정치를 모두 없애며, 사당私黨
을 떨쳐 버리고 공도公道를 회복시키며, 농사를 힘쓰고 병란을 그치게 하

조선의 법과 정치

삼전도비 三田渡碑 사적 제101호. 서울시 송파구 삼전동. 일명 청태종 공덕비이다.

여 남은 백성들을 보전시키려 한다. 아, 그대 팔도의 사민士民과 진신 대부들은 나의 어쩔 수 없었던 까닭을 양해하도록 하라. 그리하여 이미 지나간 잘못을 가지고 나를 멀리 버리지 말고, 상하가 합심하여 어려움을 널리 구제함으로써 천명天命이 계속 이어져 우리 태조와 태종의 유업을 떨어뜨리지 말도록 하라. 이 모든 일을 오늘부터 시작해야 하는 까닭에 이렇게 교시하니, 모두 잘 알았으리라 생각한다.

『인조실록』 15년 2월 19일

앞에서 말했던 노무현 전 대통령의 탄핵 사태와 관련해서 헌법재판소는 어떤 판결을 내렸던가. 탄핵 소추 의결서가 헌법재판소에 접수된 뒤, 평균 주 2회씩 7회의 공개 변론과 10회에 가까운 평의를 개최하는 등 집중적인 심리가 진행되었다. 대통령에 대한 증인 신문은 기각되었으며, 4월 30일 최후 변론이 종결되었다. 헌법재판소는 2주일 동안의 집중 평의를 거쳐 결정문 작성에 들어갔다. 마침내 2004년 5월 14일 헌법재판소는 탄핵 소추안 기각 결정을 내렸다. 그로써 두 달

동안 계속된 대통령의 권한 정지는 자동적으로 해소되고, 탄핵 사태는 종결되었다.

이른바 탄핵 정국과 관련해서, 혼란과 무질서를 우려하는 목소리가 높았다. 어쨌든 국회의 탄핵 소추안 가결 역시 정해진 절차에 따른 것이고, 또한 헌법재판소에서 탄핵 소추에 대한 심판을 내렸다. 그에 앞서 국민들은 국회의원 선거를 통해서 자신들의 의사를 분명하게 표현해 주었다. 필자가 보기에 우리 국민들의 정치의식이 성숙해질 수 있는 계기가 되었으며, 한국 민주정치사의 한 페이지를 차지하게 되었다고 하겠다.

어차피 현실의 정치 현안에 관한 한, 언제 어디서나 서로의 입장이 다 같을 수는 없다. 오히려 다 같으면 그게 더 이상한 것이다. 바로 그 점을 인정하는 것이야말로 민주정치의 출발점이 아닐까. 아울러 그렇게 서로 다른 입장들을 효율적으로 잘 조율해 나가는 것이야말로 민주정치의 묘미가 아닐까 한다.

민심이 곧 천심

지난 2004년 4월 15일, 국민들의 관심을 모았던 제17대 국회의원 선거가 있었다. 그 얼마 전 노무현 대통령에 대한 탄핵 정국이라는 뜨거운 이슈가 있었던 만큼, 각 정당들은 당운을 걸고서 선거에 임했다. 선거 결과는 당시 열린우리당현재의 민주당 152, 한나라당현재의 새누리당 121, 민주노동당 10, 새천년민주당 9, 자유민주연합 4석 순으로 나타났다. 민심民心의 소재가 확연히 드러난 셈이다. 그 결과는 대통령 탄핵에 대한 국민들의 '정치적 심판'으로 읽더라도 무리는 없을 것이다.

열린우리당이 과반을 넘김으로써 여대야소與大野小 정국을 맞게 되었고, 야당인 한나라당이 개헌 저지선을 확보했다는 것, 그리고 진보 성향을 지닌 민주노동당이 원내 진출에 성공했다는 정치사적인 의미에 대해서는 새삼 말하지 않아도 될 것이다. JP김종필가 은퇴함으로써 이른바 '3김 시대'가 끝났다는 것, 세상이 그만큼 달라지고 있다. 새천년 민주당의 급격한 실세失勢와 위축 현상이 두드러졌다는 점에 대해서는 이견이 없을 것이다.

하지만 그로부터 3년 8개월이 지난 2007년 12월 치러진 제17대 대통령 선거 결과는 어떠했는가. 야당 한나라당의 이명박 후보는 여러 가지 장애물이 있었음에도 불구하고, 대통합민주신당의 정동영 후보를 530만 표라는 큰 표 차이로 10년 만에 '정권 교체'에 성공할 수 있었다이명박 후보 1,149만 2,389표, 정동영 후보 617만 4,681표.

국민의 한 사람으로서 제17대 총선과 제17대 대통령 선거를 지켜본 필자는 국민들이 투표라는 행위를 통해서 정치권에 대해 나름대로 엄준한 심판을 내렸다는 느낌을 받았다. 아직 지역주의나 불법 선거, 낮은 선거 참여율 같은 부정적인 측면이 완전히 불식된 것은 아니지만, 현명한 국민들은 각 정파 간의 갈등과 대립을 지켜보다 선거를 통해 자신들의 의사를 분명하게 밝혔다. 선거 참여 행위인 투표를 통해 자신들이 정치 행위자임을, 정치에 참여하고 있다는 사실을, 그리고 궁극적으로 주권자임을 새삼 확인시켜 주었다는 것이다. 그리고 국민들의 관심이 어디를 향하는가 하는 '민심의 향배'를 분명하게 보여 주었다.

되돌아보면 우리나라에 민주주의와 보통선거가 도입된 것은, 제1공화국 시절로 거슬러 올라간다. 민주화와 민주주의라는 측면에서 볼 때, 대한민국의 정치는 우여곡절이 없지 않았지만 끊임없이 발전해 왔으며, 그 연장선 위에서 오늘의 현실이 있다는 점을 기억해야 할 것이다.

그러면 선거나 민주주의와는 거리가 멀었던 조선시대에는 어떠했을까. 다시 말해 국민이 아니라 백성民의 정치적 위상은 어떠했으며, 그들의 정치 참여는 어떠한 형태로 이루어졌을까.

먼저 염두에 두어야 할 것은 조선시대의 정치체제가 성격상 엄연한 군주제였다는 점이다. 조선 왕조가 통치 이데올로기로 삼았던 유학의 경우, 원리적으로는 왕이 갖는 통치권의 정당성은 초월적이고 이념적인 존재로서의 하늘에서 비롯되고 있었다. 하늘의 아들이라는 뜻을 가진 천자天子 개념, 하늘에 대한 제사 등이 그 점을 상징적으로 말해 주고 있다. 흔히 말하는 '수신제가치국평천하修身齊家治國平天下'라는 명제가 누구에게나 다 적용되었던 것은 아니다.

그런 만큼 일차적으로 정치의 주체는 임금과 그를 보좌하는 양반 관료들이었다. 흔히 언급되는 치도治道나 제왕학帝王學에 가깝다고 하겠다. 예를 들면 단종 2년1454년 집현전 학사 양성지가 『황극치평도』를 편찬하여 바쳤는데, 그 서문에는 이렇게 적혀 있다.

신이 그윽이 생각하건대, 인군人君이 정치를 하는 도리는 『육경六經 시·서·예·악·역·춘추』에 실려 있어 환하게 고증할 수 있으나, 전하께서 어린 나이에 만기萬機의 번거로움으로 진실로 이를 마음에 일일이 체득하기 어려울 것이므로 그 요체를 뽑았습니다. 신이 정치를 하는 방도와 성현聖賢의 교훈으로 내리신 말씀과 경사經史의 흥망 자취와 조종祖宗의 경국제세經國濟世한 법을 차례로 고찰하고 방촌方寸의 마음을 되풀이하여 황극皇極 임금의 자리의 방위方位에 의거하여 치평治平의 소도小圖를 만들어서 바칩니다. 전하께서 이를 어좌의 오른쪽에 걸어 두시고 매양 아침저녁으로 보신다면 지키는 것이 간편하더라도 능히 번거로운 것을 어거할 수가 있고, 힘쓰는 것이 적더라도 능히 많은 것을 제어할 수가 있을 것이니, 거의 치도治道에 만의 하나라도 보탬이 있을 것이라 하겠습니다.

『단종실록』 2년 1월 27일

또한 영조는 즉위 교서에서 이렇게 말하고 있다.

비록 옛 나라이나 새로운 명을 받았으니, 정치는 시작을 잘해야 한다. 아! 편안하고 위태로움과 다스려지고 혼란스러운 계기가 처음 시작에 있지 않음이 없다.

『영조실록』 즉위년 8월 30일

따라서 오늘날 볼 수 있는 것 같은 헌법에 입각한 입헌군주제나 일반 백성들의 정치 참여는 생각할 수 없었다. 백성들은 정치의 주체가 아니었던 것이다. 그렇다고 해서, 정치적으로 백성이 아무런 의미가 없었던 것은 아니다. 이미 원시 유학 단계에서 백성의 중요성은 지적되고 있었다. 맹자는 "민이 귀하고, 다음이 사직이고, 그 다음이 임금"이라고 했다. 또한 희대의 폭군 걸桀과 주紂, 그리고 그들이 천하를 잃은 사실에 대해서 이렇게 논평하고 있다.

걸과 주가 천하를 잃은 것은 민을 잃었기 때문이니, 민을 잃었다는 것은 그 마음을 잃은 것이다. 천하를 얻음에 길이 있으니, 민을 얻으면 천하

조선의 법과 정치

를 얻을 것이다. 민을 얻는 데 길이 있으니, 마음을 얻으면 민을 얻을 것이다. 마음을 얻는 데 길이 있으니, 원하는 바를 주어서 모이게 하고, 싫어하는 바를 베풀지 말아야 한다. 민이 인자仁者에게 돌아감은 마치 물이 아래로 흘러가며 짐승이 들로 달려가는 것과도 같다.

『맹자』 이루장 상편

민의 마음, 즉 민을 얻는 것은 곧 천하를 얻는 것이고, 그것을 잃는 것은 곧 천하를 잃는 것으로 이어진다. 거기서 비롯된 것, 그것이 바로 민본民本 사상이라 하겠다. 민유방본民惟邦本, 민이야말로 국가의 근간을 이룬다는 것이다. 유교 정치사상에서, 민은 정치의 주체는 아니었지만, 위정자들이 행하는 정치의 성격은 위민爲民 정치, 백성을 위한 정치가 아니면 안 되었다.

앞에서 든 『황극치평도』에도 "하늘을 공경한다敬天"는 항목에 이어 바로 "백성을 사랑한다愛民"는 항목이 있는데, 거기서는 이렇게 말하고 있다. "형벌을 줄여서 오래 살게 한다" 하고, 가운데 쓰기를 "세금으로 거두는 것을 적게 하여서 넉넉하게 한다" 하고, 오른쪽에 쓰기를 "역역力役을 아껴서 안정시킨다" 하고, 다음 왼쪽에 쓰기를 "농상農桑을 권장하여 먹는 데 굶주리지 아니하고 입는 데 추위에 떨지 않게 한다" 하였다.

그렇기 때문에 조정에서는 어떤 정책을 실행하고자 할 때, 백성들이 어떻게 생각하는지 알고 싶어했다. 때로는 직접 여론을 조사하기도 했다.

세종 12년1430년 3월 5일 호조에서 공법貢法에 의거하여 전답 1결結마다 조 10두斗를 거둘 것을 건의했다. 공법은 세종 때 개혁된 새로운 토지 제도로서, 종래의 답험손실법踏驗損實法에 많은 폐해가 따르자 1결에 10두를 징수한다는 시험적인 의견을 내놓았다. 답험손실법은 고을 수령이 직접 농사의 풍흉을 조사해 수확량에 따라 납부액을 조정했는데, 실제 답험논밭에 가서 농작의 상황을 실시로 조사함하는 과정에서 부정이 개입하는 등의 부작용이 나타나자 개정론이 나온 것이다.

이에 세종은 관리들과 백성들의 의견을 조사해서 시행 여부를 결정하겠다고 했다. 그리하여 정부 · 육조와, 각 관사와 서울 안의 각 품관과, 각도의 감사 · 수령 및 품관으로부터 여염의 백성에 이르기까지 17만 명에게 찬성과 반대를 물었다.

그해 8월 10일, 결과가 나왔다. 호조는 이렇게 보고하고 있다.

서울의 3품 이하 현재 재직 중에 있는 259명과, 전함前銜 443명 등은 찬성한다고 하고, 여산 부원군 송거신을 비롯하여 3품 이하 현직자 393명과 전직자 117명은 불가하다고 하고, 유후사의 품관 · 촌민村民 등 1,123명은 모두 가하다 하고, 71명은 모두 불가하다고 하오며, 경기의 수령 29명과 품관 · 촌민 등 1만 7,076명은 모두 가하다 하고, 수령 5명과 품관 · 촌민 합계 236명은 모두 불가하다 하고, 평안도의 수령 6명과 품관 · 촌민 등 1,326명은 모두 가하다 하고, 관찰사 조종생과 수령 35명, 그리고 품관 · 촌민 등 2만 8,474명은 모두 불가하다 하오며, 황해도의 수령 17명과 품관 · 촌민 등 4,454명은 모두 가하다 하고, 수령 17명과 품관 · 촌민 합계 1만 5,601명은 모두 불가하다 하오며, 충청도의 수령 35명과 품관·촌민 6,982명은 모두 가하다 하고, 관찰사 송인산과 도사 이의흡과 수령 26명과 그 밖에 품관·촌민 등 1만 4,013명은 모두 불가하다 하오며, 강원도는 수령 5명과 품관·촌민 등 939명은 모두 가하다 하고, 수령 10명과 품관·촌민 등 6,888명은 모두 불가하다 하고, 함길도에서는 수령 3명과 품관·촌민 등 75명은 모두 가하다 하고, 관찰사 민심언과 수령 14명, 그리고 품관·촌민 등 7,387명은 모두 불가하다 하오며, 경상도에서는 수령 55명과 품관·촌민 등 3만 6,262명은 모두 가하다 하고, 수령 16명과 품관·촌민 377명은 모두 불가하다 하오며, 전라도에서는 수령 42명과 품관·촌민 등 2만 9,505명은 모두 가하다고 말하고, 관찰사 신개, 도사 김치명, 그리고 수령 12명과 품관·촌민 등 257명은 모두 불가하다고 하옵는데, 무릇 가하다는 자는 9만 8,657명이며, 불가하다는 자는 7만 4,149명입니다.

『세종실록』 12년 8월 10일

5개월 만에 여론조사 결과가 나온 셈이다. 그런데 반대 또한 적지 않자, 세종은 다시 논의하라고 조정에 명하였다. 마침내 세종 26년 1444년 토지 비옥도에 따라 전분6등법, 풍흉의 정도에 따라 연분9등법이 확정되었다. 이러한 여론 수렴 과정을 거쳐 마련된 공법은 조선 말까지 세법의 기본으로 지켜졌다.

물론 이러한 백성들의 여론을 존중하는 정치, 백성을 위한 정치, 다시 말해 위민정치가 조선시대 내내 이루어졌던 것은 아니다. 그것은 어디까지나 지향하고자 하는 원칙과 원리였던 것이다. 때로는 혹독한 가렴주구도 있었고, 백성들의 이익보다는 자기 당파의 정권 장악을 위한 당쟁도 없지 않았다.

정치권이 백성들을 완전히 외면해 버렸을 때, 그들은 마침내 스스로 저항하는 길을 택하곤 했다. 흔히 우리가 말하는 민란이 그것이다. 그야말로 최후의 수단이었다. 흔히 그것은 농민들의 반란 형태로 나타나곤 했다. 그러한 움직임은 스스로 정권을 창출해 내지는 못했다 할지라도, 전환기 정치 변동의 기폭제가 되곤 했다. 우리 역사에서도 나말여초, 여말선초, 그리고 개화기를 전후한 시기에 그런 예를 볼 수 있다.

이렇게 본다면, 전통적인 유교에서의 백성을 위한 위민정치, 백성들이 국가의 근간이라는 민본사상, 나아가 조선 후기에 등장한 "사람을 하늘처럼 여겨라事人如天"라는 가르침, 그리고 "사람이 곧 하늘人乃天"이라는 외침은 실은 오늘날의 민주주의 원칙과도 일맥상통한다고 해야 하지 않을까 싶다. 서구에서 싹틔운 민주주의는 그 같은 생각을 징검다리 삼아서 한국 사회에 급격하게 도입, 수용될 수 있었다고 할 수 있지 않을까 한다.

그런데 문제는 아무리 민주주의 사회라 하더라도, 오늘날 일반 국민들이 실제 정치에 참여할 수 있는 길은 그다지 많지 않다는 점이다. 민주주의는 그 여건상 직접 민주주의가 아니라 자신들의 대표를 뽑는 간접 민주주의 방식을 취할 수밖에 없기 때문이다. 그러다 보니, 국민들은 평소에는 정치의 객체, 그리고 일종의 동원 대상쯤으로 여겨

세종 어진1397년 ~ 1450년
여론 조사를 통해 토지 조세제도인 공법의
기준을 마련하였다.

지기 십상이다.

　국민들은 얼핏 보기에 무관심한 척하면서도 실은 정치권을 예의
주시하고 있다는 점을 간과해서는 안 될 것이다. 일각에서 국민의 뜻
을 들먹거리면서 실은 자신들의 잇속 챙기기에 바쁜 오만한 정치권에
대해서, 국민들은 지켜보다가 선거를 통해서, 국민이 엄연한 주권자라
는 사실, 다시 말해서 '주권재민主權在民' 원칙을 새삼스레 확인시켜 준
다는 점을 잊어서는 안 될 것이다. 선거 결과는 언제나 '민심은 곧 천
심'이라는 오래된 명제를 새삼스럽게 환기시켜 준다는 것은 한국 현대
정치사가 말해 주는 교훈이기도 하다.

성균관 유생의
집단행동과 시위

지난 2005년의 일이다. 삼성그룹 이건희 회장이 고려대학교에서 명예 철학박사 학위를 수여받는 자리에서 일부 학생들이 반대하는 시위를 벌였다. 그 사안은 세인들의 많은 관심과 주목을 불러일으켰다. 대학 사회는 물론이고 학생들 사이에서도 찬반 논의가 거세게 전개되기도 했다. 그에 앞서 1987년, 고려대 유진오 전 총장이 타계했을 때의 일이다. 학교 내에 그의 빈소가 차려진 것에 대해 학생과 일부 교수들은 국정자문위원의 빈소가 교내에 차려지는 것을 방치할 수 없다면서 반대 시위를 벌였다.

2008년 2월에는 우여곡절 끝에 법학전문대학원로스쿨 예비인가 25개 대학 발표가 있었다. 당시 교육인적자원부교육부와 청와대 사이에 '1개 광역시·도 1개 로스쿨' 원칙을 놓고 줄다리기를 한 끝에 법학교육위원회의 잠정안이 원안대로 확정되었다. 그 작업을 이끌었던 교육부 총리는 사표를 제출했고 사표는 즉각 수리되었다. 로스쿨 선정에서 탈락한 대학들은 법적인 투쟁과 소송을 벌이겠다고 한다. 그에 앞서 일부 대학의 교직원과 동문, 학생들은 선정 과정에 의혹을 제기하면서 성명서를 발표하고 반발 시위를 벌이기도 했다. 이 같은 상황을 바라 보면서 우리 시대 지식의 전당이라 할 수 있는 대학이 갖는 사회적 위 상과 의미를 다시 한번 생각해 보지 않을 수 없다.

조선시대 공교육 기관으로는 한성에 성균관이 있어 최고 학부의 구실을 하였고, 중등교육 기관으로는 중앙의 사학四學과 잡학雜學, 지방 의 향교 등 국립교육 기관이 있었다. 그리고 사교육 기관으로는 서원 과 초등 사설교육 기관에 해당하는 서당 등이 있었다.

성균관은 고구려의 태학, 신라의 국학, 그리고 고려의 국자감 등 국립대학의 역사적 전통을 이어왔다. 성균관은 국학國學 · 태학太學 · 반 궁泮宮 · 현관賢關 등으로도 칭해졌다. 조선시대의 성균관은 태조 7년 1398년에 건립되어 유학 교육을 실시했다. 문묘文廟를 설치해 공자를 비 롯한 증자 · 맹자 · 안자 · 자사 등 4대 성인과 공자의 뛰어난 제자들인 10철, 송조 6현, 그리고 우리나라 명현 18인의 위패를 모셔 놓고, 봄 과 가을에 석전제釋奠祭 공자 제사를 지냈다. 문묘는 이처럼 제사를 위한 공간인 대성전大成殿 구역과 교육을 위한 공간인 명륜당明倫堂 구역으로 크게 나뉘어 있다. 교육 공간인 명륜당은 대성전의 뒤편에 위치해 있 으며 그 앞으로 마주하여 남북으로 길게 기숙사 공간인 동재東齋와 서 재西齋가 있다. 성균관은 국가 통치이념의 기반이자 동시에 그것을 전 파하는 핵심 기지였던 것이다.

성균관 석전제 중요무형문화재 제85호. 문묘에서 공자에게 지내는 제사.

성균관 정원은 건국 초기에는 150명이었으나 세종 11년1429년에 200명으로 증원되었다. 반은 상재생上齋生이라 하여 생원과 진사로서 입학한 정규생, 나머지 반은 하재생下齋生으로 유학幼學 중에서 선발된 자들이었다. 하재생은 대체로 사교육 출신으로 소정의 시험에 합격하여 입학하거나 부조父祖의 공덕으로 입학할 수 있었다.

학생들은 대체로 양반 자제들이었다. 하지만 양반 자제라 하더라도 일정한 자격을 구비하고 있어야 했다. 성균관 입학 자격은 『경국대전』에 다음과 같이 정하고 있다.

① 생원과 진사

② 사학생도 중 15세 이상으로 『소학』과 사서四書(논어, 맹자, 대학, 중
   용)를 배우고 오경五經(주역, 서경, 시경, 예기, 춘추) 중 1경에 통한 자

③ 공신과 3품 이상 관리의 적자嫡子로서 『소학』에 통한 자

④ 문과 및 생원·진사 시험의 초시한성시와 향시에 합격한 자

⑤ 관리 중 입학을 원하는 자.

성균관에 입학한 유생들은 동재와 서재에서 숙식하며 공부했다. 식당
에는 학생들의 명부가 비치되어 있어 아침과 저녁으로 반드시 서명하
게 되어 있었다. 원점圓點을 계산하는 근거로서 아침과 저녁의 서명이
원점 1점이 되었다. 일종의 출석부였던 것이다. 원점 300점을 취득해
야, 다시 말해 300일간 재학한 사람이라야 관시館試 성균관에서 실시한 문과
초시에 응시할 수 있는 자격이 주어졌다.

　10개월 정도 머물면 자격을 취득할 수 있었다. 그러나 10개월 계
속해서 거주하는 사람은 없었다. 과거는 3년에 한 번씩 실시하는 것이
원칙이었으므로 입학하고 3년 동안 원점 300점을 취득하면 되었다.
따라서 대개 2~3년간 적을 두면서 기숙사나 혹은 집에서 공부하다 별
시別試 특별 시험가 있으면 성균관으로 모여들었다. 그리고 별시가 끝나면
다시 사방으로 흩어지곤 했다고 한다.

　성균관에는 자치기구로서 재회齋會가 있었다. 학생회장에 해당하
는 장의掌議는 동재와 서재에 각 1명씩 두었으며, 전방前榜 재학생 중에서
상색장上色掌 각 1명, 신방新榜 신입생 중에서 하색장下色掌 각 1명 등 모두

6명의 임원을 뽑았다. 서기에 해당하는 조사掌司도 있었다. 그들은 유
생들이 직접 선출했다.

  재회가 열릴 때에는 모두 참석해야 하며 불참한 자는 처벌을 받
았다. 재회를 통해서 내적인 문제는 자치적으로 해결했다. 장의의 역
할이 컸으며 또한 권한도 많았다. 그런데 때로는 성균관을 넘어서는
외부적인 문제가 일어나기도 했다. 그럴 경우 특히 조정의 부당한 처
사에 대해서는 유소儒疏 또는 권당捲堂, 공관空館 등의 집단적인 '실력 행
사'로 맞서기도 했다.

  유소는 왕에게 상소문을 올리는 것이다. 국가에 실정이 있거나

명륜明倫과 풍교風教에 해가 될 만한 일이 있을 때는 이를 상소하여 탄핵했다. 유생들의 집단적인 의사 표시라 하겠다. 그들의 주장은 원칙에 입각해 강경했으며 불의에 굴하지 않았다. 유소는 특별한 취급을 받았는데, 그 내용의 옳고 그름을 떠나서 왕이 비답批答 답변을 내리는 것이 관례였다. 그들에게는 대체로 관대했다. 사심 없는 비판 정신을 존중했으며 또 가능하면 국정에 반영하려 했기 때문이다. 성종 대의 다음과 같은 기사가 이러한 사정을 짐작할 수 있게 해 준다.

조문숙이 아뢰었다. "국가에서 유생을 기르는 것은 장차 쓰려고 하는 것인데, 말이 비록 적중함을 잃었다 하더라도 용서할 만합니다. (중략) 이는 전

조선의 법과 정치

하께서 평일에 곧은 기운을 배양하신 소치입니다." 이극배가 "세종 대에
유생이 상서上書한 것이 한 번만이 아니고 공관하기까지 하였으나 또한 이
를 죄주지 아니하였습니다"라고 아뢰었다.

『성종실록』 23년 12월 14일

유소로 소기의 목적을 이루지 못했을 때는 학교 식당에 들어가지
않는 권당을 단행했다. 일종의 단식 동맹이었다. 권당이 발생하면 곧
바로 대사성성균관 정3품이나 동지관사성균관 종2품에게 알렸다. 그들은 유
생들을 소집해 그 연유를 묻고 타일렀으며, 그래도 학생들이 말을 듣
지 않으면 그런 사정을 상부에 보고했다. 납득할 만한 대답이 나오지

않으면 권당은 계속되었다.

하지만 권당의 사안이 적절치 못한 경우에는 강경책을 쓰기도 했다. 성종 때 성균관 생원 임지 등이 스승에게 대항한 사건이 발생했다. 예조에서 성균관의 첩정牒呈 서면 보고에 의거해서 아뢰었다.

"성균관은 풍화風化의 근원이므로 예의와 도의道義가 서로 앞서는 곳인데도 생원 임지 등이 스승에게 버티어서 대항하였으니 패만하고 무례한 짓이 이미 부당하였습니다. 권당에 이르는 것은 쇠란의 지극한 것이요 상도常道를 변하게 하는 일인데도, 한때의 사사로운 분노를 이기지 못하여 이에 친구들과 더불어 마음대로 학교를 떠나 조정을 경멸하였으니 마땅히 엄하게 징치懲治해야 합니다. 그런데 단지 쫓아내는 것만으로는 징계할 도리가 없으니 청컨대 사헌부로 하여금 추국해 중론重論하여서 선비의 기풍을 바로 잡도록 하소서" 그러자 성종은 그대로 따랐다.

『성종실록』 4년 7월 5일

권당보다 좀 더 강한 방법으로는 동맹 휴학이라 할 수 있는 공관이 있었다. 각자 집으로 돌아가서 성균관을 비우게 된 데서 공관이라 했다. 먼저 공재空齋 기숙사에서 철수를 해서, 수업이 중단되었다. 수업 중단이 계속되다가 각자 집으로 돌아가는 공관을 행했던 것이다. 그야말로 성균관의 기능이 마비되는 것으로, 가장 강경한 것이었다.

세종 때 공관 사태가 있었다. 세종 30년1448년 문소전文昭殿 태조의 비 신의왕후 한씨를 모신 사당 서북 빈 땅에 불당을 건립하려고 하자 이를 반대

조선의 법과 정치

해 성균관 유생들은 유소를 올리고, 받아들여지지 않자 수업을 거부하고 공관에 들어간 것이다. 세종은 학생들을 국문할 것을 명했다. 하지만 의금부, 의정부, 육조 관원 등의 적극적인 간청으로 마침내 국문만은 면하게 되었다세종 30년 7월 23일과 24일.

조선은 유학 · 주자학을 건국이념으로 삼았다. 하지만 세종 · 세조 등은 왕실에서, 그리고 개인적으로 불교에 호의적인 모습을 보여 주었다. 이 같은 불교 비호에 대해 성균관 유생들은 때로 집단적인 의사 표명과 함께 집단행동을 했다. 사대부들 역시 이들의 주장에 동조하는 입장을 취했던 것이다.

유소 · 권당 · 공관과 같은 집단행동과 시위는 사안의 성격에 따라 처리되곤 했다. 따라서 일률적으로 말하기는 어렵다. 예컨대 공천公薦을 쓰지 않는 일로 권당한 사례에 대해 영조는 주모자를 벌주라고 하면서 그들을 가르친 선생까지 나무랬다. "성균관에서 선비를 배양하는 것은 그 뜻이 매우 특별했는데, 소추小醜 작은 악인가 있다는 말을 듣고도 오히려 이러했으니 이것은 유생의 허물일 뿐 아니라 곧 사유師儒 스승의 허물이다." 나아가서는 "실로 과덕한 내가 군사君師의 책임을 잘하지 못한 것"이라면서 자신을 책망하기도 했다영조 4년 7월 11일.

유생들이 권당을 통해서 자신들의 의지를 관철시켰던 적도 있다. 영조 때 성균관 유생 오창좌의 이름이 역적의 초사招辭 심문 조서에 나왔다. 승정원에서 조례皂隸 하급 직원를 보내어 성균관 도기到記 학생 명부를 가져갔으며, 다음날 의금부에서도 사람을 보내어 도기를 가져갔다. 그리고 여러 날이 지난 후에야 아무런 말없이 그것을 돌려보

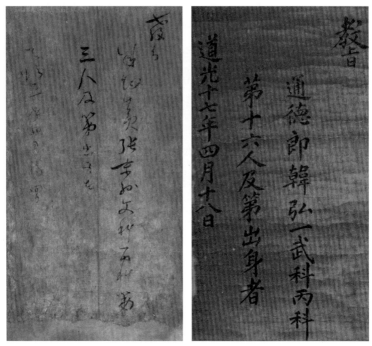

홍패 紅牌 문과와 무과에 합격한 사람에게 주던 과거 합격증서. 생원 진사시나 잡과 합격자에게
는 백패白牌를 수여하였다.

냈다. 이에 유생들은 자신들을 의심했다는 이유를 들어 권당했다.

영조는 "유생들의 조치는 당연하다. 의금부에서 도기를 가져갔다
가 뒤늦게 돌려보낸 것은 온당한 일이 아니다. 의금부 당상은 추고推考
심문 조사하라"고 했다. 유생들은 영조의 조치를 듣고서야 다시 성균관
으로 돌아갔다영조 6년 6월 23일. 합리적인 판단을 내리는 영조의 진면목
이 잘 드러난다.

조정에서는 성균관 유생들의 유소 · 권당 · 공관에 대해서 상대적

으로 관대했을 뿐만 아니라 이들의 '곧은 기운'이 지향하는 바를 받아들이려 했다는 것에 주목해야 한다. 이들은 유교적 소양을 가진 지식인이자 동시에 예비 관료로서의 '예우'를 받고 있었다. 그럴 수 있었던 것은 역시 이들의 행위가 집단 이기주의나 사적인 이익을 위한 것이 아니라 옳고 바른 것을 주장하고자 했기 때문이다.

물론 후대에 갈수록 당시의 정국 구도나 당파적인 대립·갈등과 맞물려서, 성균관 유생들의 집단행동이 때로 정치적으로 이용당하는 경우도 없지 않았다. 젊은 그들의 혈기방장을 나무랄 수도 있겠지만, 순수한 동기에서 나온 유생들의 행위를 당리당략적으로 이용하고자 한 기성세대의 무책임과 노회함에도 그 책임의 일단을 물어야 하지 않을까.

시대와 상황이 크게 달라졌음에도 불구하고 조선시대 최고 학부 성균관 유생들의 정의를 추구하는 집단행동과 시위의 전통은 한국 현대정치사에서도 꾸준히 이어져 왔다고 하겠다. 사적인 이익이나 집단 이기주의를 넘어서 정의로운 사회를 만들고자 하는 열망은, 언제나 젊은 지식인으로서의 대학생들의 몫이었기 때문이다. 4·19까지 거슬러 올라가지 않더라도 지난날 1980년대의 학생 운동이 우리 사회의 민주화와 민주주의에 기여했다는 점은 누구도 부인할 수 없을 것이다.

그러면 어느덧 그들이 우리 사회를 이끌어 가는 중추 세력으로 급격하게 부상하고 있는 지금은 또 어떠한가. 사회는 과연 더 나은 모습으로 달라지고 있는가. 젊은 그들에 해당하는 오늘 우리 대학생들은 또 어떤가. 젊음의 패기만만함과 빛나는 비판 정신을 기대할 수 있는

가. 좁은 취직 문 앞에서 좌절하고 '이십대 태반이 백수'라는 자조적인 말 속에서, 점차 시들어 가고 있지는 않은지.

지난 2005년에는 고등학교 학생들마저 거리로 나서기도 했다. 내신 등급제와 관련해서 반대하는 고등학생들의 촛불 시위, 그리고 두발 자유화를 요구하는 집단 시위와 종이비행기 날리기 등을 바라보는 마음은 착잡하기만 했다. 그런데 지난 2008년 광우병 쇠고기 수입 파동으로 인해 또 다시 학생들이 촛불 시위에 참여하기도 했다.

2013년 7월에는 광화문에서 고등학교 학생들이 '국가정보의 대선 개입사태'에 대국시국 선언문을 발표하기로 했다. 사회적 책임을 자각하기에는 아직은 어린 그들을 나무라기에 앞서 그야말로 공부에 전념할 수 있는 여건을 만들어 주지 못한 우리 사회와 어른들의 책임이라는 생각을 쉽게 떨쳐 버릴 수가 없었다.

조선시대에도
언론은 막지 않았다

미국 독립선언서를 기초했을 뿐만 아니라 제3대 대통령을 지내기도 한 토머스 제퍼슨Thomas Jefferson 1743년~1826년은 일찍이 굳이 선택해야 한다면 자신은 "신문 없는 정부보다는 정부 없는 신문을 선택할 것"이라는 유명한 말을 남겼다. '신문언론'과 '정부권력'의 관계에 시사하는 바가 크다고 하겠다.

바야흐로 노무현 정부에서 이명박 정부로 정권이 교체되어 가는 과정에서 정부 조직을 둘러싼 논의 역시 뜨겁게 타올랐다. 작은 정부를 내세웠던 만큼 자연스러운 수순이었다. 일찌감치 폐지가 결정된 부처도 있고, 존속 여부가 불투명한 부처도 없지 않았다. 그럼에도 '국정홍보처'를 폐지한다는 데에는 어떤 이견도 없었다. 국정홍보처는 이미 역사에 편입되어 버렸다고 하겠다.

2007년 5월, 참여정부 시절 국정홍보처에서는 '취재 지원 선진화

방안'으로 이름 붙여진 '기자실 통폐합' 방안을 확정해서 국무회의에 보고했다. 글로벌 스탠더드에 부합하는 시스템이라는 주장과 함께. 이어 대통령이 언론과의 대화를 시도하기도 했다. 언론과 학계, 그리고 정치권에서는 연일 비판과 비난이 쏟아졌다. 기자들의 집단 항의 역시 거셌다. 그럼에도 불구하고 10월에는 마침내 기자실 문을 걸어 잠갔다.

언론 탄압이라는 얘기도 나왔고, 국민들의 알 권리를 제한한다는 지적도 있었다. 당연히 대통령 선거에서도 이슈가 되었다. 2007년 12월 대통령 선거가 끝남과 동시에 국정홍보처 폐지와 기자실 원상 복구라는 식의 정책 방향이 잡혔다. 불과 몇 달 사이에 있었던 일이다. 권력의 무상함이라는 다소 센티멘털한 상념도 스쳐갔지만, 그보다는 다들 쓸데없는 정력을 낭비했다는 안타까움 쪽이 더 컸다.

언론과 권력 사이의 대립과 갈등은 피할 수 없는 숙명일까. 그들 사이의 긴장과 대립이 팽팽하면 할수록 그에 비례해서 권력은 부패하지 않는다. 권력이 언론을 억누를 때 불행은 시작된다. 그 순간은 어떨지 모르지만 시간의 흐름이 그것을 입증해 보여 준다. 우리 현대정치사를 되돌아보더라도 제5공화국 때의 '언론통폐합'이니 '보도지침'이니 하는 사례를 떠올려 볼 수 있다.

그러면 조선시대의 경우 언론과 권력의 관계는 과연 어떠했을까? 왕이 지배하는 전제군주 체제였으니까 왕은 모든 걸 마음대로 할 수 있었을까? 당연히 그렇지는 않았다. 『경국대전』에 규정이 없는 왕의 권력을 적절하게 견제하고 제어할 수 있는 여러 제도적·심리적 장치가 없지 않았다. 그런 측면에 관한 한 어쩌면 오늘날보다 더 잘 짜여

조선의 법과 정치

있다고 해야 할는지도 모르겠다.

조선의 통치 기구를 보면 우선 왕을 보좌하는 의정부가 있었고, 그 아래에 6조와 여러 중앙 관서가 있었다. 6조는 왕의 명령을 집행하는 행정 기구로서 여러 행정 업무를 나누어 처리했다. 그리고 왕의 정치를 비판하는 언론 기관으로 사간원, 관리의 비행을 감찰하는 기관으로 사헌부가 있었다. 그들은 양사兩司로 불렸다. 그들 두 관서는 언관言官 역할을 했다. 세조 대에 홍문관이 세워져서 왕의 정치 및 학술 고문과 교지 작성 등의 기능을 맡았다. 역시 언관 기능이 부여된 것이다. 그리하여 언론기관으로서의 삼사三司를 이루게 되었다.

이러한 언관 제도의 정비와 강화는 일차적으로 왕권의 일방적인 전횡과 권신權臣들의 대두를 막기 위한 것이었다. 양반관료 체계의 균형과 안정을 도모하자는 것이라 해도 좋겠다. 삼사에서는 일반 국정은 물론이고 왕의 사생활까지도 서슴없이 비판했다. 왕비와 종친 및 외척의 생사를 좌우하는 경우도 적지 않았다. 사안이 심각할 경우 세 부서가 협력해서 반대하는 상소를 올리기도 했다. 삼사의 합소合疏가 그것이다.

삼사에 근무하는 관원들의 관직과 품계는 그리 높지 않았다. 하지만 인재 충원 통로인 과거시험에서 우수한 성적으로 합격한 사람들을 주로 임명하였다. 삼사를 거친 후에 6조의 판서나 정승에 오르는 것이 관례가 되었다. 그래서 흔히 '청요직淸要職'으로 불리는, 이른바 엘리트 코스였다.

언관의 기능에 대한 중시는 이미 태조 때부터, 그러니까 조선이 건국된 이후 바로 시작되었다. 태조 1년1392년 11월 14일 간관諫官이 경연經筵을 매일 열 것을 주장하는 상소문을 올렸다. 그 상소문에서 정치와 관련해서 주목할 만한 발언을 하고 있다.

태조실록 太祖實錄 태조실록의 본문

신 등이 듣자옵건대, 임금의 마음은 정치를 하는 근본입니다. 마음이 바르면 모든 일이 따라서 바르게 되고, 마음이 바르지 못하면 온갖 욕심이 이를 공격하게 됩니다. 그런 까닭으로 존양存養 본심을 잃지 않도록 그 착한 마음을 기름과 성찰省察의 공부를 지극히 하지 않을 수 없는 것입니다.

『태조실록』 1년 11월 14일

조선의 건국은 고려조 불교의 사회적 폐단에 대한 비판과 더불어 그 대안으로서의 유교, 특히 주자학을 정치이념으로 내세우면서 이루어졌다. 혁명 주체라 할 수 있는 이성계 등의 무인 세력과 신진 유학자들이 만나는 지점이기도 했다. 따라서 유교 경전에 보이는 성인 군주로서의 요 임금과 순 임금, 그리고 탕 임금의 정치는 본받아야 할 전범에 다름 아니었다. 이는 조선 왕조 5백 년 동안 변함없이 지속된 것이기도 했다.

이어 간관은 제도로서의 경연은 설치했지만 제대로 시행되지 않고 있다는 것, 그리고 경연이 갖는 의미와 중요성에 대해서 말한다. 경연이란, 왕이 참석하여 학식이 많은 신하들과 경서經書나 사서史書를 읽고 토론하는 자리이다. 어쩌면 가르친다는 것이 더 정확할 것이다. 계속 간관의 상소문을 들어 보자.

> 그러나 경연을 설치한 후 한갓 명칭만 있을 뿐이었지, 나아가 강론한 적이 있다는 말을 듣지 못했습니다. 전하의 생각에는 반드시 넓은 집과 큰 뜰 안의 어느 곳이든 모두 학문하는 곳이니, 어찌 반드시 일정한 법도에 얽매여 날마다 경연에 나간 후에야 학문을 한다고 하겠는가 하실 것입니다.
> 신 등은 생각하기를, 임금의 학문은 한갓 외우고 설명하는 것만이 아니라, 그날마다 경연에 나가서 선비를 맞이하여 강론을 듣는 것은, 첫째는 어진 사대부를 접견하는 때가 많음으로써 그 덕성德性을 훈도薰陶하기 위한 것이며, 둘째는 환관宦官과 궁첩宮妾을 가까이할 때가 적음으로써 그 태만한 마음을 진작시키기 위한 것입니다.
>
> 『태조실록』 1년 11월 14일

건국한 시조라 하지만, 즉위 1년이면 아직 무장武將의 기세가 남아 있었을 것이다. 하지만 간관은 그런 위세에 주눅 들지 않고 당당하게 소견을 피력한다. 이어 다음과 같은 말로써 태조를 설득시킨다.

> 더구나 창업한 임금은 자손들의 모범이 되니, 전하께서 만일 경연을 급무
> 急務로 여기지 않으신다면 후세에서 이를 구실로 삼아서, 그 폐단이 반드시
> 학문을 하지 않는 데에 이를 것이니 어찌 작은 일이겠습니까. 삼가 바라옵
> 건대 전하께서는 날마다 경연에 납시어 『대학大學』을 강론하게 하여, 격물
> 格物 · 치지致知 · 성의誠意 · 정심正心의 학문을 다하여 수신제가修身齊家 · 치
> 국평천하治國平天下의 효과를 이루게 하소서.
>
> 『태조실록』 1년 11월 14일

창업한 군주답게 태조는 흔쾌히 수락한다. 건국 이후 신하들은
경연 제도를 상설화하기 위해서 줄기차게 노력했으며, 결실을 맺은 것이
다. 이후 왕의 정사 대부분은 경연에서 이루어지게 되었다. 그로써
유교적 관료정치 체계가 작동하기 시작한 것이다.

어질고 현명한 군주라면 크게 문제는 없을 것이다. 하지만 역사
는 더러 폭군의 존재를 보여 주기도 한다. 폭군이 나서서 힘과 공포로
정치를 하게 되면, 자연히 귀에 거슬리는 이야기는 어렵게 된다. 누군
들 목숨 걸고 싫은 소리 하고 싶겠는가. 그러다 보면 말길言路이 닫히게
되는 것이다. 그래서 전적으로 그런 일을 하는 사람이 필요하다. 그들
이 바로 대간이요, 간관이요, 언관인 것이다.

태종 2년1402년 6월, 사간원에서 대간들의 언로 보장을 요구하는
상소문을 올렸는데, 그 상소문은 간하는 관인이 어떻게 해서 생겨났는

지 그 연원을 말해 주고 있다. 언관들의 기원이라 해도 좋겠다.

신 등은 가만히 생각하건대, 옛날에는 임금에게 간諫하는 관인이 따로 없었으므로 사람마다 모두 간할 수 있었습니다. 그런 까닭에, 임금이 천하 사람들의 눈과 귀로써 자기의 보고 들음을 삼아, 언로가 넓었습니다. 후세로 내려와 한漢나라 때에 이르러 비로소 간관이란 벼슬을 두어, 그로 하여금 임금의 득실得失과 정치의 미악美惡을 말하게 하여, 언관의 직책에 있지 아니한 사람은 간할 수 없게 되었사오니, 이것은 천하의 이목耳目이 간관에게 집결된 것이요, 임금이 이에 의지하여 보고 듣던 것이옵니다. 만약 간관을 두고서도 그 말을 듣지 아니한다면, 이것은 임금이 스스로 그 이목을 막는 것입니다. 그러므로 임금은 마땅히 묻기를 좋아하고, 간하는 말을 좇는 것으로써 임무를 삼아야 하옵고, 신하는 마땅히 어려운 일을 실행하도록 책責하고, 착한 일을 행하도록 말씀드리는 것을 직분으로 삼아, 임금과 신하가 각각 그 도리를 다한 뒤에야 천하와 국가를 다스릴 수 있는 것이옵니다.

『태종실록』 2년 6월 14일

임금은 마땅히 묻기를 좋아하고, 간하는 말을 좇는 것으로써 임무를 삼아야 하고, 신하는 마땅히 어려운 일을 실행하도록 책하고, 착한 일을 행하도록 말씀드리는 것을 직분으로 한다는 것. 유교 정치의 핵심이자 동시에 군주와 신하 사이의 관계라 할 수 있겠다. 하지만 왕도 사람인만큼 더구나 권력을 가지고 있으니, 귀에 거슬리는 소리를 듣기 싫어할 수도 있다. 그래서 대간의 직무에 대해서 아래와 같이 다

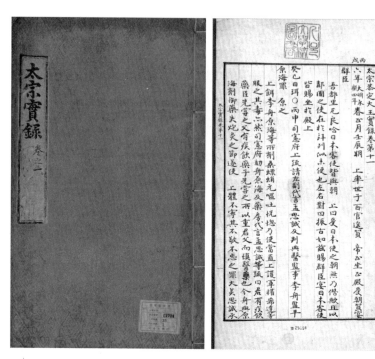

| 태종실록 태종실록 표지 및 본문

시 한번 강조한다.

　무릇 대간이란 천안天顏을 범犯하고 천위天威를 무릅쓰며 항언직사抗言直辭
하여 부월鈇鉞 작은 도끼와 큰 도끼에 이르러도 사양치 않는 것은, 제 집을 이
롭게 하고 제 한 몸을 이롭게 하기 위한 것이 아니라 국가에 유익하게 하
고자 함이옵니다. 바라옵건대 천지와 같은 도량을 넓히시고 낮은 것을 받
아들이는 덕을 쌓으시어 대간의 하는 말이 간혹 옳지 않은 것이 있다 하더

조선의 법과 정치

라도 너그러이 용납하시어 간하는 풍습을 떨치게 하신다면, 위로는 말을 구하는 수고가 없을 것이요, 아래로는 말길이 막힐 근심이 없어져 조정이 높아지고 국가가 편안해질 것이옵니다.

『태종실록』 2년 6월 14일

대간은 일신의 이로움을 위해서 간언하는 것이 아니라 국가의 이로움을 위해서 간언하는 것이다. 그러니 그 점을 이해해야 한다는 것이다. 죽음을 두려워하지 않고 바른 말을 다하는 신하의 존재야말로 나라의 보배라는 것. 실록의 정치사는 이들 대간들의 간쟁으로 이루어져 있다고 해도 과언이 아닐 것이다.

말의 길을 막지 말고 항상 열어 놓으라는 것, 그것은 조정이나 양반 계급에 국한된 것은 아니었다. 일반 백성들도 정사에 관한 일이나 억울한 일은 글로 써서 바칠 수 있었다. 지방 수령이 그것을 중앙에 전달하면 조정에서는 반드시 검토해서 조치했다. 특히 천재지변이나 국가에 중대한 일이 일어났을 때에는 조정의 모든 관원과 초야의 백성들에게 의견을 써서 바치도록 하는 구언求言 제도가 있었다. 그때 올리는 상소를 '응지상소應旨上疏'라 했다. 대개 한 번에 수백 혹은 수천 건이 올라왔는데, 조정에서는 이를 일일이 다 검토해서 좋은 의견을 채택했다.

그러면 글을 모르는 백성들은 어떻게 하는가? 그들을 위해서 대궐 밖에 북을 매달아 억울한 일을 호소하도록 했다. 그것을 신문고申聞鼓라고 했다.

조선 후기에는 왕이 행차할 때 징을 치고 나가서 직접 호소하는 제도도 나타났다. 이를 격쟁상언擊錚上言이라고 한다. 이 밖에 벽서, 괘서掛書 여러 사람들이 볼 수 있는 곳에 몰래 붙이는 게시물 등의 방법을 통해 의사 표시를 하기도 했다.

언관과 더불어 사관史官 역시 왕의 전제와 전횡을 견제하는 중요한 역할을 했다. 예문관의 봉교 · 대교 · 검열 등의 사관이 왕과 신하가 정사를 논의하는 과정에 진행된 모든 말과 행동, 사건을 왕 옆에서 기록했기 때문이다. 다시 말해서 왕이 언제 어디서 무엇을 어떻게 했는가 하는 것을 일일이 다 적어 두었기 때문이다. 일종의 증거 자료라 해도 좋겠다.

사관에는 왕의 행동을 기록하는 좌사左史와 말을 기록하는 우사右史가 있었으며, 참하관參下官 정7품 이하 관원으로 직위는 낮았다. 하지만 직필直筆의 고유한 기능과 더불어 왕의 측근에서 근무했기에 엄격한 절차를 거쳐 제수되었다. 우수한 과거 합격자들이 임명되었으며, 혼인 후 인척에 따라 어떤 정치 집단에 속할지 알 수 없어서 미혼자는 배제되기도 했다.

사관들이 기록한 사초史草와 춘추관이 각 관청의 문서들을 토대로 해서 만든 시정기時政記 등을 토대로 한 종합 기록, 그것이 바로 실록이었다. 왕이 죽은 뒤에 임시 기구인 실록청을 설치하여 편찬했다. 살아 있는 동안에는 그 왕대의 실록을 편찬하지 않았다. 역사는 사실대로 바로 써서 숨김이 없어야 하는데, 만약 임금과 대신大臣이 스스로 보게 된다면 숨기고 꺼려서 사실대로 바로 쓰지 못함이 있을까 염려한 까닭이다태조 6년 윤5월 1일. 때문에 자신이 죽은 이후의 '후대 역사가들의 평

조선의 법과 정치

가를 생각하지 않을 수 없었다. "사람은 죽어서 이름을 남긴다"라고 한 유교문화권에서 그것은 큰 의미와 비중을 갖는 것이었다.

게다가 아무리 왕이라 하더라도 실록을 볼 수 없었다. 중국과는 다른 점이었다. 따라서 사관들은 거리낌 없이 직필할 수 있었고, 때로 왕들은 그 기록을 보고자 하기도 했다. 어찌 궁금하지 않겠는가. 이미 태조부터 자신이 즉위한 이후의 기록을 보고자 했다. 하지만 사관 신개申槩는 단호하게 안 된다고 하면서 다음과 같이 말한다.

> 창업한 임금은 자손들의 모범이온데, 전하께서 이미 이 당시의 역사를 관람하시면 대를 이은 임금이 구실을 삼아 반드시 "우리 선고先考께서 한 일이며 우리 조고祖考께서 한 일이라" 하면서, 다시 서로 계술繼述하여 습관화되어 떳떳한 일로 삼는다면, 사관이 누가 감히 사실대로 기록하는 붓을 잡겠습니까?
>
> 『태조실록』 7년 6월 12일

조선 최고의 명군으로 여겨지는 세종 역시 실록을 보고 싶다는 유혹으로부터 완전히 자유롭지는 못했다. 그는 『태종실록』을 보고자 했다. 그러자 우의정 맹사성孟思誠, 제학 윤회尹淮, 동지총제 신장申檣 등은 반대한다.

> 이번에 편찬한 실록은 모두 가언嘉言과 선정善政만이 실려 있어 다시 고칠 것도 없으려니와 하물며 전하께서 이를 고치시는 일이야 있겠습니까? 그러

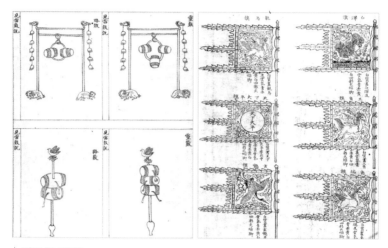

세종실록 오례의 五禮儀 길례吉禮·가례嘉禮·빈례賓禮·군례軍禮·흉례凶禮로 구성되어 있다.

하오나 전하께서 만일 이를 보신다면 후세의 임금이 반드시 이를 본받아서 고칠 것이며, 사관도 또한 군왕이 볼 것을 의심하여 그 사실을 반드시 다 기록하지 않을 것이니 어찌 후세에 그 진실함을 전하겠습니까?

『세종실록』 13년 3월 20일

세종은 역시 '그럴 것'이라고 하면서 물러섰다. 다름 아닌 자신의 아버지 태종이 한 일과 말들에 대한 기록을 보고 싶다는 인간적인 욕망은 충분히 이해할 수 있다. 게다가 이미 『태조실록』을 본 전력이 있다. 전례를 들먹거려 가면서 세종은 『태종실록』을 다시 한번 보고자 시도한다.

나는 또 "자손으로서 조종祖宗의 사업을 알지 못하면 장차 무엇으로 감계
鑑戒할 것인가" 하고, 『태조실록』을 보고자 하여 여러 신하들에게 상의했더
니, 유정현柳廷顯 등이 "조종이 정해 놓은 법에 의거하여 조종의 사업을 잘
계술繼述하는 것이 실상은 아름다운 뜻이 된다" 하므로, 이에 볼 수 있었다.
지금 또 생각하니, 만약 당시의 사기史記가 아니면 조종이 정한 법을 보는
데에 있어 조와 종에 무슨 구별이 있겠는가? 이미 『태조실록』을 보았으니
『태종실록』 또한 보는 것이 마땅하다고 여겨지니 여러 겸춘추兼春秋와 상의
하라.

『세종실록』 20년 3월 2일

하지만 신하들은 "조종의 사기는 비록 당대는 아니나 편수한 신
하는 지금도 모두 있는데 만약 전하께서 실록을 보신다는 것을 들으면
마음이 반드시 편하지 못할 것이며, 신 등도 또한 타당하지 않다고 여
길 것입니다"라며 난처함을 표한다. 세종은 그 말을 받아들여서 결국
보지 않았다. 이후 왕이 실록을 보지 못하는 원칙이 세워지게 되었다.

이처럼 조선의 유교 정치는 양반 사대부들에 의한 정치라는 틀을
벗어날 수는 없었지만, 그래도 '말길을 막지 않는 것'과 '역사의 평가를
기다리는 것'에 의해서 특징지어질 수 있다고 하겠다. 그야말로 언관
과 사관은 정치의 주요한 두 축을 이루고 있었다. 그들에 의해서 공정
한 정치, 백성을 위한 정치가 작동할 수 있었던 것이다.

더구나 실록에 의한 직필, 즉 역사 서술은 당대의 행위이긴 하지
만 그 효력은 후대에까지 대대로 미치는 것이었다. 죽음 이후의 세계

와 절대자유일신에 대한 관념이 약한 유교문화권에서는 후대에 의한 평가가 그와 비슷한 심리적인 규제 기능을 할 수 있었다. 나쁜 평가는 두고두고 욕을 먹는다는 것. 특히나 '명분名分'을 중시하는 유교문화권에서 그러한 불명예는 없었던 것이다.

아울러 기억해야 할 것은, 언관과 사관의 행위는 개인이나 자기 가문을 위한 이기적인 행위가 아니라 어디까지나 국가와 백성을 위한 엄정한 행위였다는 점이다. 자신이 지닌 유교적 신념에 의해 뒷받침된, 그야말로 하늘을 우러러 한 점 부끄럼 없는 행위였다는 것. 그래서 그 직책은 명예롭게 여겨졌으며 또 존경을 받았던 것이다.

일찍이 언론은 입법부 · 행정부 · 사법부에 이은 '제4부' 혹은 '무관의 제왕' 등으로 불리기도 했다. 오만방자해질 수 있는 권력에 대한 적절한 견제와 비판을 통해서 민주주의를 지켜 내는 수호자로서 국민의 알 권리를 충족시켜 준다는 점에서 언론의 기능과 역할이 중차대하다는 것, 그 점은 새삼 말하지 않아도 될 것이다.

현대 사회가 대중사회로 되면서 언론의 위력은 한층 더 커졌다. 그와 더불어 때로는 언론 그 자체가 권력이 되기도 하고, 때로는 기득권을 옹호한다는 비판에 직면하기도 한다. 일리 있는 측면이다. 동시에 인터넷 시대의 도래와 더불어 언론 기관 역시 다양해지고 있다. 그 행위와 양상이 어떻게 변화하건 간에, 항상 염두에 두어야 할 것은 개인이나 특정 집단의 이익을 위한 도구를 넘어서 국가와 전체를 생각하는 '공공성'이 아닐까 한다.

자연재해는
잘못된 정치 때문

지난 2003년 9월 참여정부 때의 일이다. 여름도 이미 끝났을 무렵, 갑작스레 전국을 강타했던 태풍 매미는 막대한 인명과 재산 피해를 가져다주었다. 그런데 공교롭게도 태풍이 상륙했던 날 저녁, 노무현 전 대통령이 뮤지컬을 관람한 것이 밝혀져서 논란을 빚기도 했다. 어느 장관은 "대통령은 태풍이 오면 오페라 약속도 취소하고, 비가 오나 안 오나 걱정만 하고 있어야 하느냐"고 나름대로 옹호하는 목소리를 내기도 했으나 그 자체가 뜨거운 논란거리가 되었다.

사실 어떻게 할 수 없는 자연재해 현상에 대해서, 예정된 대통령의 공식 일정까지 모두 취소해야 하는가 하는 의문을 던져 볼 수도 있겠다. 하지만 다른 한편에서는, 국정 전반을 책임지고 있는 대통령인 만큼 당연히 걱정해야 하며, 심정적으로 고통을 함께 나누는 모습을 보여 주어야 한다는 주장도 충분히 나올 수 있겠다.

그러면 지난날의 우리 역사, 특히 조선시대에서는 어떠했는지 한 번 되돌아보기로 하자. 언제 어디서나 인간의 힘으로 어쩔 수 없는 자연재해 현상은 일어나기 마련이다. 조선시대 역시 예외는 아니었다. 제주도에 불어 닥친 폭풍우에 대해 백성들의 구제책을 청하는 제주 목사의 다음과 같은 상소문 구절은 그 처절함을 생생하게 전달해 주고 있다.

> 강풍과 폭우가 일시에 닥쳐 강물이 터진 듯했으며, 소리가 우레 같았습니다. 하룻밤 사이에 큰물이 갑자기 불어나 누각까지 무너져 바다 속으로 떠내려갔으며, 침수된 민가가 아주 많고 물에 빠져 죽은 자가 6명입니다. 밝은 대낮이 컴컴해졌고 성난 파도가 포말을 내뿜는데 비처럼 흩날려 온 산과 들에 가득했으며, 사람이 그 기운을 호흡하면 꼭 짠물을 마시는 것 같았습니다. 초목은 소금에 절인 것 같고, 귤·유자·소나무·대나무 등이 마르지 않은 것이 없으니, 이른바 땅 위에 초목이라는 것은 모두 조금의 생기도 없습니다. 각종 나무 열매는 거의 다 떨어지고, 서속·콩 등은 줄기와 잎이 모두 말랐습니다. 농민들이 서로 모여 곳곳에서 울부짖고 있으니, 섬 안에 사람이 앞으로 씨가 마르게 되었습니다. 이는 실로 만고에 없었던 참혹한 재변이니, 앞으로의 구제를 어찌해야 할지 모르겠습니다.
>
> 『현종실록』 11년 9월 9일

인간의 힘으로 어떻게 할 수 없는 천재지변에 대해서, 조선시대의 왕은 과연 어떻게 받아들였을까? 결론부터 말하면 조선시대의 경우 천재지변을 만나게 되면, 그것은 곧바로 하늘이 내리는 징벌이라 여겼다. 그 밑바닥에는 자연현상과 인간세계의 일이 서로 연결되어 있다고 보는 천인상관론天人相關論적인 사유가 흐르고 있었다. 유교적인 관념으로 보자면 왕은 하늘을 대신하여 인간 세상을 다스리는 존재에 다름 아니었기 때문이다. 그런 하늘이 이상 기후나 징후를 보이는 것은, 왕이 어딘지 모르게 그 역할과 임무를 다하지 못하기 때문인 것으로 여겨졌다.

　이 같은 점은, 천재지변을 막을 근원적인 대책을 왕에게 진언하고 있는 다음 장면에서 확인할 수 있다.

> 화기和氣는 상서祥瑞를 부르고 괴기乖氣는 재이災異를 부른다 하는데, 상서가 많으면 국가가 편안하고 재이가 많으면 나라가 위태롭습니다. 임금이 하늘의 뜻을 받들어서 마음이 화평하게 되면 정치가 화평하게 되며, 정치가 화평하게 되면 기氣가 화합하게 되며, 기가 화합하게 되면 천지의 화기가 응하게 되어 온갖 재이가 소멸되고 온갖 상서로움이 반드시 이르게 되어, 국가가 편안하게 됩니다. 만일 이와 반대로 조정의 모든 일이 어긋나고 잘못되어 백관이 힘을 합쳐 국사에 이바지한다는 도리가 없게 되면 천체에 구징咎徵이 나타나 일의 발생에 앞서 조짐을 보입니다. 하늘의 형상을 나타내어 경계를 보이는 것은 바로 하늘이 임금을 사랑하는 것으로 엄한 아버지가 명백히 경계하는 것과 같으므로, 까닭을 생각하여 삼가 고치고 덕을 닦아 응답해야 하는 것입니다.
>
> 『중종실록』 26년 11월 16일

사직단 社稷壇 사적 제121호. 임금이 토지신인 사社와 곡식신인 직稷에게 제사지내던 제단.

조선의 법과 정치

자연재해나 징후는 곧바로 정치와 관련이 있는 것으로 여겨졌던 것이다. 그래서 가뭄이 들면 왕은 제일 먼저 명산대천, 종묘와 사직 등에서 기우제를 지냈다. 가뭄이 들고, 홍수가 나고, 산이 무너지고, 전염병이 도는 것과 같은 천재지변은 하늘이 노여워하고 있는 표정으로 읽은 것이다. 왕은 삼가고 두려워하면서 행실을 바로 했던 것이다. 근심하고 두려워하여 몸을 닦고 반성을 하고, 여러 사람에게 잘하고 못한 것을 물어서 행동을 고쳐 천재와 괴변이 사라지게 했다. 다시 말해서, 정치를 잘하게 되면 그러한 천재지변이 일어나지 않을 것이라 보았다. 그리하여 재화를 변하여 복이 되게 하고, 약한 것을 강하게 만들어 그 기업基業을 무궁히 후세에 전하고자 했다.

　　더욱이 주목되는 것은 국정 책임자인 왕뿐만 아니라 곁에서 왕을 보좌하는 신하들 역시 삼가고 두려워했다는 점이다. 어쩌면 당연한 것이라 할 수도 있겠다. 천재지변이 발생하자, 영의정과 좌의정 등이 그 책임을 지고 사직할 것을 청하는 장면 역시 조선왕조실록에서 볼 수 있다.

　　어제의 겨울 천둥은 정말 보통이 아니었습니다. 근래 천변이 잇따라 일어나긴 했지만 이같이 놀라운 일은 없었습니다. 신들이 적합하지 못한 사람으로 재상의 직에 있기 때문에 기이한 천변이 일어나게 되었습니다. 재변이 있으면 사퇴하고 물러나는 것을 위에서 관례라 여기시겠지만, 어제의 번개와 천둥은 여름과 같았습니다. 옛날에도 천변이 있으면 삼공三公에게 책임을 물어 파면하였습니다. 신들이 직분을 잘 수행하지 못하여 이러한

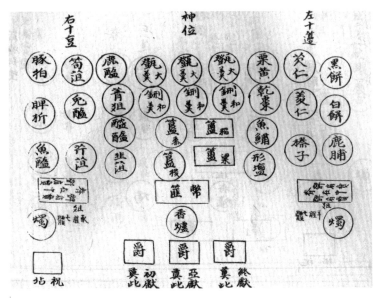

풍운뢰우찬실도 風雲雷雨饌實圖

천변을 불러일으켰으니, 빨리 신들을 체직시키고 다시 현명한 사람을 구하여 맡기소서.

『중종실록』 30년 10월 8일

이렇듯이 자연재해 앞에서 왕과 신하들은 끊임없이 자신들을 되돌아보고, 반성하는 모습을 보여 주었다. 아울러 실행 가능한 조치를 취하고자 했다. 오랫동안 비가 내리지 아니하여 가뭄이 대단히 심하자 성종은 스스로를 반성하여 "천재지변이 일어나는 것은 사람이 초래하는 것이니, 감옥에 혹시 원통하고 억울한 죄인이 있다면 충분히 화기

조선의 법과 정치

를 손상시켜 재앙을 초래할 수가 있을 것이다"라고 하고, 죄수를 조사하여 죄과가 적은 사람들은 모두 용서하여 방면하는 조치를 취했다_{성종 22년 7월 22일}. 백성의 한을 풀어 준다는 차원에서 죄인을 사면하고, 나아가 집이 가난해서 시집가지 못한 처녀들에게 혼수 비용을 마련해 주는 조치를 취하기도 했다.

자연에 대한 지식과 과학이 발달한 오늘날, 천재지변이 국정 책임자나 그들을 보좌하는 사람들의 정치나 그들의 품성과 직접적으로 관련되어 있다고 믿는 사람은 없을 것이다. 하지만 예측 가능할 뿐만 아니라 거의 매년 반복되는 비슷한 재해를 보고 있노라면, 조금은 다른 각도에서 사태를 바라보게 된다. 어쩔 수 없는 천재天災가 아니라, 어느 정도까지는 인간들이 만들어 내는 재앙, 즉 인재人災라는 생각도 든다. 지난 2007년 12월 터진 충남 태안반도 기름 유출 사고 같은 경우도 그렇다고 해야 하지 않을까.

그래선지 자연재해 앞에서 자신을 겸허하게 되돌아보면서 국정에 최선을 다하고자 했던 왕과 신하들의 모습이 훨씬 더 친밀하게 다가온다. 백성들을 걱정하는 그들의 진심을 느낄 수 있기 때문이다. 감히 누가 그들을 '비과학적'이라 비난할 수 있을 것인가.

PART 4

조선의
무역과
경제

조선의 무역과 경제

사상인들에게
국경은 없었다

FTA Free Trade Agreement, 즉 '자유무역협정'은 오늘날 국제관계와 국제무역에서 빼놓을 수 없는 테마이다. 그 내용은 국가 간 상품의 자유로운 이동을 위해 모든 무역 장벽을 제거시키는 협정을 말한다. 예전과는 달리 상품이 '국경'이란 장벽에 부딪히지 않고서 자유롭게 거래되는 것이다.

자유무역협정이란 특정한 국가들 사이의 상호 무역 증진을 위해 물자나 서비스 이동을 자유화시키는 것으로, 나라와 나라 사이의 제반 무역 장벽을 완화하거나 철폐하여 무역자유화를 실현하기 위한 양국 간 또는 지역 사이에 체결하는 특혜무역협정이라 하겠다. 그동안 대개 유럽연합이나 북미자유무역협정 등과 같이 인접 국가나 일정한 지역을 중심으로 이루어졌기 때문에 흔히 '지역무역협정RTA : Regional Trade Agreement'이라 하기도 한다.

우리나라 역시 이미 FTA 연계망 속에 들어 있다. 2004년 4월 한국-칠레 FTA가 타결된 이래, 2012년 현재 싱가포르, 유럽자유무역연합, 동남아시아국가연합, 유럽연합, 페루, 미국과의 FTA가 발효 중이며 터키와 콜롬비아 FTA는 타결되었다. 그리고 캐나다·인도네시아·중국·베트남·일본·호주·뉴질랜드 등과도 FTA가 추진 중이어서, 그 범위는 한층 더 넓어질 것으로 여겨진다.

한국-미국 FTA의 경우 격렬한 찬반 논쟁을 불러일으켰다. 한미 FTA 저지 범국민운동본부, 한미FTA 대책위원회 등의 존재는 그 사안이 만만치 않았음을 말해 준다고 하겠다. FTA에 대한 찬반 여부를 넘어서, 우리가 한번 깊이 생각해 보아야 할 문제는, 우리가 세계의 '제국'으로 불리는 미국과 '자유무역'을 해서 과연 무엇을 얻을 수 있을 것인가, 그리고 무엇을 잃게 될 것인가 하는 점이다.

시대를 거슬러 올라가 보면, 조선시대에도 당시의 '국제' 관념에 입각한 국제관계와 국제무역이 있었다. 오늘날의 그것과 확연하게 다른 점, 그것은 국제관계와 국제무역이 아직 분화되지 않은 채로 연동해서 움직이고 있었다는 점이다. 의례적인 것이긴 하지만, 동아시아 국제 사회에서는 기본적으로 중국 중심의 세계관이 깔려 있었다. 그리고 천자와 제후라는 불평등한 관계를 내세우고 있었다. 그래서 조선의 왕이 즉위하면 천자의 승인 표시로 인신印信과 고명誥命 왕위를 승인하는 문서을 받고, 중국의 달력을 썼다.

다른 말로 하자면, 경제적인 교역이나 무역이 독자적인 영역으로 존재하기보다는 기본적으로 정치적인 관계와 깊이 연관되어 있었다.

조선의 무역과 경제

경제보다는 오히려 정치 논리가 앞섰다고 해도 좋겠다. 그래서 흔히 '조공朝貢' 무역 시스템이라 부르기도 한다. 조선에서는 조공이라는 이름으로 중국인이 애호하는 토산품을 가져갔으며, 중국에서는 그에 대한 답례로 '회사回賜'의 이름으로 물품을 주었다. 조공 사행은 매년 중국의 국경일에 축사 사절의 형식으로 가기도 하고, 우리가 필요할 때 부정기적으로 보내기도 했다. 조공 무역은 당연히 공무역公貿易을 근간으로 하고 있었다. 하지만 국경을 접한 지역에서는 사무역과 밀무역 역시 은밀하게 행해지고 있었다.

이러한 대외 무역 관계는 명·청 교체기 이후에도 그대로 지속되었다. 청나라에 대해서는 이념적으로는 오랑캐로 여기기도 했지만, 현실적으로는 대국大國으로 섬길 수밖에 없었다. 무역 역시 그러했다. 매년 몇 차례씩 북경을 왕래한 사행을 통해 이루어졌다. 처음에는 명나라와의 전례에 따라 정기 사행과 임시 사행이 있었다. 정기 사행으로서의 동지행冬至行은 매년 음력 11월 출발하여 대체로 5개월이 걸려 이듬해 4월에 귀국했다. 임시 사행으로는 사은행謝恩行을 비롯해서 진하행進賀行, 진주행進奏行, 문안행問安行 등이 있었다.

정기 또는 임시 사행은 정사正使, 부사副使, 서장관書狀官 외교 문서와 사행에 대한 기록 담당관 등 3사신使臣과 역관譯官 등 정식 사절단 30명을 포함해서 전체 일행은 200~300명 정도였다. 『경국대전』의 예전을 통해서 사행의 구성과 절차를 엿볼 수 있다.

사대문서는 사신이 여정에 오르기 7~8일 전에 임금에게 보고한다. 진헌

예물進獻禮物 중국 조정에 올리는 조공품은 본조예조에서 임금에게 보고하고, 호조에 공문을 보내어 해당 관사로 하여금 미리 준비하게 한다. 예물을 싸서 봉하는 날에는 의정부·6조·사헌부·승정원의 장관과 정사·부사가 감독하여 봉하고, 표表와 전箋은 본조가 예문관에 공문을 보내 글을 짓게 하며, 왕의 재가가 내려지면 승문원은 사신이 여정에 오르기 2일 전까지 서사를 마치고 제조가 감수하여 올린다. 표를 올리는 날에는 의정부·6조·승문원의 제조와 정사·부사가 다시 검사, 대조한다. 정사·부사·서장관이 데리고 갈 자제와 가노家奴는 의정부가 녹차錄差 녹명차정錄名差定의 준말로 신원을 확인하여 등록하고 임명함하고, 사헌부가 검사, 확인한다.

『경국대전』 권3 예전 사대事大조

그런데 사행 무역을 주도한 것은 역관이었다. 그들이 그럴 수 있었던 데에는 다음과 같은 점이 작용했다. 사행 일행 중 역관은 조선과 청국 양국이 공식적으로 인정한 30여 명의 정원 중에 10여 명 이상을 차지했다. 그들은 사행 중 여러 중요 직무를 전담하고, 일행의 마부馬夫·노자奴者·구인駒人 들과 수많은 마필馬匹을 장악했다. 게다가 그들에게는 종과 마필을 가져가는 것이 공인되었다. 또한 역관들은 직업 세전에 따른 종적인 조직과 제도상의 횡적인 유대 관계를 갖고 항시적이며 연속적인 무역 활동을 전개할 수 있었다. 그리고 무역상의 이익금은 곧 그들의 체아록遞兒錄 임시 봉급의 성격을 지녔다. 정부는 여비조로 역관들에게도 '팔포八包 무역'을 허락했기 때문이다. 팔포 무역은 순수한 상업적 성격을 띠었다. 역관들은 공용은公用銀의 부담을 조건으로 공

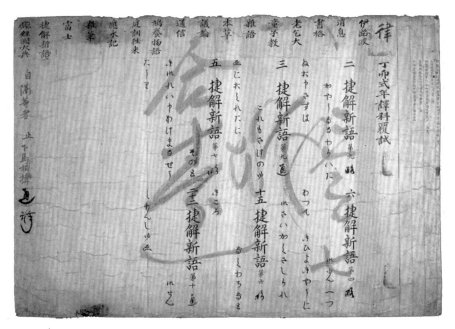

| 역과 시권 試券 일본어 시험지

정 이율에 의한 정부 자금의 대여가 가능해 무역 자본을 확보할 수 있었다.

'팔포'란 중국에 파견된 사신이 여비로 쓰기 위해 가져가는 8개의 꾸러미를 말한다. 사행원들이 중국에서 여비로 쓰기 위해 인삼 10근斤씩 담은 꾸러미 8개, 즉 인삼 80근을 가져갈 수 있도록 규정한 데에서 유래한 말로 흔히 '팔포 무역'이라 한다. 세종 10년1428년까지 한 사람당 마포 30필과 인삼 5근씩으로 제한했던 것을 승문원의 건의에 따라 마포의 수량을 늘렸다. 그 후 인삼으로 10근씩 가져가도록 했는데, 그 숫자가 점점 늘어 인조 때부터 한 사람당 80근까지 허락했으므로 팔포라

| 산삼 山蔘

는 말이 생겼다.

하지만 인삼이 점차 귀해지자 현종 3년1662년에는 인삼 1근을 은 25냥으로 쳐서 80근에 대해 2,000냥으로 정했는데, 관행에 따라 은대銀袋에 대해서도 팔포라 불렀다. 경종 2년1722년에는 그 수량을 줄여 1,000냥으로 정했으나 이를 지키지 않았다. 그래서 영조 3년1727년에는 팔포의 법을 정하고 이를 어기는 자는 일률一律 사형로 엄단하도록 했다.

이에 힘입어 역관들은 사행 무역을 통해 막대한 부를 축적했다. 사행 역관들은 외국에 자주 드나들 수 있었기 때문이다. 연암 박지원의 소설 『허생전』에 나오는 한성의 제일 부자 변부자는 실존 인물인 밀양密陽 변씨卞氏 변승업卞承業을 모델로 한 것이다. 또한 역관들은 청나라와 일본 사이의 중계 무역을 하기도 했다. 왜관 무역의 주무자인 훈도와 별차가 동료 역관이었기 때문에 그들과 쉽게 연결될 수 있었다. 이러한 중계무역을 통해서도 상당한 부를 축적할 수 있었다.

현종 11년1670년 조정에서의 논의를 보면, 사행 역관들이 중국에서 수입한 백사白絲는 당시 100근당 수입가가 60금인 데 비해 일본으로의 수출가는 160금으로 거의 2.7배에 달했다.

임금이 말하기를 "왜인은 사치가 아주 심한데 대개 토산품인 금은金銀 때문에 그런 것이다"라고 하니, 호군 민정중이 아뢰기를 "우리나라 사람이 청나라에서 무역해 오는 백사가 모두 왜관으로 들어가는데, 바로 큰 이익을 얻기 때문입니다. 백사 100근을 60금金에 무역해 와서 왜관에 가서 팔면 값이 160금이나 됩니다. 이런 큰 이익이 있기 때문에 백사는 비록 수만 근이라도 모두 팔 수가 있습니다"라고 하였다.

『현종개수실록』 11년 3월 3일

하지만 17세기 말엽부터 사상인私商人들이 사행 역관에 부탁하거나 지방의 관아 무역을 대행하거나 또는 여마餘馬와 연복延卜 제도에 편승하여 청국의 물화를 대량으로 유입하게 되었다. 여마제는 세폐 방물을 실은 쇄마가 의주에서 책문으로 가는 도중에 사고가 있을까 우려하여 의주부가 공쇄마 수십 필을 책문까지 딸려 보낸 제도였다. 연복제는 사행이 귀국할 때 책문에서 의주로 오는 동안 부상할 말이 있을까 염려하여 의주부가 공쇄마를 파견한 제도였다. 이 여마제와 연복제로 인해 사상인들은 국경에서 무역할 수 있는 기회를 얻었다.

따라서 18세기 이후 사상인들이 사행 역관들의 무역을 능가하게 되었다. 역관들은 중개 무역로는 물론이고 국내 판로 역시 침식당하자, 자력으로 혹은 사신의 권력을 이용하여 그들의 대청 무역을 막으려 했으나 쉽지 않았다. 사상인들은 밀무역을 통해 한층 더 번창해 갔다. 그들은 일부 지방 관원들의 비호를 받으면서 비합법적인 국경 무역을 행하고 있었다. 다음과 같은 기사는 그런 사정을 말해 주고 있다.

무릇 청나라 채은償銀 문제로써 나라에 치욕을 입힌 후로부터 복물을 들여보내는 데에 대한 금령禁令을 발포하여 청나라와 우리나라 잠상潛商들이 이익을 잃은 지가 오래 되었습니다. 그들은 기회를 엿보아 물화物貨를 교역하려고 노리고 있습니다. 밤낮으로 이익을 도모하려는 무리와 팔 곳을 갈구하는 잠상들이 무리를 지어 있습니다.

『영조실록』 10년 12월 12일

기본적으로 공무역이 중심이었지만 시대와 흐름과 더불어 사상인들에 의한 교역과 무역이 활발해졌다는 것을 알 수 있다. 국가 주도의 공무역만으로는 해결되지 않는 부분도 있었을 것이며, 사상인들의 영리 추구 행위가 있었다고 하겠다. 그리고 소비자들의 기호와 수요가 있었기 때문일 것이다.

청나라와의 교역이 진행되면서 많은 물자들이 쏟아져 들어왔다. 아울러 중국산 물품으로 인한 사치, 혼수품 과다 수입 현상과 같은 부작용이 나타났다. 중종 때 예조에서는 그러한 세태를 다음과 같이 비판하고 있다.

근래 사치 풍조가 더욱 심하여 상하를 막론하고 복식에 있어서 중국 물품 쓰기를 경쟁하므로 이 때문에 물가가 뛰어오릅니다. 그래서 모리배들은 몰래 금화禁貨 금지한 제품를 가지고 가서 중국에서 밀수해 옵니다. 혼인하는 집에서 다투어 사치를 숭상하므로 가난한 집은 이 때문에 혼인할 시기를 잃게 되니 실로 작은 문제가 아닙니다.

지금부터는 금령禁令을 다시 천명해서 엄격히 규찰을 가하여 당상관堂上官 정3품 이상 외에는 주초교기교직紬綃交綺交織과 단의單衣를 사용하는 것을, 유생儒生·녹사錄事 및 사족士族이 아닌 자가 초교기교직綃交綺交織을 사용하는 것을 금지하고, 공인工人·상인商人·유생·서인庶人도 아울러 그를 금지한다.

자색종립紫色鬃笠은 당상관 이외에 모두 금지하고, 부죽립附竹笠·승립繩笠·나과립羅裹笠은 학생學生·서인庶人·공인工人·상인들의 사용을 아울러 금지하고, 마류瑪瑠·호박琥珀·산호珊瑚·청금석靑金石의 입영笠纓과 은장도자銀粧刀子는 당상관 외에 사용하는 것을 모두 금지한다.

동서반東西班 정직正職 외에는 백저포白紵布로 탑호塔胡를 만드는 것과 서인·공인·상인·천례賤隷가 백저포의를 착용하는 것과 서인의 여자가 백저포로 장의長衣와 치마를 만드는 것이나 짙게 물들인 아청색鴉靑色으로 치마를 만드는 것을 아울러 금지하고, 범하는 자가 있을 경우에는 그 물건을 관에 몰수하소서. 지방地方도 이와 같이 하소서.

『중종실록』 17년 8월 12일

폐단은 또 있었다. 지나친 수입으로 인해 우리나라의 은화가 중국으로 흘러나가는 것이었다. 선혜청 당상 윤유가 말하기를 "우리나라에서 비록 은이 나기는 하나 근래 연경에 가는 역관들이 금지한 물품을 가지고 책문을 나갈 때 정은情銀 순은을 많이 허비하여 한 번 사신의 행차에 지급하는 은화가 3, 4천 냥을 밑돌지 아니합니다. 우리나라의 은화로써 중국의 금단錦緞과 채단綵緞 따위를 무역해 오는 데에 지나지 않는데, 동방의 풍습이 사치가 날로 심하여 깊은 산골에 사는 부녀자들까지도 한 벌의 비단옷을 가지고 있지 아니한 자가 없습니다"라고 했다영조 11년 12월 5일.

이러한 호화 혼수, 사치 풍조, 과다 수입 등으로 인해서 국고 낭비가 많았다. 대사성 유당의 상소를 보기로 하자.

> 겨우 관冠을 이는 치유稚儒도 길을 걸어서 다니지 않고, 미관말직의 관원도 밥상이 오궤五簋 궤는 나라 제사에서 쓰는 제기가 되도록 사치하고, 가난한 선비의 아내도 한 번의 잔치에 옷이 열 가지나 되고, 시정市井의 천첩賤妾들도 몸에 주옥珠玉을 두르게 되니, 이러므로 금은이 모두 호인胡人과 왜인倭人들에게 빠져나가게 되었고 쌀과 돈이 날마다 주육酒肉에 녹아지게 되었습니다. 서울이 이러하므로 사방 사람들이 보고서 본받으며 악惡에 몰리기를 마치 땅이 무너지듯이 하여 오늘날의 풍속이 무너져 버리게 되었습니다.
>
> 『정조실록』 2년 6월 23일

이에 그는 "대신과 경재卿宰들도 몸소 절검節儉을 실행하여 교화가 일반 백성들에게 미치게 된다면, 팔도 사족 집안의 부녀자들이 장차 사치를 부끄럽게 여기고 검소를 귀중히 여기게 될 것입니다. 따라서 몇 해가 되지 않아서 능라綾羅와 금주金珠의 값이 흙 값과 같게 될 것입니다. 그렇게 하지 않고 단지 언어로만 가르치고 법령으로만 금단하려고 한다면, 비록 날마다 수천 장의 종이를 소비하여 가르치고 뒤따르며 채찍질을 한다 하더라도, 마침내 민정만 시끄럽게 만들고 폐해는 바로잡지 못할 것입니다"라고 요청했다.

조선의 무역과 경제

그러면 당시 조선과 청나라 사이에 교역되는 물품으로는 어떤 것이 있었을까? 수입품은 비단·약재·문방구 등이었고, 수출품은 은·종이·무명·인삼 등이었다. 가장 인기 있던 물품은 역시 인삼이었다. 그런데 당시 인삼은 '산삼'으로 자연산이었기 때문에 양이 제한되어 있었다. 수출을 위해서 대량으로 채취하다 보니 18세기 후반에 이르면 이미 품귀 현상을 빚게 되었다.

열하일기 熱河日記 조선 정조 때 박지원이 청나라를 다녀온 연행 일기

그와 관련해서 나타난 폐해 또한 적지 않았다. 도라지에 인삼 껍질을 입혀 위장한다든지, 인삼에 아연으로 된 심을 박아 무게를 늘리기도 했으며, 인삼의 실뿌리에 아교를 발라 속이기도 했다고 한다. 이처럼 가짜 산삼을 만드는 일이 발생했다. 정부에서는 금수품으로 인삼을 지정할 정도였다. 영조 28년1752년에는 사행 팔포에 잡물을 충당하도록 하고 이어 30년1754년에는 인삼을 은과 함께 금수품으로 지정했다.

시대의 흐름과 더불어 전통적인 동아시아 국제무역 역시 변모하지 않을 수 없었다. 19세기 말 근대세계체제에 편입됨으로써 밀려오는

서구 열강의 제국주의적 분할과 침략에 노출되기도 했다. 그것은 서세
동점西勢東漸 현상으로 요약될 수 있는 것이었다.

그와 더불어 종래의 조공 무역 역시 크게 변하지 않을 수 없었다.
수직적인 국제관계보다는 수평적인 국제관계가 근간을 이루었다. 그
주체는 근대 서구 사회에서 등장한 '국민 국가Nation State'에 다름 아니었
다. 그러한 국민 국가 형성에 실패할 경우, 비서구 사회에서는 식민지
로 전락해서 제2차 세계대전이 끝날 때까지 식민 모국의 상품 시장과
원료 공급지 역할을 해야만 했다.

그로부터 한 세기 반이 지난 오늘날, 그 형태는 달라졌을지 모르
지만 본질에서는 거의 다를 바 없는 '신자유주의Neo–Liberalism' 열풍이 강
하게 불고 있다. 지난날의 조공 무역에서는 국제관계 및 무역에서도
나름대로 격식과 예의를 갖추고 있었다. 상호 호혜적인 관계를 근간으
로 하는 쌍무적인 것이었지, 일방적으로 강대국의 경제적인 이익만을
추구하는 것은 아니었다.

현재 세계화와 자유무역은 더 이상 거스를 수 없는 대세다. 세계
적인 흐름을 따라가야 하는 것은 맞는 일이지만, 그렇다고 해서 무조
건 아무런 준비 없이 즉각적으로 문호를 개방하는 것만이 능사는 아닐
것이다. 그 대상 국가와 시기 등에 대해서 보다 조심스레 접근할 필요
가 있다고 하겠다.

백성의 의견을 물어 실시한
조선시대판 뉴딜 정책

지난 역대 대통령 선거에서 가장 두드러진 이슈 중의 하나는 '경제' 문제였다. 더 힘들어진 민생 문제를 어떻게 해결할 것인가 하는 것이었다. 심지어 지난 IMF 시절보다 더 살기 어려워졌다는 이야기로 들려온다. 그야말로 한국형 뉴딜 정책이 필요하다는 얘기가 나오기 시작했다. 그래선지 대통령 선거에 나섰던 후보들은 실업 문제, 특히 청년 실업과 관련해서 고용 창출, 일자리를 마련하겠다는 공약을 너나 할 것 없이 내세웠다.

이미 지난 17대 대통령 선거 결과가 말해 주었듯이, 국민들이 한나라당 이명박 후보에게 많은 표를 던져 준 데에는 여러 가지 원인이 있겠지만, 이 후보가 내세운 '경제 대통령'이란 구호 역시 한몫했을 것으로 여겨진다. 많은 유권자들에게는 다소 거시적인 '민족'과 '통일' 담론보다는 하루하루 먹고사는 '민생'과 '경제' 담론이 피부에 더 와 닿았다고 해도 크게 무리는 없을 것이다.

언제나 그렇지만, 정부가 힘써 해결해야 할 현안들 중에서 가장 유념해야 할 것은 역시 경제 분야, 특히 일반 서민들이 먹고사는 것과 직결된 민생 문제라는 점에 대해서는 그 누구도 부인하기 어려울 것이다. 그러면 정부에서는 과연 어떻게 해서 서민들의 적자투성이 가계를 바로잡을 것이며, 또 그들의 주름진 얼굴을 펴게 할 수 있을 것인가.

조선시대 전환기의 하나로 손꼽히는 영조 대로 날아가 조정에서 갑작스레 늘어난 한성의 빈민층을 어떻게 구제했는가, 그리고 어떤 대책을 마련했는가 하는 점에 초점을 맞추어 보기로 하자. 보다 구체적으로는 민생 문제를 나름대로 해결하기 위해 조선시대판 뉴딜 정책으로 부를 수 있는 청계천 준설 공사를 어떻게 구상하게 되었으며, 또 실행했는지에 대해서 살펴보고자 한다.

오늘날 청계천의 원형이 만들어진 것은 태종 때의 일이다. 태종 7년1407년 5월 27일 큰비가 내려 한성의 개천이 모두 넘치는 사건이 발생했다. 근본적인 대책 마련을 위해 태종 11년1411년 윤12월 14일 개거도감開渠都監 조선 초기 한성의 개천을 다스리기 위한 임시 관청을 설치하고 대규모 개천 공사를 시작했다. 하천을 파는 역사는 이듬 해1412년 1월 15일 끝났다. 청계천은 신도시 한성의 근간을 이루게 된 것이다. 그 후 성종 때에는 개천가에 버드나무를 심어 수해에 대비하기도 했다.

그런데 17세기 이후, 한성의 인구가 늘어나기 시작했다. 현종 13년1672년 한성부에 등록된 호구의 수는 2만 4,800호, 인구는 19만 2,154명남자 9만 8,713명, 여자 9만 3,441명. 그런데 당시 8도 전체 호수는 117

만 6,917호로, 인구는 469만 5,611명남자 254만 1,552명, 여자 215만 4,059명이었다. 숙종 43년1717년에 이르러서는 한성의 호수가 3만 4,191호로, 인구 역시 23만 8,119명으로 나타났다. 호적상의 누락이나 잘못된 부분을 감안하더라도, 45년 사이에 3만 5천여 명이 늘어난 것이다.

이는 무엇보다 전국적인 대기근으로 인해 지방의 인구가 대거 유입되었기 때문이다. 일정한 직업 없이, 하루하루 날품을 팔거나, 걸식을 하거나, 경강 변에서 하역 작업을 도와주면서 근근이 살아가는 사람들이 많이 생겨난 것이다. 그들은 이른바 도시 빈민층으로 새로운 계층을 형성하게 되었다. 그 자체가 사회 문제가 된 것이다. 당시 실록의 기록을 보면, 진휼청에서 기민을 구제한다는 말을 듣고 날마다 모여드는 자가 3천 명이나 되었다 한다숙종 43년 2월 18일.

조정으로서는 백성을 진휼賑恤하는 것, 즉 먹여 살리는 것이 급선무였다. 그래서 영조는 진휼청에, 통영에서 관장하는 곡미 1만 석과 벼 5만 석을 나눠 주어 굶주린 백성들을 구제하여 살리라고 명했다. 이때에 진휼청 창고에 저축한 것이 탕진되었기 때문에 이송하라는 명령이 있었던 것이다영조 1년 11월 2일.

영조 5년1729년 2월 20일, 영조는 대신과 비변사 당상관을 인견하고 평안도 감영의 돈 10만 냥을 진휼청으로 올려 보내라고 명했다. 우의정 이태좌는 지금 서울과 지방의 창고가 모두 비었으니 마땅히 돈을 더 주조하여 곡식과 바꿀 것을 제안했다. 이에 대해 영조는 "돈을 더 주조한 훗날의 폐단을 어찌할 것인가?"라고 반문하며 윤허하지 않았다. 환율이 급락하여 수출 호조에 적색경보를 발하게 되자, 한국은행에서 화폐를 더 찍어 환율 방어를 하도록 하는 오늘날의 정부 조치가 떠오른다. 영조의 "훗날의 폐단을 어찌할 것인가?" 하는 반문은 지금도 한 번쯤 되새겨 볼 만하다.

도시 빈민층의 유입은 줄어들지 않았다. 경기·황해·강원 세 도의 유민으로 도성에 들어온 자가 1천 4백여 명에 이르렀다영조 17년 3월 26일. 영조는 백성을 안집安集시키고 구제하지 못했다 하여 세 도의 책임자들을 징계하도록 명한 다음, 진휼청으로 하여금 죽을 끓여 그들을 구제하게 했다. 하지만 안타깝게도 기근은 계속되었다. 황해도 지방에 흉년이 들자, 영의정 김재로의 진언에 따라 환상곡還上穀 3천여 곡에서 아직 갚지 못한 것을 정지하라고 했으며, 포항의 곡식 1만 곡을 운송하여 굶주린 백성을 진휼하도록 했다영조 17년 8월 5일.

또한 영조 17년1741년 3월 11일 좌의정 송인명이 "도성에 떠돌아다니며 빌어먹는 자가 매우 많으니 오부五部 한성부에 설치한 행정 구역 및 관청으로 동·서·남·북·중부의 5부로 나누었다의 관원으로 하여금 친히 살펴서 내려가기를 자원하는 자는 양식을 주어 보내고, 떠나기를 좋아하지 않는 자는 진휼청으로 하여금 돌보기를" 요청하였다. 이에 영조는 "백성들의 사정이 이와 같은데, 군왕이 그것을 듣고서 떠날 사람은 떠나게 하고 머물 사람은 머물게 하는 것이 옳겠는가. 떠나기를 원치 않는 자는 돌보아 진휼하도록 신칙하라"고 명하였다. 좌의정은 한성으로 몰려드는 기민들에 대해서 돌려보내기를 제안했지만, 영조는 군왕으로서 그들을 불쌍히 여겨 머물 사람은 머물게 하여 진휼하도록 명한 것이다.

도시 빈민층이 늘어나게 되자 그에 비례해 하수량 자체가 늘어났

고 백악과 남산 일대의 수목이 땔감용으로 마구 남벌된 데다가, 일부가 경지로 개간됨으로써 토사의 유입량이 지속적으로 늘어났다. 게다가 홍수로 인한 청계천의 범람 역시 문제가 되었다. 더 이상 그냥 내버려 둘 수가 없게 됐다. 영조는 여러모로 궁리한 끝에 청계천 준설 공사를 지시했다. '준설濬渫'이란 하천 밑바닥에 있는 흙을 파내고 수로를 직선으로 변경하며 하천 양안에는 석축을 쌓는 작업을 말한다.

영조 27년1751년 예조참판 홍봉한이 성첩을 쌓을 것과 성중의 개울을 소통시킬 일에 대하여 아뢰었다.

성중城中의 개울이 거의 모두 막혀서 매년 여름 장마철을 당하면 개울가에 사는 백성들이 피난 갈 준비를 하지 않는 이가 없으며, 더러는 물에 빠져 죽는 자가 발생하기도 하니, 만일 한성부로 하여금 방민坊民과 삼군문三軍門을 출동시켜 힘을 합치게 한다면 막힌 것을 뚫을 수 있을 것입니다.

『영조실록』 27년 11월 10일

그러자 영조는 이듬해 봄에 소통시켜 뚫을 것을 명하고, 그에 앞서 물력과 기계를 미리 갖추도록 하였다.

영조 28년1752년 1월 27일, 영조는 광통교에서 시냇가에 있는 백성들을 불러 시내를 파는 것에 대해 의견을 물어보았다. "나는 민력民力을 거듭 지치게 할까 걱정하였다. 그런데 이제 보건대, 막혀 있는 것이 이와 같고 또 성을 지키려면 시내를 파내는 것이 더더욱 급선무이다. 그대들은 어떻게 생각하는가?" 백성들이 대답하기를 "신 등이 어렸을 적에는 기마騎馬가 다리 아래로 지나가는 것을 보았습니다만, 지금은 다리와 모래가 서로 맞닿게 되었습니다. 전에 일꾼을 동원하여 깨끗이 쳐내었는데, 세월이 오래되어 막힌 것이 또 이렇게 되었습니다" 하였다.

그러자 영조가 다시 물었다. "큰 다리가 이러하니, 작은 다리가 어떠한지는 미루어 알 수 있다. 태종 조에 성을 쌓은 것은 후손들에게 폐를 끼치는 일이 없게 하기 위해서였던 것이니, 나는 다시 백성들을 수고롭게 하고 싶지 않다. 그러나 이제 보건대 다리가 막힌 것이 이와 같으니 쳐내고 싶다. 그대들은 그렇게 하기를 원하는가?" 백성들이 일제히 대답하였다. "이는 모두 백성을 위하는 일이니, 누가 감히 따르지

조선의 무역과 경제

않겠습니까?"

　그러니까 영조는 대역사를 착수함에 앞서 백성들의 의견을 널리 직접 듣고자 했던 것이다. 뛰어난 임금으로서의 일면을 엿볼 수 있다. 하지만 준설 공사가 곧바로 시행되지는 않았다. 영조 35년1759년 10월 6일, 홍봉한·이창의·홍계희를 준천濬川 개천을 파서 쳐냄 당상으로 삼고, 그 절목을 세우도록 하였다. 이어 8일, 구석복을 좌윤으로 삼고, 우윤 박상덕과 함께 형지形止를 살펴보고 아뢰도록 명하였다. 다음 날 구선복이 준천도를 올렸다.

　며칠 뒤 영조는 명정전 월대에서 준천 당상과 오부 방민을 소견하고 준천에 대해 하교하였다. "도랑을 파내는 것은 오직 백성을 위함이니 한번 호령하여 시행하는 데에 지나지 않으나, 이런 등속의 큰 역사는 즉위한 뒤에 처음 있는 일이다. 절목을 정한 후에 음식이 달갑지 아니하고 잠자리도 편치 못하였으니, 역시 너희들을 위한 일이기 때문이다. 이것은 군사의 행진과 달라서 비록 친히 판삽鍤판과 가래 따위을 잡고 여러 사람을 용동聳動하려고 하나 역시 마음대로 되지 않는다. (중략) 일하러 가고자 하는 자는 자원하여 해당 부部에 성책하고 나에게 아뢰면 그 많고 적음을 보고 그 임금의 정성스럽고 정성스럽지 못한 것과 그 백성의 즐거워하고 즐거워하지 않는 것을 알 수 있다. 만약에 불편한 마음을 가졌다면 각기 생각한 바를 진달하고 억지로 따르거나 물러가지 말도록 하라" 하니, 백성들이 대답하기를 "어찌 불편한 마음이 있겠습니까? 자원하여 성책하도록 하겠습니다" 하였다영조 35년 10월 9일. 1달 만에 준설 작업에 자원하여 성책한 자가 1만여 명을 넘었다영조 35년

11월 20일.

　　실제 공사는 영조 36년1760년 2월에 시작하여 4월에 끝났다. 준설의 역사에는 수많은 역민이 동원되었으며, 경비 역시 많이 소모되었다. 영조는 준설 공사가 백성을 위한 것이기는 하나 백성의 힘을 괴롭힐 수 없다 하여, 수만 민緡 동전 1천 닢을 꿴 한 꾸러미을 내어 일꾼을 사서 쳐내게 하고 재촉하지 말라고 했다.

　　또한 준천 효과를 지속하고 오물이나 모래가 쌓여 수로가 막히는 피해를 없애기 위해 준천사濬川司라는 상설 기구를 설치하고, 병조판서, 한성판윤, 삼군문의 대장으로 준천 당상을 겸하게 했다. 또한 도

청, 낭청 각 1명을 두어 해마다 준천하는 것을 상규로 삼았다. 그것도 가능하면 춘궁기에 준설 작업을 하도록 했다.

청계천 준설 공사를 마친 뒤 영조는 준설 과정, 재원, 인력 충원 방법 등에 대해서 자세하게 적은 『준천사실瀋川事實』과 『준천소좌목瀋川所座目』도 편찬하도록 했다. 그 책자에는 준천소 관원의 명단과 거기에 동원된 인력에 관한 사항까지 자세하게 기록되어 있다.

청계천 준설 작업에는 20만여 명이 참가했으며, 일반 요역 국가에 의무적으로 제공하는 노동력과는 달리 그들 중에서 6만여 명이 일당을 받는, 이른바 일용직 근로자들이었다고 한다. 그들에게는 일당이 지급되었

영조 어진 1694년 ~ 1776년
청계천을 준설하여 조선시대판 뉴딜정책을
실시하였다.

다. 그런 측면에서 본다면 청계천 준설 공사는 도시 빈민들에게 일자리를 제공하는 일종의 조선시대판 뉴딜 정책이었던 셈이다. 우리는 한성에 모여든 수많은 빈민들을 먹여 살리기 위해 마침내 고용 창출을 위한 국가적인 대역사를 일으킨 영조의 국가 운영을 위한 고뇌와 백성을 사랑하는 마음의 일단을 읽을 수 있지 않을까 한다.

그 외에도 영조는 서민들의 조세 부담을 경감시키는 균역법均役法역을 균등하게 지게 하는 법. 양인이 2필씩 부담하던 군포를 1필로 줄이고 부족한 경비를 다른 세원을 통해 보충하도록 함을 시행했다. 그 자신 스스로 검약 생활을 실천하는 서민 군주이기도 했다. 이는 왕세제로 책봉1721년되기 전까지, 궁 밖의 사가私家에서 18세부터 십여 년간 살면서, 일반 백성들의 생생한 삶의 모습을 두 눈으로 직접 보았던 것과도 무관하지 않는 것으로 보인다.

일찍이 전국시대를 살았던 맹자는, 백성들은 일정한 생업, 다시 말해서 경제적인 기반이 없으면無恒産 항상 변하지 않는 마음을 가지기 어렵다無恒心는 것을 강조하였다『맹자』 양혜왕상편. 예나 지금이나 사람들에게 안정된 생활을 보장해 주는 것이야말로 정치의 근간을 이루고 있다는 점에서는 다르지 않다. 며칠을 굶은 사람에게 염치를 기대할 수는 없을 것이다. 정작 중요한 경제, 특히 민생 문제를 한쪽으로 제쳐놓고서 여러 정파들이 소모적인 정쟁을 계속한다면, 국민들의 마음은 점점 더 얼어붙지 않을까.

지난 2008년 2월 이명박 정부는 '국민성공시대를 열어가는 실용 정부'를 표방하면서 「서민생활 직결 5대 정책 공약」으로 ① 민생 경제 살리기 대책 추진, ② 일자리 창출 및 청년 실업률 절반으로, ③ 서민

세금 부담 경감, ④ 서민 생활비 부담 30% 절감, ⑤ 주민 주거 안정 등을 내세웠다.

2013년 2월 새로 출범한 박근혜 정부는 '국민 행복, 희망의 새 시대'라는 국정 비전을 제시하면서 '신뢰받는 정부'가 되겠다고 했다. 이를 위한 5대 목표로 ① 일자리 중심의 창조경제, ② 맞춤형 고용·복지, ③ 창의교육과 문화가 있는 삶, ④ 안전과 통합의 사회, ⑤ 행복한 통일시대의 기반구축을 내세웠다. 5가지의 목표와 추진 기반에 대한 전략을 수립하고 세부적으로 140대 국정 과제를 설정했다.

어느 정부에게나 민생 문제는 제일 먼저 풀어야 할 과제이며, 또 그만큼 절실한 사안이라 하겠다. 한 사람의 국민으로 우리의 경제 사정, 특히 서민들의 민생 문제가 하루빨리 좀 더 나아질 수 있기를, 그리고 청년 실업 문제가 해결될 수 있기를 바라는 마음 간절하다.

고위직 임명의
걸림돌이 된 축재

2007년 12월 대통령 선거가 한창일 때의 일이다. 이명박 후보자는 자신이 살 집 한 채만 남기고 전 재산을 내놓겠다는 선언을 했다. 그래서 어려운 분들에게 도움이 되었으면 좋겠다는 것, 그들이 희망의 끈을 놓지 않고 가난이 대물림되지 않도록 하는 데 쓰였으면 한다는 뜻을 밝혔다. 대통령 당락에 관계없이 그 약속을 지킬 것이라 했다. 대통령에 취임한 뒤 2009년 7월 장학복지재단인 청계재단을 설립하여 일부 부동산과 동산을 제외한 재산의 상당 부분을 기부했다.

고위 공직에 있거나 임명될 후보자들의 재산이 공개되면 사람들은 다들 그 재산 규모에 놀라곤 한다. 더러 예외도 없지는 않지만 대부분 상당한 재산을 보유하고 있기 때문이다. 그럴 때마다 공직자 하면 '청빈淸貧'부터 생각하는 국민들로서는 저들은 도대체 무엇을 어떻게 해서 저렇게 많이 벌었나 하는 부러움과 의혹이 동시에 일어나곤

하는 것이다.

예나 지금이나 일반 시민들, 더욱이 샐러리맨들로서는 먹고 살고, 애들 잘 키우고, 그리고 자기 집 하나 장만하는 것이 소박하나마 절실한 바람으로 되어 있다. 교통비나 장바구니 물가 인상에 신경 쓰는 사람들에게 갑작스레 폭등하는 강남의 집값이나 미친 듯이 부풀려지는 부동산 가격은 또 다른 세상의 모습이라 하겠다. 각종 부과되는 세금 역시 수입원이 투명한 봉급생활자들을 정조준하듯이 부과되고 있지 않은가. 핵심은 역시 부동산이라 하겠다.

지금까지 수없이 바뀌어 온 부동산 대책 역시 결과적으로 보면 그야말로 '대책'이 아니라 오히려 은근히 집값이나 부동산을 부추기지나 않았는지 하는 우려도 드는 것이다. 그런 측면에서 부동산 종합 대책의 일환으로 내놓은 '종합부동산세' 2003년 가 우리의 관심을 끌기에 충분했다. 지방자치단체가 부과하는 종합토지세 외에 일정 기준을 초과하는 토지와 주택 소유자에 대해서 국세청이 별도로 누진세율을 적용해 국세를 부과한다는 것이다.

주택의 경우에는 국세청 기준시가로 9억 원 초과, 나대지裸垈地의 경우에는 공시지가로 6억 원 초과, 빌딩·상가·사무실 등의 부속 토지의 경우에는 공시지가로 40억 원을 초과하는 경우 해당되었으며 2005년, 2006년부터는 과세대상자가 주택의 경우에는 기준시가로 6억 원 초과, 나대지의 경우에는 공시지가로 3억 원 초과로 변경되었다. 또한 개인별로 합산해 부과되던 것이 세대별로 합산해서 과세되었다.

2008년에는 개편안이 발표되어 과세 기준이 기준시가 6억원에서 9억원으로 상향 조정되고 세대별 합산 대신 개인별 합산으로 변경되었다. 쟁점이 되고 있는 종합부동산세와 관련해서도, 수정 보완책을 마련했다. 예컨대 1가구 1주택자가 집을 10년 이상 보유하면 종합부동산세를 거의 면제해 주는 선까지 낮춘다거나, 만 65세 이상 고령자의 경우 소득이 일정 수준 이하면 감면해 준다는 식이다. 이러한 기준을 둘러싼 격렬한 찬반 논란이 있었으며, 지금도 완전히 마무리되지는 않았다.

그러면 조선시대에는 개인 재산과 조세 문제를 둘러싸고 어떤 사정이 있었을까? 유교적인 문화에 젖어 있던 공직자들의 축재 여부, 그리고 공물貢物 특산물을 둘러싼 폐단과 보완책, 정부에서 시행한 금난전권禁亂廛權 폐지 등의 경제 정책에 대해서 살펴보고자 한다.

성종은 9년1478년 2월, 문신 겸 학자인 정인지鄭麟趾 1396년 ~ 1479년를 삼로三老에 임명하려고 했다. 삼로는 연륜이 높은 신하를 왕의 스승처럼 예우하던 제도이다. 대단히 명예스러운 자리라 하겠다. 그런데 문제가 생겼다. 정인지가 이재理財에 밝아 상당한 재산을 소유하고 있다는 점이었다.

이에 조정 대신들의 논의가 분분했다. 2월 20일 사헌부 장령掌令 박숙달朴叔達은 "정인지는 성품이 본래 이利를 탐해서 날마다 산업産業을 일삼고 그 인근 사람의 집을 다 빼앗아 가졌으니, 만일 정인지를 삼로로 삼으면 신은 후세에 비난을 남길까 두렵다"고 반대했다.

하지만 영사領事 한명회韓明澮는 정인지를 옹호했다. "다만 정인지

| **상평통보** 1678년부터 조선 말기까지 사용된 조선시대 법화法貨

가 장리長利한다는 것을 들었을 뿐이고 재산을 불린다는 것은 듣지 못하였습니다. 만일 장리하는 것을 재산 불리는 것이라고 하면, 지금의 조사朝士로서 누구인들 재산을 불리는 자가 아니겠습니까? 또 그 이웃집은 각각 자신들이 원해서 서로 매매하였는데 무슨 불가함이 있겠습니까?"

논의의 흐름을 보면 대체로 정인지에 대해 연로한 신하들은 우호적인 데 반해 젊은 신하들은 불가함을 주장하는 편이었다. 성종은 "비록 장리長利가 있더라도 백성을 해치지 않는다면 재산을 불렸다고 할 수 없고, 비록 이웃집을 아울러 차지하더라도 자신들이 원해서 서로 매매한다면 또한 무슨 허물이 있겠는가? 하물며 정인지는 여섯 조정

조선의 무역과 경제

에 벼슬하여 공功이 중대하고 또 큰 허물이 없음에랴? 전하여 들은 말로 경솔히 논의함은 불가하다"고 하면서 정인지를 옹호하기도 했다.

하지만 정인지를 비판하는 간언이 잇달았으며 경연 자리에서도 그 이야기가 나왔다. 정인지의 아들 하성부원군河城府院君 정현조鄭顯祖가 아비의 봉장封章 상소을 가지고 와서 사정을 설명했다. 핫이슈였던 셈이다. 정인지 본인은 상소에서 다음과 같이 해명하면서 결백함을 주장하였다.

신은 학문을 제대로 배우지 못하여 학문의 깊이도 없으면서 성상의 은혜를 과분하게 입어서 재상에 제수되어, 사철의 녹을 받고 공신전功臣田에서 세稅를 거두고 스스로 조금 농사를 지으므로, 조석의 공급이 빚지는 데에는 이르지 않았을 뿐이고, 참으로 중외中外에서 조금이라도 영리營利한 일이 없습니다. 지금 대간이 신의 죄과를 주워 내어 재산을 불리었다고 하는데, 신의 재주가 용렬하여 성상의 물음에 만에 하나라도 응하지 못할 것이므로 신은 차라리 내심으로도 생각지 않았습니다. 그러나 대간이라는 것은 의리가 당연히 말을 바르게 하고 논의를 바르게 해서 풍속을 바르게 해야 하는 것인데, 참소하여 죄를 꾸미고 없는 사실을 만들어 함정에 빠지게 해서 사사로운 분심憤心을 쾌하게 해서는 안 될 것입니다.

성균관 유생이 상소한다는 말은 과연 옳은지 알지 못하겠으나, 직접 보지 못한 일로 우러러 군부를 속이니 또한 어찌 신하로서의 예라고 하겠습니까? 지금 신의 집에 모아 둔 포화布貨가 얼마이며 쌓아 둔 곡식이 얼마인가를, 유사攸司 해당 관청에 회부하여 신의 집을 철저히 탐색하게 하소서. 신이 만일 속였으면 죄를 달게 받아 사양하지 않을 것이고, 저들이 만일 속였으면 또한 죄를 다스려야 할 것입니다.

『성종실록』 9년 2월 21일

하지만 사관 역시 "정인지가 아들과 딸이 나가서 살 때에는 반드시 은독銀甕을 만들어서 주니, 지극한 부자가 아니고서야 능히 그렇게 할 수 있을까?"라고 한 것을 보아 엄청난 부자였음에는 분명하다고 하겠다. 대간에서는 계속해서 불가함을 빗발치듯 간언했다.

그러면 그 사안의 결말은 어떻게 지어졌을까? 다음 『연산군일기』 기사를 보면 정인지는 삼로三老 연덕年德이 높은 신하를 예우하던 제도에 임명되지 못했음을 알 수 있다.

지평 신복의가 아뢰기를 "양성지梁誠之는 탐오貪汚하다 해서 대사례大射禮에 참예하지 못했으며, 정인지는 재물을 모았다 해서 삼로오경三老五更에 참예를 못했습니다. 그런데 지금 이창신李昌臣은 심술이 부정함이 탐오하고 재물 모은 데에 비할 바 아니온즉, 청컨대 빨리 강서관講書官의 소임을 바꾸옵소서" 하니, 왕이 따랐다.

『연산군일기』 4년 3월 26일

부정한 방법으로 축재한 것은 아니지만 많은 재물을 모았다는 것 자체가 자랑스러운 덕목은 아니었다. 명예로운 자리에는 어울리지 않는다는 것. 유교 사회에서 공직자의 청렴성을 얼마나 강조했는지 알 수 있는 대목이라 하겠다. 그가 죽었을 때 사관은 이렇게 논평하고 있다.

정인지는 성품이 검소하여 자신의 생활도 매우 박하게 하였다. 그러나 재
산 늘리기를 좋아하여 여러 만석萬石이 되었다. 그래도 전원田園을 널리 차
지했으며, 심지어는 이웃에 사는 사람의 것까지 많이 점유하였으므로, 당
시의 의논이 이를 그르다고 하였다. 그의 아들 정숭조는 아비의 그늘을 바
탕으로 벼슬이 재상에 이르렀으며, 재물을 늘림도 그 아비보다 더하였다.

『성종실록』 9년 11월 26일

다음으로는 조선시대 백성들이 부담해야 했던 조세에 대해서 보기
로 하자. 그에 해당하는 것으로는 토지에 대한 세금인 전조田租, 노동력
을 제공하는 요역徭役, 그리고 특산물을 바치는 공물貢物이 있었다.

전조는 과전법 당시에는 1결당 최고 30두로 정했는데 대략 수확의
10분의 1에 해당하는 것이었다. 그러나 흉년이 들면 그 정도에 따라 세
액을 낮추기로 했다. 요역은 16세 이상 60세 미만의 남자가 지는 노동
력 제공으로 법제상으로는 8결의 토지에서 1명의 요역자를 내도록 했으
며, 1년간 6일을 넘지 못하게 했다. 하는 일은 주로 토목공사와 공물 운
반, 짐 운반 등이었다. 실제로는 규정 이상의 일이 많았다.

그런데 조세 중에서 가장 부담스러웠던 것은 공물이었다. 공물
은 지역의 특산물을 국가에 무상으로 바치는 것이다. 그런데 특산물
은 풍흉에 따라 기복이 심하고, 절산絶産되는 경우도 있어 문제가 되었
다. 예컨대 궁중에서 약으로 사용한 사다새물새의 하나의 경우 전라도 해

변에서 더 이상 생산되지 않았다명종 1년 12월 9일. 더욱이 지방 관아에서 필요한 물품을 미리 사들이고 그 대가를 뒤에 농민에게 비싸게 받아내는, 이른바 방납防納의 폐단이 발생했다. 방납제의 모순은 조선시대 가장 큰 사회 문제들 중 하나가 되었다. 다음의 실록 기사는 이를 말해 준다.

"공물을 방납하는 폐단이 날로 더욱 외람되어져 본토에서 생산되는 물건이라도 모리배가 먼저 자진 납부하여 본 고을에서 손을 쓸 수 없게 만듭니다. 행여 본색本色을 가지고 와서 납부하는 자가 있으면 사주인私主人들이 백방으로 조종하여 그 물건이 좋은 것이라고 하더라도 퇴짜를 놓게 하고 결국은 자기 물건을 납부하도록 도모했으며, 값을 마구 올려 10배의 이익을 취하니 생민의 고혈이 고갈되었습니다.

이익의 길이 한 번 열리자 소민만 다툴 뿐 아니라 세가, 귀족도 공공연히 대납하는 것은 물론 간혹 사대부의 집안에서도 장사꾼과 더불어 납부를 도모하고 이익을 나누면서 부끄러운 줄을 모르니 이미 고질적인 폐단이 되었습니다.

만약 법금을 거듭 밝혀 통렬히 개혁하지 않는다면 그 폐단은 이루 다 말할 수 없을 것입니다. 바라건대 지금 이후는 각도 관찰사로 하여금 월령月令을 상고하여 시기에 임박하여 간품看品해서 각별히 선정하게 하고 차사원이 직접 받아오면 해당 관원이 대감臺監과 함께 입회하여 거두어들이되, 그 사이에 간혹 방납했다가 탄로된 자가 있으면 조관朝官은 장오죄贓汚罪로 논하고 장사꾼은 법전에 따라 전가사변全家徙邊시키소서" 하니, 아뢴 대로 하라고 답하였다.

『선조실록』 40년 10월 3일

때문에 임진왜란 후인 광해군 즉위년1608년에는 그 폐단을 시정하기 위한 대동법大同法이 경기도에서 처음으로 시행되었다. 특산물 납부가 면제되는 대신에 대동미大同米라는 이름으로 1결당 쌀 12두를 내도록 했다. 산간 지방에서는 미곡 대신에 포布나 돈을 받기도 했다. 관할관청인 선혜청宣惠廳에서는 징수한 쌀·포·돈을 공인貢人이라는 상인에게 지불하여 관청 수요품을 조달하게 했다. 그후 지역이 점차 확대하여 숙종 34년1708년에는 평안도와 함경도를 제외한 전국에서 실시되었다.

그와 더불어 공인들은 막대한 부를 축적할 수 있었으며, 상품 유통이 활발해져 공인의 주문에 따라 생산하는 수공업이 활기를 띠게 되었다. 그리하여 조선 후기에는 상품화폐경제의 발전과 더불어 도시를 중심으로 난전亂廛도 발달하게 되었다. 난전이란 상업 발전과 더불어 성장한 사상인들이 상행위를 하여 '시전市廛' 중심의 상업 구조를 어지럽힌다 하여 붙여진 이름이다.

조선은 건국 초기부터 국역을 부담하는 육의전六矣廛 입전立廛·면포전綿布廛·면주전綿紬廛·저포전紵布廛·어물전魚物廛·지전紙廛과 시전 상인에게 상품을 독점 판매할 수 있는 특권을 부여해 주었다. 그 이외의 상인들이 마음대로 상행위를 하면 난전이라 하여 금지시킬 수 있었다.

그러나 도시의 인구가 늘어나고 상업이 발전하면서 한성에서는

종로 육의전 六矣廛 왕실 국가 의식의 수요를 도맡아 공급하던 여섯 종류의 어용 상점

시전 상가 외에 남대문 밖의 칠패七牌와 동대문 근처의 이현梨峴 등에 새
로운 시장이 형성되고 거리마다 난전이 생겨 시전의 전매품을 판매하
게 되었다. 비교적 큰 자본을 가진 사상도고私商都賈는 서울 외곽의 송
파·동작진·누원점지금의 경기도 양주 등에서, 각 지방에서 올라오는 상품을
매점하여 난전 상인에게 넘김으로써 난전의 활동이 더욱 활발하게 되
었다. 다음의 기사는 이러한 난전의 유행을 말해 준다.

남대문 밖 칠패에서 난전하는 부류들은 동쪽의 누원 점막이나 남쪽의 동
작진에서 남북으로부터 서울로 올라오는 어물을 모두 차지하여 칠패 난전
에서 도성 내 중도아중간도매상를 불러들여 날마다 난전한다. 그러므로 여기

조선의 무역과 경제

서 물건을 떼어 간 사람들은 남자는 싸리장에, 여자는 나무바가지에 담아 길거리에서 행상하는 것이 일반화되었다.

『각저기사』

육의전을 비롯한 시전 상인은 정부로부터 난전을 금지하는 금난전권을 얻어 난전에 압박을 가했다. 하지만 거세게 흘러가는 세태의 흐름을 막을 수 없었다. 마침내 정조 15년1791년 육의전을 제외한 나머지 시전 상인의 상품은 자유롭게 판매할 수 있도록 허락했다. 서울의 난전이 공식 허용된 것으로 '신해통공辛亥通共'이라 부른다. 좌의정 채제공蔡濟恭의 다음과 같은 건의를 받아들인 것이다.

도성에 사는 백성의 고통으로 말한다 면 도거리 장사가 가장 심합니다. 우리나라의 난전을 금하는 법은 오로지 육의전六矣廛이 위로 나라의 일에 수응하고 그들로 하여금 이익을 독차지하게 하자는 것입니다. 그런데 요즈음 빈둥거리며 노는 무뢰배들이 삼삼오오 떼를 지어 스스로 가게 이름을 붙여 놓고 사람들의 일용품에 관계되는 것들을 제각기 멋대로 전부 주관을 합니다. 크게는 말이나 배에 실은 물건부터 작게는 머리에 이고 손에 든 물건까지 길목에서 사람을 기다렸다가 싼값으로 억지로 사는데, 만약 물건 주인이 듣지를 않으면 곧 난전이라 부르면서 결박하여 형조와 한성부에 잡아넣습니다. 이 때문에 물건을 가진 사람들이 간혹 본전도 되지 않는 값에 어쩔 수 없이 눈물을 흘리며 팔아 버리게 됩니다.
이에 제각기 가게를 벌여 놓고 배나 되는 값을 받는데, 백성들이 사지 않으면 그만이지만 만약 부득이 사지 않을 수 없는 경우에 처한 사람은 그 가게를 버리고서는 다른 곳에서 물건을 살 수가 없습니다. 이 때문에 그 값이 나날이 올라 물건 값이 비싸기가 신이 젊었을 때에 비해 3배 또는 5배나 됩니다.

근래에 이르러서는 심지어 채소나 옹기까지도 가게 이름이 있어서 사사로이 서로 물건을 팔고 살 수가 없으므로 백성들이 음식을 만들 때 소금이 없거나 곤궁한 선비가 조상의 제사를 지내지 못하는 일까지 자주 있습니다. 이와 같은 모든 도거리 장사를 금지한다면 그러한 폐단이 중지될 것이지만, 입을 다물고 있는 것은 단지 원성이 자신에게 돌아올까 겁내는 것에 지나지 않습니다.

옛사람이 말하기를 "한 지방이 통곡하는 것이 한 집안만 통곡하는 것과 어찌 같으랴" 하였습니다. 간교한 무리들이 삼삼오오 떼 지어 남몰래 저주하는 말을 피하고자 도성의 수많은 사람들의 곤궁한 형편을 구제하지 않는다면, 나라를 위해 원망을 책임지는 뜻이 어디에 있겠습니까? 마땅히 평시서平市署 시전과 도량형, 물가 등에 관한 일을 관장한 관청로 하여금 20, 30년 사이에 새로 벌인 영세한 가게 이름을 조사해 내어 모조리 혁파하도록 하고, 형조와 한성부에 분부하여 육전 이외에 난전이라 하여 잡아오는 자들에게는 벌을 베풀지 말도록 할 뿐만 아니라 반좌법反坐法을 적용하게 하시면, 장사하는 사람들은 서로 매매하는 이익이 있을 것이고 백성들도 곤궁한 걱정이 없을 것입니다. 그 원망은 신이 스스로 감당하겠습니다.

『정조실록』 15년 1월 25일

조선의 무역과 경제

금난전권의 폐지와 더불어 조선 후기 상품화폐경제는 한층 더 발전하게 되었다. 난전의 발전은 조선 후기 성장한 비특권적인 수공업자와 상인들에 의해서 시전 위주의 상업 구조가 허물어지던 도시 상업 발전을 보여 주는 것이라 하겠다.

십여 년 전의 일이다. 휴전선 근처에 갔다가 전망대에서 망원경으로 그 너머의 북쪽 땅을 신기하게 바라본 적이 있다. 그 지역에 만들어 세워 놓은 여러 선전 구호들 중에 유독 '세금 없는 나라'라는 것이 눈에 확 들어왔다. 같이 갔던 가족과 함께 많이 웃었던 기억이 새롭다.

오늘날 국가가 공적인 영역을 제대로 운영해 가기 위해서는 역시 국민들이 납부하는 '세금'이 없을 수는 없을 것이다. 심지어 고대 중국의 전국시대를 살았던 맹자는 생산량의 10분의 1 정도가 세금으로 적당하다는 얘기를 한 적이 있다. 그 비율보다 많아서도 안 되며 적어도 문제가 된다는 것이다. 정작 중요한 사안은 세금을 부과하는 적정한 기준과 균형성, 그리고 적실성이 아닐까 한다.

정부로서는 경제를 살려야 하는 중차대한 짐을 짊어지고 있다. 민생 문제를 해결해야 하며, 집값도 안정시켜야 하고, 일자리도 만들어 내야 한다. 대통령을 보좌하면서 국정을 이끌어 나가는 고위공직자들이 진정으로 국민을 위하는 지혜로운 경제정책을 마련해서 실행할 수 있기를 기대한다.

한성의 인구 과밀과
택지 개발

새삼스러울 것도 없는 이야기지만 서울은 이미 과포화 상태에 이르렀다고 해도 지나친 말은 아닐 것이다. 인구 집중으로 인한 주택과 주차 문제, 그리고 교통 과밀 문제 등을 생각하면, 서울 주변 내지 외곽에 신도시를 개발하자는 발상은 자연스러운 것이기도 하다. 지난 2005년에 판교 택지 개발과 신도시 건설로 나라 전체가 떠들썩했던 기억이 새롭기만 하다.

그러자 2008년 정부에서는 판교급 신도시를 더 개발할 것이라는 내용의 급기야 수도권 주택시장 안정대책을 발표하기도 했다. 현재 관심을 끌고 있는 신도시로는 '송파 신도시'로. 2013년 하반기 분양 중인 '위례 신도시'가 그것이다. 누구나 좋은 환경에 내 집을 마련하고 싶은 마음은 당연한 것이라 하겠다. 어떻게 해서든 내 집을 한번 가져 보리라는 꿈을 지녀온 서민들의 경우 새삼 말할 것까지도 없다. 택지

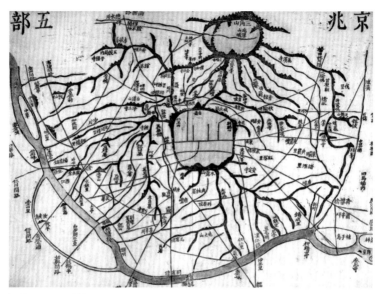

| **경조**京兆 한성부 **오부도**五部圖

개발과 신도시를 둘러싼 세태와 관련 문제들을 바라보면서 과연 조선
시대의 주택과 택지 문제가 어떠했는지에 대해서 살펴보자.

　　조선시대 한성은 지금과 같은 크기의 서울은 아니었다. 그럼에
도 도성 안, 그러니까 사대문 안에는 오늘날과 사정이 크게 다르지 않
았다. 한마디로 사람은 많은데 땅은 비좁다는 것. 자연히 거주지 문
제, 따라서 택지 부족 문제가 제기되지 않을 수 없었다.

　　때는 바야흐로 세종 6년1424년. 요즘과 크게 다를 바 없이 인구 과
밀 및 택지 부족과 관련해서 한성부 오늘날 서울특별시에서 보고를 올렸다.

"도성 안에 사람은 많고 땅은 비좁아서 집터를 받고자 하는 자는 딴 사람이 일찍이 받은 땅을 빈 터라 하고, 혹은 집 짓고 남은 땅이라 하여 온갖 방법으로 다투어서 송사가 끊어지는 날이 없습니다. 남대문 바깥 반석방과 반송방의 예에 의거하여, 동대문과 수구문水口門 바깥에 있는 집짓기에 적당한 곳을 본부에서 호조와 함께 살펴, 범위와 동네 이름을 정해서 집 없는 사람에게 떼어 주기를 청합니다" 이에 대해 세종은 허락하였다.

『세종실록』 6년 4월 18일

한성부는 그에 대한 구체적인 정책을 세종에게 보고했다.

"동대문과 수구문 밖의 개천 하류 이북의 땅을 동부東部에 부속시켜 2방坊행정 구역 명칭의 하나로 지금의 면에 해당으로 나누어 숭신崇信·창인昌仁이라 이름하고, 이남의 땅을 남부南部에 부속시켜 또한 2방으로 나누어 예성禮盛·성신誠身이라 이름하고, 집터를 원하는 자는 규정에 의하여 분할하여 주소서" 하니, 그대로 따랐다.

『세종실록』 6년 11월 14일

그러니까 집터를 원하는 사람들에게 동대문과 수구문 밖의 땅을 나누어 주도록 한 것이다. 그럴 수 있었던 것은 역시 모든 땅이 국가의 소유라는 왕토王土 관념이 있었기 때문에 가능한 것이었다. 토지 개발이나 택지 개발이라는 명목으로 이루어지고 있지만, 실은 정부의 땅장사와 다를 바 없다는 지적이 나오는 오늘의 현실과는 크게 대조적이라 하겠다.

그런데 백성들이 집짓기를 청원하고도 바로 허가 문서를 받아가 지 않는 자가 있어, 국가에서 행정 처리에 문제가 많이 생겼다.

한성부에서 보고하기를 "빈 땅에 집을 짓겠다고 청원을 한 자가 여러 달이 되어도 허가한 문서를 받지 않고 있다가 다른 사람이 다시 청원함에 미쳐 서는 대개가 먼저 신고를 냈다고 말을 하오니, 청컨대 지금부터는 청원한 후 3개월이 지난 자는 집을 짓지 않는 것으로 인정하는 예에 따라 다른 사 람에게 옮겨 주게 하소서" 하였다. 그러자 세종은 집짓기를 청원하고, 3개 월 동안 집을 짓지 않으면 청원을 취소하게 했다.

『세종실록』 11년 3월 11일

조선시대에는 왕실이나 관원들은 물론이고, 서민에 이르기까지 집의 규모가 일정하게 정해져 있었다. 세종은 예조에 다음과 같이 지 시했다.

대소 신민臣民의 가옥이 정한 제도가 없어, 이로 말미암아 서민의 가옥은 참람하게도 공경에 비기고 공경의 주택은 참람히 궁궐과도 같아서, 서로 다투어 사치와 화려함을 숭상하여, 위아래가 그 등위가 없으니 실로 온당 하지 않은 일이다. 이제부터 친아들·친형제와 공주는 50칸으로 하고, 대군 은 이에 10칸을 더하며, 2품 이상은 40칸, 3품 이하는 30칸으로 하고, 서민 은 10칸을 넘지 못하며, 주춧돌을 제외하고는 숙석熟石 다듬은 돌을 쓰지 말

것이다. 또한 화공花拱과 진채眞彩, 단청丹靑을 쓰지 말고 되도록 검소하고
간략한 기풍을 숭상하되, 사당이나 부모가 물려준 가옥, 사들인 가옥, 외방
에 세운 가옥은 이 제한을 받지 않는다.

『세종실록』13년 1월 12일

대군 60칸부터 서민 10칸까지 집의 크기에 차등을 두고 있었다.
이렇게 일정한 규격이 정해져 있었지만, 사당이나 부모가 물려준 가
옥, 사들인 가옥, 지방에 세운 가옥은 예외 조항이었다. 하지만 현실에
서 그 같은 법도가 그대로 지켜졌던 것 같지는 않다. 의정부에서 관원
집의 칸수와 단청 등의 남용을 규제하기를 청한 사례가 보인다.

의정부에서 아뢰기를 "각 관원의 품등에 따라 집의 칸수가 이미 정해져 있
는데, 오부의 관령管領들이 위세에 눌리거나 혹은 뇌물을 먹고서 그런 것을
숨겨 두고 보고하지 아니하니, 청하건대 한성부로 하여금 각 부에 공문을
보내고 불시에 규찰하게 하되, 그중에 관령으로 보고하지 아니한 자는 제
서유위율制書有違律 왕의 명령 위배에 대한 처벌법로 논죄하시옵소서. 또 개인의
주택에 진채로써 단청하는 것도 이미 전부터 금지한 것이니, 청하건대 이
법도 밝게 펴서 일체로 엄금하시옵고, 또 절을 그 옛터에 다시 세우는 것은
『속육전』조선 초기 법전에 의하여 반드시 관에 보고한 후에 중수하게 할 것
이고, 비록 이미 창건된 절이라도 그중에 고쳐서 지은 것이 있을 때는, 서
울에서는 한성부에 보고하여 예조에 이관하게 하고, 지방에서는 각기 관할
하는 관에 아뢰어 감사에게 보고한 뒤에 그 절의 개조를 허가하게 하며, 위

수선전도 首善全圖
1825년 경에 김정호가 제작한 것으로 전하는
서울시가도. 수선은 서울의 별칭이다.

반하는 자는 법률에 의하여 논죄하고, 지은 집은 다 허물어서 철거하도록
하소서" 하니 왕이 그대로 따랐다.

『세종실록』 24년 2월 15일

그러나 이 같은 규정을 정한 세종 대에서조차 엄격하게 지켜지지
는 않았던 듯하다. 세종 28년1446년 효령대군태종의 둘째 아들. 세종의 형의 호
화주택 건립 사건이 불거졌다. 이웃의 민가를 사들여 호화주택을 지
으려던 효령대군이 사헌부의 조사를 받게 되었다. 세종은 사헌부 지
평持平 정5품 유첨을 불러 "무엇을 근거로 하여 이를 하게 되며, 어찌 나
에게 보고하지 않는가?" 질책하였다.

유첨이 대답하기를 "신 등이 항상 연지동을 지나다니는데, 민가 10여 호가
있던 것이 옮겨 가고 텅 비어 있으므로, 본부에 공문을 보내어 까닭을 물
었더니, 부에서 보고하기를 '효령대군이 산 것입니다'라고 했습니다. 이에
집주인을 불러 물으니 모두 말하기를 '효령대군이 사람을 시켜 이르기를
내가 이곳에 집을 짓고자 하니, 네가 이를 팔아라 하고, 이내 나무와 돌을
운반해 오므로, 마지못하여 이를 팔고는 혹은 부모나 친척의 집에 의탁하
기도 하고, 혹은 다른 곳에 천막을 치고 거처합니다' 하니, 신 등이 이로써
백성들이 원하는 바가 아님을 알고 조사를 하게 되었습니다" 하였다.

『세종실록』 28년 3월 7일

세종은 "남의 집을 사서 집을 짓는 것은 사대부들도 하는데, 하

| **효령대군 초상** 태종의 둘째 아들1396년 ~ 1486년. 어머니는 원경왕후元敬王后 민씨閔氏이다.

한성의 인구 과밀과 택지 개발

물며 대군이 못하겠는가?" 하면서 효령대군을 옹호하였다. 이에 유첨은 "대군이 민가를 강제로 사서 굶주리고 추위에 떠는 사람들로 하여금 옮겨서 돌아갈 곳이 없게 하였으니, 매우 옳지 못한 일입니다"라고 지적하고, 종부시宗簿寺 왕실 족보의 편찬과 왕족의 비리를 규찰하던 관청로 하여금 추핵하기를 건의했다. 세종은 유첨의 건의가 못마땅하였던지 "집을 판 사람이 만약 원통한 바가 있으면 반드시 각기 소장을 아뢸 것이니 그때까지 추핵하지 말도록 하라"고 지시했다. 이에 대해 사관은 다음과 같이 기록하고 있다.

> 여러 대군들의 제택이 제도에 지나쳤으니, 한성부를 철거하고 평원대군平原大君 세종의 일곱째 아들의 집을 건축하면서 웅장하고 화려함을 극도로 하고, 또 안국방의 민가를 치워 버리고 장차 영응대군永膺大君 세종의 여덟째 아들의 집을 건축하려고 하니, 건축하는 비용이 이루 다 기록할 수가 없었다.
>
> 『세종실록』 28년 3월 7일

왕실이나 고관대작의 호화 주택으로 사회적 물의를 빚는 사건은 예나 지금이나 달라진 것이 없는 것 같다. 성종 24년1493년 5월 25일 사간司諫 사간원 종3품 정석견이 아뢰기를 "제군諸君과 옹주의 집을 짓는 일은 그만둘 수 없습니다. 그러나 조종 때의 제군이나 옹주의 집 담장을 보면, 지금처럼 넓고 크지 않았습니다. 터를 바치는 자가 있으면 국가에서 그 값을 넉넉히 주었으므로, 근방에 사는 자가 앞 다투어 바쳤습니다. 지금 한 왕자의 집터 값은 면포로 5천여 필이나 되니, 그

값이 적지 않습니다" 하였다.

중종 30년1535년 사헌부에서 다음과 같이 아뢰었다.

> 돈의문 안에 새로 지은 옹주의 집터가 상당히 넓은데도 행랑 밖에 있는 평
> 민 사냥손 등 6명의 집을 억지로 사들여 철거하니 원통하여 울부짖는 소리
> 가 밤낮으로 그치지 않아서 듣는 자가 놀라고 탄식하지 않는 사람이 없습니
> 다. 왕자와 옹주의 집터의 규정은 나라의 법전에 실려 있으니 선왕이 법을
> 세운 뜻이 지극히 원대하였습니다. 그런데 지금 제군의 집에서는 법전을 돌
> 아보지 않고 서로 사치를 다투어 집터 넓히기를 힘쓰므로 백성들이 편안히
> 살 수가 없어서 마침내 떠돌아 흩어지게 되었으니, 법전에 의하여 집터를
> 넓히지 못하게 하고 아울러 억지로 사들이지 못하게 하소서.
>
> 『중종실록』 30년 6월 7일

권문세가의 호화주택을 짓기 위해 백성들의 집을 억지로 사들여
철거하는 모습, 하루아침에 살 집을 빼앗기고 울부짖는 백성들의 모
습이 눈에 선하다. 그러다 보니 집값이 오르기도 했다. 오늘날 신개발
지역에서 어렵지 않게 볼 수 있는 서민들의 눈물과 반발, 그리고 집단
투쟁을 문득 연상시킨다고 하겠다. 그 같은 사태에 대해서 당시의 사
관은 다음과 같이 논평하고 있다.

> 사신은 논한다. 이때 왕자와 부마들이 다투어 가옥을 화려하게 하였으므
> 로 거리에까지 뻗쳐서 마치 별개의 궁전과 같았다. 그리하여 기내에 가까

운 진鎭의 병졸들은 징발에 지쳤고 관동關東의 여러 고을은 재목을 모으느라 시달려 잘 살아갈 수가 없었다. 처음 집을 지을 때에는 법전에 따라 지었으나 점점 잠식하여 들어가 근방의 집들을 침탈하여 기어이 흩어져 떠돌게 하므로 백성들도 어찌할 수가 없어서 관에 팔기를 청하게 되었으니, 자원했다고 하지만 실상은 억지로 사들인 것이다. 백성들은 감히 관으로 원망을 돌리지는 못하고, 처음 집을 판 사람을 탓하게 되었다.

대체로 세족世族으로서 크고 너른 집에 사는 사람은 팔기를 청해도 그 값을 배로 받기 때문에, 무식한 자들이 다투어 진상하여 장사꾼처럼 이익을 노린 것이다. 이 때문에 서울의 집값이 뛰어올랐으며, 감독하는 내시나 관원 집의 종들은 품팔이할 수 있는 것을 이롭게 여겨 품삯만 받고 어물어물 넘겼으므로 몇 해가 되어도 오히려 일을 마치지 못하였다.

상上 중종은 재위한 지 30년이 되었지만 한결같이 근검절약하여 선조의 궁궐을 넓히거나 개조하는 일이 없었고 비록 무너진 데가 있어도 또한 즉시 수리하지 않았다. 그런데 왕자와 부마들은 쉴 새 없이 집을 짓느라고 분주했기 때문에 백성들은 토목 공사에 시달림이 그칠 때가 없었다.

사대부의 집에서도 다투어 본받아 또한 웅장하게 꾸미기를 힘써 화려한 서까래와 높은 용마루가 곳곳에 즐비했는데, 선왕 때 재상의 집은 여기에 비교해 보면 마치 변소와 같았다. 수재守宰 지방의 수령과 정2품 이상의 관원와 진장鎭將 각 진영의 으뜸 벼슬 들도 매번 집짓는 재목을 벌채해서 뗏목과 배로 운반하여 권세가들에게 아첨하느라 동강東江과 서강西江을 메웠다.

『중종실록』30년 6월 7일

조선의 무역과 경제

서울의 과밀 인구와 심각한 주택 문제를 감안할 때, 판교를 비롯한 신도시 개발은 바람직한 정책이라 하겠다. 이에 힘입어, 오랫동안 내 집 마련의 꿈을 품어 온 많은 사람들이 자기 집을 가질 수 있을 것이다. 하지만 한 가지 묻고 싶은 것은, 아파트 분양을 신청하는 사람들 중에 실수요자들이 과연 얼마나 될 것인가 하는 것이다. 소박한 내 집 마련 차원이 아니라, '투자'도 넘어서 그야말로 '투기'처럼 되지나 않을까 하는 불안한 마음을 금할 수 없다.

　　신도시에 짓는 아파트 분양가와 시세 차익이 워낙 크다 보니, 경쟁률이 높아지는 것은 자연스러운 일이다. 당첨되는 그 순간 얻게 되는 프리미엄은 평범한 소시민들이나 월급쟁이로서는 상상을 넘어서는 액수가 될 것이다. 신도시의 아파트 분양 당첨을 로또에 빗대기도 하는 것 역시 그 때문이 아닐까.

　　2013년에는 부동산 매매 경기의 경색과 전세 값 상승이라는 부동산 시장의 불안정에 대응하기 위해서, 지난 8월 28일 부동산 종합 대책을 발표했다. 신정부 출범 이후 세 번째에 해당하는 대책이다. 성실하게 저축하면서 하루하루를 충실하게 살아가는 사람들의 가슴에 다시 한번 깊은 상처를 안겨 주는 일은 없었으면 좋겠다.

수뢰자의 아들
과거 응시 자격 박탈

뇌물 내지 검은돈으로 얼룩져 있는 고위 공무원이나 정치인들의 부정부패가 드러날 때면, 거기에 반드시 등장하는 천문학적인 액수와 규모는 정해진 월급봉투에 의존해 하루하루 정직하게 살아가는 소시민들은 허탈에 빠지게 된다.

지난 날 전직 대통령의 축재 사건이나 그 아들의 뇌물 수뢰 등을 새삼 들먹일 것도 없이, 가깝게 참여정부 하에서도 청와대 부속실장의 향응 접대, 검사의 뇌물 수수, 정치인들의 검은돈 수뢰 등의 연이은 스캔들이 불거지지 않았던가. 온 국민의 관심을 끈 '삼성 특검' 역시 막을 내렸다. 차명자금의 존재가 확인되었으며, 삼성은 국민들에게 쇄신을 약속했다. 하지만 한 켠에서는 드러난 불법행위에 대해서 결국 면죄부를 발행해 준 것이 아니냐는 목소리도 없지 않았다.

일반적인 상식 차원에서 한번 생각해 보자. 아무런 대가 없이,

아니 대가를 전혀 생각하지 않고서 그 누가 고급스런 향응을 제공하거나 엄청난 돈을 건네줄 수 있겠는가. 설령 드러나지 않는다 하더라도, 그 대가는 다양한 형태로 치러질 수 있음을 우리는 익히 알고 있다. 그것은 자비나 자선 사업과는 구별되는 것이다.

뇌물의 연원을 더듬어 보면 아주 먼 옛날까지 거슬러 올라갈 것이다. 가까운 조선시대에도 뇌물은 물론 있었다. 그러면 조선시대의 경우 뇌물로는 어떤 것들이 제공되었으며, 무엇을 위해서 그렇게 뇌물을 제공했는가? 또 발각될 경우 그 사건은 어떻게 처리되었을까?

조선왕조실록에 나타나는 최초의 뇌물 기사는 태조 4년1395년 3월 1일, 뇌물을 받고 공문서를 위조한 관리가 참형을 당한 노을생 사건이다. 을생은 다른 사람의 관교官教 교지를 얻어 가지고 그 이름을 긁어내고 다른 사람의 이름을 써넣어 주고서 후한 뇌물을 받았다. 그러나 그 일은 곧 발각되었다. 을생은 참형斬刑 목을 벰을 당하였고, 뇌물을 제공한 방용제는 곤장을 맞았다. 뇌물을 제공한 사람보다 그걸 받아먹은 관리에게 준엄한 형벌을 가했다는 점에서 눈길을 끈다.

그러면 뇌물로는 과연 어떠한 것들이 제공되었을까. 한 고위 관원의 탐오함을 지적하는 대간의 상소문이 그 궁금증을 어느 정도 해소시켜 준다.

"홍충이 뇌물로 준 전토 2결 14짐과, 허충의 전토 1결 53짐, 임우의 전토 1결 18짐을 받고 모두 관직을 주었고, 오부의 전토 65짐과 한회의 밭 3결 16짐은 미납未納한 밭이라 칭탁하여 빼앗은 것이옵니다. 또 서철로부터 비단과 은병을 받고서 그들의 부자에게 모두 관직을 주었고, 종문의 불기佛器와 백은白銀 5냥 7전을 밤에 훔치어 썼사오며, 또 김도련의 노비 41구를 받고 그 아들에게 관직을 주었고, 또 허반석의 노비 4구와 양민의 노비 3구를 받았사오며, 또 양녀 가물의 소생을 망령하게 도망한 노비라 하여 양인을 억눌러 천인으로 만들었고, 또 고을의 수령에게 글을 보내어 공염貢鹽과 소목燒木을 배에 실어 올리는 데 뱃삯으로 거둬들여 쓴 것은 이미 나타난 사실이오며, 그 외에 숨기고 감추어서 드러나지 아니한 것이 얼마인지 알 수 없나이다"라고 했다.

『세종실록』 14년 12월 14일

비단·은병·불기 등 값비싼 물건에서 전토, 노비조선시대 노비의 가격은 좋은 말 한 필 가격이었음에 이르는 다양한 물품을 받고서, 그 대가로 관직을 주는 등 공사를 구분하지 못하고 권력을 사사로이 남용하였음을 지적하고 있다.

그러면 사람들은 왜 뇌물을 제공했을까. 사안마다 나름대로의 이유가 있겠지만, 한마디로 요약한다면 무언가 특별히 바라는 것이 있기 때문이 아닐까. 세종 29년1447년 사헌부의 다음과 같은 상소문은 가히 '뇌물에 관한 정치학적 분석'이라 할 만하다.

뇌물을 요구하고 뇌물을 주는 것을 당연한 듯 부끄러워하지 아니하고, 온 관청에서 공공연하게 청구하면서도 잘못이 없다고 하여, 사방으로 글발을 보내는 일이 앞서거니 뒤서거니 서로 잇달아서, 굵직굵직한 큰 집들에는 뇌물 받는 문호를 널리 개방하여 탐재貪財와 독직瀆職이 풍습을 이루었다. 그래서 고을살이하는 자로서 사소한 물건이라 하여 받는 자도 있고, 마음에는 옳지 않은 줄을 알면서도 거스르고 싶지 않아서 받는 자도 있고, 드러나게 주는 것이 아니니 누가 알겠느냐 하여 달게 받는 자도 있다. 관원은 백성을 사랑하고 돌봐 주는 일이 급무인데, 뇌물로 받는 물건이 하늘에서 떨어진 것이 아니고 실상은 다 백성의 피땀인지라. 이미 사랑하여 길러 주지도 못하고서 오직 뇌물 받기에만 일삼는 것이 그게 옳겠나이까. 저 뇌물 주는 사람의 속생각은 다른 날에 벼슬을 구하거나 죄를 면할 자료로 삼은 것에 불과할 뿐이고, 또 그 뇌물 줄 상대자들 또한 뇌물 받을 만하다고 보고서 뇌물을 줄 것이므로, 이는 점잖은 사람君子으로 대우하는 것이 아니니 또한 부끄럽지 않사오리까?

『세종실록』 29년 5월 22일

그렇다. 예나 지금이나 뇌물을 주는 자는 뇌물을 받는 자가 받을 것이라 생각하기 때문에 주는 것이다. 결코 받지 않으리라는 것을 안다면 굳이 제공하는 사람은 없을 것이다. 예컨대 억지로 벼슬을 구하거나 사사로이 죄를 면하기 위해서라는 것. 상소문을 조금 더 읽어 보기로 하자.

예의염치는 나라의 네 가지 벼릿줄이니, 펴이면 인심이 깨끗하고 정치가 맑아서 그 나라를 밝고 창성하게 이끌어 올리고, 네 벼릿줄이 늘어지면 인심이 더러워지고 정치가 타락하여 그 나라를 어두움 속으로 떨어뜨리나니,

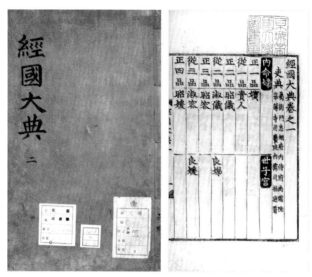

경국대전 經國大典 조선시대의 기본 법전. 이전吏典·호전戶典·예전禮典·병전兵典 형전刑典·공전工典의 순이다.

예의禮儀는 사람을 다스리는 큰 법이 되고, 염치廉恥는 사람을 바로잡는 큰 절개가 되어서 국가 정치의 대체관련되어 있는 것이다. 예의를 준수하고 염치를 소중하게 여기는 자는 능히 그 안녕과 영화를 보전하여 아름다운 이름이 후세에 전할 것이요, 예의를 포기하고 염치를 저버리는 자는 마침 내 환란과 패망에 빠져서 더러운 냄새가 만대에 흐를 것입니다.

『세종실록』 29년 5월 22일

일찍부터 조선 정부에서는 뇌물에 대해 엄격한 입장을 취했다. 그 같은 경계는 성종 대에 편찬된 『경국대전』에 잘 드러나고 있다. 뇌 물을 받아먹은 장리贓吏의 아들은 문과, 생원진사시 등과 같은 과거시험을 보지 못하도록 했다. 과거시험을 볼 수 없게 하는 것은 곧 관직에 나아가는 길을 막는 것이었다. 설령 관직에 나아가 있는 경우라 하더라도 장리의 자손은 의정부·6조·한성부·지방 수령 등과 같은 관직에 나아갈 수 없도록 하였다. 이른바 연좌제를 적용해서 부정부패를 경계했던 것이다.

물론 조선왕조실록에는 탐관오리와 부정부패 기록만 있는 것은 아니다. 중신重臣이 죽은 뒤 졸기卒記라는 기록을 통하여 인물의 행적과 평가를 남기고 있다. 거기서는 그 인물이 청렴결백했는지 명확하게 밝혀서, 후인들의 귀감이 되도록 했다. 이른바 청백리의 자손을 특별히 관직에 등용했으며, 그들 처자 중 가난한 이들은 국가에서 구휼하도록 하기도 했다.

국가적으로 도덕을 중시하는 조선시대조차 뇌물과 향응은 있었다. 그러니 오늘날에 있어서랴. 필시 그 규모는 커졌고 수법 역시 다양해졌을 것이다. 정작 중요한 문제는, 그들을 어떻게 규제할 것인가 하는 것이다. 설령 처벌당한다 하더라도 시간이 지나면 잊혀져 버린다. 그러니 쉽게 생각하는 것이다. 탐관오리와 뇌물 사건 관련자의 자식들에게는 과거시험 자격을 부여하지 않았다거나, 기록을 통해서 그 사람의 인품과 행위를 후세에까지 길이길이 전했다는 것에서 시사점 같은 것을 얻을 수 있지 않을까 한다.

걸리면 평생
벼슬길 나서지 못해

2002년 대통령 선거에서 노무현 후보가 승리한 직후의 일이다. 그는 "인사나 이권 청탁을 하다 걸리면 패가망신한다는 것을 보여 줘야 한다"고 말해서 큰 파장을 불러일으켰다. 특유의 직설적인 어법이 다소 튀기는 했지만 그 말에 공감한 국민들도 적지 않았을 것이다. 실제로 현직 대통령의 형님에게 인사 청탁을 했다가 공개적으로 질책을 당한 한 기업 대표는 한강에 몸을 던져 삶을 마감하기도 했다.

2007년 말 한 일간지에 따르면 당시 노무현 대통령이 측근들에게는 "여러분들은 예외"라고 하면서 "여러분은 내가 신뢰하는 사람들이니 인사 추천을 마음껏 하라"고 했다 한다. 인사권을 가진 대통령이 그 권한을 행사하는 것 자체에 대해서 뭐라고 할 수는 없을 것이다. 게다가 좋은 인재를 천거하는 것 역시 참모들의 역할이자 동시에 의무라 하겠다. 하지만 지나친 코드 인사나 졸속 인사는 인사권의 권위, 정권에 대한 믿음과 정당성마저 약화시킬 수 있다. 임명된 지 채 일주일도 되지 않아 판공비 등의 도덕성 문제로 물러났으며, 또 논문 표절 의혹으로 13일 만에 사임한 교육부총리 등과 같은 사례가 부적절한 인사였음을 부인할 수 없을 것이다.

이명박 정부에서도 고위 관료의 인사 문제가 많은 논란이 되었다. 한 때 '강부자 내각', '고소영 내각'이라는 신조어가 유행하기도 했다. '강부자'에서 강은 강남, 부자는 부동산으로 돈을 번 사람들을 지칭한다. '고소영'은 고대 출신, 소망교회, 그리고 영남권을 가리켰다. 박근혜 정부 역시 출범 직후인 지난 4월, 대통령이 장·차관급 낙마사태를 낳은 부실인사 논란에 대해 "인사와 관련해 심려를 끼쳐 죄송하다"는 사과를 하기도 했다.

인사 청탁 문제에 초점을 맞추어 조선왕조실록 속으로 한 번 들어가 보고자 한다. 조선시대에는 과연 어떤 내용의 청탁이 어떤 형태로 이루어졌으며, 또 정부에서는 어떻게 대응했는가 하는 점을 살펴보자.

시대는 달라도 세상 돌아가는 일의 본질은 크게 다르지 않은 듯, 조선시대에도 많은 청탁 사건이 있었다. 오늘날의 인사 청탁에 해당하는 용어를 찾아본다면 '분경奔競'이 비슷한 의미로 쓰였다. 분경이란 '분추경리奔趨競利'의 준말로 벼슬을 얻기 위해 관원이 전조銓曹 이조와 병조의 대신이나 권문세가에 분주하게 찾아다니며 승진 운동을 하던 일을 말한다.

그런데 조선시대의 경우 일찌감치 그 같은 분경 행위를 금지하는 분경금지법奔競禁止法이 제정, 시행되었다. 건국 초기인 정종 1년1399년

대소 관리가 서로 사알私謁 사사로이 와서 청탁하는 일하는 것을 금하는 교지를 내렸다. 그 내용을 인용해 보기로 하자.

> 옛일을 상고하면, 순임금이 용에게 명하기를 "짐은 참소하는 말이 착한 사람의 일을 중상하여 짐의 백성들을 놀라게 하는 것을 미워한다"고 하여 태평의 정치에 이르게 하였고, 기자가 무왕에게 고하기를 "백성은 음란한 붕당이 없고, 벼슬아치는 서로 비부하는 것이 없어야 한다" 하여 중후忠厚한 풍속을 이루었으니, 수천 년이 내려와도 모두 상상할 수 있는 것이다. 우리 태상왕태조께서 천지와 조종의 도움을 힘입어서 조선 사직의 기업을 창조하시고, 과인에 이르러 어렵고 큰일을 이어 지키니, 어찌 모두 함께 새로워지는 교화를 도모하지 않겠는가?
> 그러나 남은 풍속이 끊어지지 않아서 사사로이 서로 분경을 일삼아, 모여서 남을 참소하고 분란을 선동하는 자가 많도다. 지금으로부터 종실·공후 대신과 개국·정사 공신에서 백료 서사에 이르기까지 각기 자기 직책에 이바지하여, 서로 사알하지 말고 만일 원통하고 억울하여 고소할 것이 있으면 각기 그 관청이나 공회처에서 서로 은밀히 참소하고 헐뜯지 마라.
> 어기는 자는 헌사사헌부에서 규찰하여 모두 먼 지방에 귀양 보내어 종신토록 벼슬길에 나오지 못하게 하리라. 무릇 족친 가운데 삼사촌三四寸과 각 절제사의 대소 군관은 여기에서 제외된다. 그러나 말을 만들고 일을 일으키는 것이 있으면 죄가 같을 것이다. 그런데 만일 형조의 결사원決事員이면 비록 삼사촌과 소속 절제사의 처소라도 문병과 조문을 제외하고는 사알하는 것을 허락하지 않는다. 어기는 자는 벌이 같을 것이다.
>
> 『정종실록』 1년 8월 3일

승경도 陞卿圖 종경도從卿圖·승정도陞政圖·종정도從政圖. 벼슬살이하는 도표이다.

정종은 분경금지법을 제정하고 어기는 자는 감찰 기관에서 규찰하여 모두 먼 지방에 귀양 보내고 종신토록 벼슬길에 나오지 못하게 했다. 이듬해 12월 1일 분경에 연루된 대사헌大司憲 사헌부 종2품 정구와 중승中丞 사헌부 정3품 김구덕 등을 파직하여 외방에 귀양 보내고, 충직하고 강직하여 세력에 굴하지 않는 자를 감찰직에 임명하여 기강을 진작하도록 했다.

그 법도가 대단히 엄격했던 듯하지만 현실에서 청탁 사례가 사라

경복궁 景福宮 사적 제117호. 조선시대의 정궁正宮. 임진왜란 때 전소된 후 오랫동안 폐허로 있다
가 조선 말기 고종 때 중건되어 잠시 궁궐로 이용되었다.

진 것은 아니었다. 세종 29년1447년 승정원의 고위 관리가 아들의 관직
을 청탁한 것으로 인해 승정원의 좌부승지, 우부승지, 이조참판, 이조
참의 등의 고위 공무원이 파면되는 사건이 발생했다.

우부승지 김유양의 아들 사창이 사헌부 감찰을 겸하고 있었는데
서반에 옮겨 충의위중앙군인 오위의 하나로 공신 자손들로 편성됨에 있다가 오래지
않아서 5품 부사직으로 승진했다. 이는 김유양이 좌부승지 이순지와
이조참판 유의손과 이조참의 이변에게 청탁하여 이루어진 것이었다.

사헌부에서 청탁 사실을 알고 국문하기를 요청했다. 이순지는 처음에는 부인하다가 "김유양이 내 자식이 용렬한데 오래 사헌부에 외람되게 있으면 소임을 감당하지 못할까 두려우니 속히 벼슬을 갈아 서반으로 보내 달라"고 청탁한 것을 실토했다. 이에 세종은 이순지·김유양·유의손·이변 등을 의금부에서 엄중히 문초할 것을 명했다.

대저 착한 사람은 처지에 당하여 일을 맡게 되면 오래 갈수록 더욱 조심하고, 능한 사람은 모나다가 둥글다가 하기를 잘하여 제 사사 일을 구제하나니, 이제 순지는 처음에 전형銓衡 인사 행정에 참여했을 적엔 자세히 알지 못했다가 남의 말을 듣고서는 곧 사사 일을 행했고, 이조는 전형을 맡았으면서 승지가 일을 꾸미는 것을 보고도 왈가왈부하지 못하고 끌리어 따르고 있었으니, 어찌 이조라고 이를 수 있는가. 이 같은 기망한 사실을 마땅히 반드시 알아내어 사람에게 속임을 당해서는 안 될 것이니 모조리 문초하도록 하라.

『세종실록』 29년 4월 21일

의금부에서는 모두 참형에 처할 것으로 논죄하여 보고했으나 세종은 파직시키도록 하고 관련자들도 연좌하여 파면시켰다.

또 하나의 청탁 사례로, 사소한 청탁 건임에도 불구하고 3년간 관직에 임용되지 못했던 도승지승정원 정3품 김작의 사건을 살펴보기로 하자. 성종 8년1477년 상서원尙瑞院 국왕의 옥새玉璽와 부신符信을 관장하던 관청 판관종5품 윤해가 사직하자 김작의 요청에 의해 한가한 관직으로 재임명된 사건이 발생했다.

윤해가 글장을 올려서 사직하니 도승지 김작은 "윤해가 병의 증상이 대단치도 아니하니 그 뜻하는 바는 한가한 관직으로 바꾸고자 하는 것"이라고 했다. 이에 성종은 그렇게 하도록 결재하면서, 윤해의 글장에 한가한 관직으로 바꾸어 임명해 달라는 진정陳情이 없었는데 어찌 이를 알았는지 의문을 제기했다.

이튿날 김작은 윤해에게 사정私情이 있어서가 아니라, 상서원 정정

조선의 무역과 경제

3품 당상관을 겸직하여 항상 윤해를 보아 그 병을 자세히 알기 때문에, 감히 아뢴 것이라 하며 대죄待罪하기를 청했다. 며칠 후 집의사헌부 정3품 이칙과 사간사간원 종3품 경준이 국문을 요청했다. 그들의 얘기를 들어 보자.

김작이 윤해를 위해 한가한 관직을 청했는데 무슨 뜻으로 보호하여 실직失職시키지 않으려고 청했겠습니까? 그 죄는 큰 것입니다. 이것은 반드시 윤해 부자의 청을 듣고서 그러한 것입니다. 국문하고 죄를 주어 경계하지 않을 수가 없습니다. (중략) 성상께서 한가한 관직에 임명하도록 명하신 것은 곧 김작의 청에 인한 것이니, 윤해가 반드시 김작의 덕택으로 여기고 성상의 은혜로 생각하지 않을 것입니다. 만약 이런 일이 그치지 아니한다면 신은 권병權柄이 아랫사람에게로 옮겨질까 두렵습니다.

『성종실록』 8년 11월 15일

사간원에서는 국문을 통해 김작에게 순서를 어기고 보고한 죄로 결장決杖 1백 대를 때리고, 고신告身 관리의 임명사령장을 추탈하도록 했다. 김작은 이듬해 고신을 돌려받았으며 성종은 다시 그를 관직에 등용하고자 했다. 그러자 지평사헌부 정5품 안선은 "사죄私罪를 범하여 산관散官이 된 자는 2년이 지나야 서용할 수 있는데 김작은 파직된 지 아직 2년이 지나지 않아 갑자기 서용하라고 명하셨으니 적당하지 못함"을 진언했다. 법이라는 것은 오직 준수하여 어기지 말아야 하며 한번 무너뜨리면 백성이 믿지 않을 것이므로 선왕의 법을 무너뜨리면 안 된다는 것이었다.

그럼에도 청탁은 끊이지 않았던 것 같다. 인조 6년1628년 11월 시강관 김반은 이렇게 아뢰고 있다.

요즘 뇌물로 청탁하는 사례가 많습니다. 신이 전에 사헌부에 있었기 때문에 그 폐단을 익히 압니다. 범법자가 있으면 그에 따른 사사로운 청탁이 계속되기 때문에 봐주지 않을 수가 없습니다. 때문에 사람들이 법을 두려워하지 않음이 이 지경에 이르렀습니다. 위에서 금법을 엄하게 신칙한 뒤에야 조금은 징계되어 두려워할 것입니다.

『인조실록』 6년 11월 20일

이에 대해 인조는 "이는 적임자를 얻는 데 달려 있다. 적임자를 얻으면 청탁은 자연 없어질 것인데 괴롭게 신칙할 필요가 있겠는가. 신칙하는 것은 말단의 방도이다" 하고, 이어 "우리나라의 기강이 해이한 것은 모두가 청탁이 성행하기 때문"이라며 탄식했다. 김반이 다시 아뢰었다. "청탁은 이미 고질적인 폐습이 되었습니다. 신의 생각으로는 위에서 엄금하면 전처럼 심하지는 않을 것이라 여겨집니다"

인조가 다시 물었다. "법관에게도 뇌물로 청탁하는 일이 있는가?" 김반이 아뢰었다. "친구나 어른, 아랫사람들이 분분하게 와서 청탁합니다. 심한 경우는 금법을 범하기 전에 미리 단속하지 말라는 뜻으로 행하仟ҭ 뇌물를 바치겠다고 청하는 자까지 있습니다."

이어 숙종 5년1679년 11월 20일에는 뇌물을 바쳐 청탁하는 자를 무거운 법률로 다스리도록 했다. 사간원에서 "관절關節 뇌물을 바쳐 청탁하는 일의 폐단은 오늘날의 고질화된 병입니다. 편지로 청탁하기를 태연히 여

기고 괴이쩍어할 줄을 모르니 지금부터 엄금할 것을 거듭 밝혀 청탁을
한 자와 청탁을 들어준 자를 함께 중률重律 중한 벌로 다스리게 하소서"라
고 건의하자 숙종은 그대로 따랐다.

　이렇게 본다면 그 양상은 달랐을지라도 조선시대에도 마찬가지로
청탁이 심각한 문제가 되곤 했다는 사실을 충분히 인지할 수 있다. 뇌
물이나 향응과 연결되었을 경우에는 말할 것도 없다. 노골적인 뇌물,
향응이 없었다 할지라도 권력에 가깝다는 사실 자체 혹은 드러나지 않
는 권력의 존재 자체가 아무런 의식 없이 청탁을 하게끔 만든다는 점도
간과해서는 안 될 것이다.

　궁극적으로 청탁이 문제가 되는 것은, 그것이 공정한 인사를 방
해하며, 나아가서는 인사의 흐름을 왜곡시키기 때문이다. 그것은 예나
지금이나 다를 바 없다. '인사가 만사'라는 말은 어떤 측면에서는 여전
히 일리 있는 말이라 하겠다. 더구나 그것은 설령 부패는 아니라 할지
라도 '부정'과 강한 친화성을 갖기 마련이기 때문에 궁극적으로는 정권
의 '도덕성'에 흠집을 내기에 충분하다는 사실이다.

　다음과 같은 선조의 말은 오늘날에도 여전히 시사하는 바가 크다.

　천공天工을 사람들이 대신하는 것이니 인군이 함께 다스릴 수 있는 것은
　인재뿐이다. 우리나라에는 해마다 천거하여 관리를 선발하는 법이 있으나
　많은 현자賢者가 등용되는 것은 보지 못하겠고 잡스런 무리들만 많이 모이
　는데 초야에 어찌 유주지탄遺珠之歎 마땅히 등용되어야 할 사람이 빠져서 한탄함이
　없겠는가. 일명一命 가장 낮은 관직의 선비라도 모두 후일 생민을 다스릴 책임

을 가진 자들이다. 처음 입사하는 사람을 신중하게 뽑지 않을 수가 없으니 적임자를 얻어 재주에 따라 수용해야 할 것이다. 그리고 수령은 한 지방의 책임을 맡고 있어 생민의 휴척休戚이 달려 있는 것이다. 어떻게 사람들의 청탁을 받아들여 적임자가 아닌 사람을 그 사이에 눌러 있게 할 수 있겠는가? 특별히 가려 차임하라.

『선조실록』 39년 12월 15일

정권 교체가 이루어지고, 새 정부가 출범함에 따라 각 방면에서 대대적인 인사가 이루어졌다. 불투명한 재산 축적 과정이나 위장 전입 등의 개인적인 문제로 인해 임명된 지 얼마 되지 않아서 사퇴하는 인사 파동을 겪기도 했다. 좋은 인재를 적재적소에 배치하는 것이 국정 운영에 얼마나 중요한지는 지난 역사를 되돌아보는 것으로 충분할 것이다. 거울은 멀리 있지 않다. 국민들은 두 눈 뜨고 지켜보고 있다.

관가 곡식 풀어
이재민 구휼

지난 2004년 12월 남아시아 일대를 강타한 지진해일쓰나미은 1900년대 이후 발생한 지진 가운데 3대 참사의 하나로 기록될 것이라 한다. 유엔은 그 사고로 인한 사망자가 15만 명에 이를 것이라 추산했으며 이재민 숫자는 수백만 명에 달했다. 남아시아 지진해일 피해에 대한 다양한 형태의 구조는 물론이고 복구를 위한 국제 사회의 따뜻한 지원이 계속되었다.

쓰나미는 해소海嘯 또는 지진해파地震海波로 불리기도 하는데, 해저 단층대를 따라 해수가 급격하게 이동할 때 형성되는 긴 파장의 천해파이다. 깊이 80km 이하의 얕은 진원震源을 가진 진도 6.3 이상의 지진과 함께 일어나며 그 외에도 해저 화산 폭발, 단층 운동 같은 급격한 지각 변동이나 빙하의 붕괴, 해저에서의 사태에 의한 토사 함몰, 핵폭발 등에 의해서 발생하기도 한다.

그런 만큼 '쓰나미'는 말하자면 천재지변에 해당하는 것이라 할 수 있다. 인간의 힘으로는 어찌할 수 없는 인간의 영역을 넘어서는 것이었다. 2011년 3월 일본에서 발생한 동일본대지진은 다시 그래서 우리가 흔히 잊고 지내던 자연의 거대한 힘을 다시 한번 상기시켜 주었다고 하겠다. 그러면 조선시대의 자연재해, 특히 지진과 해일로 인한 피해 사례는 어떤 것이 있는지 알아보자.

지진에 관한 최초 보고는 태조 2년1393년 1월 29일자에서 확인할 수 있다. 태종 13년1413년 1월 16일에는 경상도 거창현에 지진이 일어났는데, 인시寅時 새벽 3시~5시부터 진시辰時 아침 7시~9시까지 불과 몇 시간 사이에 모두 20차례나 계속 되었다.

조선시대에도 지진이 적지 않게 일어나고는 했지만 그 피해 상황은 집이 흔들리거나 지붕에서 기와가 떨어졌다는 정도였던 듯하다. 하지만 숙종 때는 이번의 지진해일을 연상시키는 비슷한 사례도 있었다.

강원도 여러 고을에서 지진이 발생했다. 소리가 우레와 같았고 담벼락이 무너졌으며 기와가 날아가 떨어졌다. 양양에서는 바닷물이 요동쳤는데 마치 소리가 물이 끓는 것 같았고, 설악산의 신흥사 및 계조굴의 거대한 바위가 모두 붕괴되었다. 삼척부 서쪽 두타산 충암層巖은 예로부터 돌이 움직인다고 하였는데 모두 붕괴되었다. 그리고 부府의 동쪽 능파대 물속의 10여 장丈 되는 돌이 가운데가 부러지고 바닷물이 조수潮水가 밀려가는 모양과 같았는데 평일에 물이 찼던 곳이 100여 보步 혹은 50~60보 노출되었다. 평창·정선에도 또한 산악이 크게 흔들려서 암석이 추락하는 변괴가 있었다. 이후 강릉·양양·삼척·울진·평해·정선 등의 고을에서 거의 10여 차례나 땅이 흔들렸는데, 이때 팔도에서 모두 지진이 일어났다.

『숙종실록』 7년 5월 11일

이러한 자연재해에 대해서, 조선시대에는 단순한 재앙으로 보기보다는 그것을 현실의 정치와 관련시켜 이해, 해석하기도 했다. 인간의 일에 대해 하늘이 경계를 내렸다고 보는 천인상관론天人相關論적인 사유를 하고 있었던 것이다. 전근대 시대에 흔히 볼 수 있는 자연관이라 하겠다.

그런데 그런 식의 해석에 지나치게 집착하는 것을 경계하기도 했다.

"지진은 천재지변 중의 큰 것이다. (중략) 우리나라에는 지진이 없는 해가 없고, 경상도에 더욱 많다. 지난 기유년에 지진이 경상도로부터 시작하여 충청·강원·경기의 세 도에 파급하였다. 우리나라에는 비록 지진으로 집이 무너지는 일이 없으나, 지진이 하삼도下三道 경상도·충청도·전라도에 매우 많으니 오랑캐의 변란이 있지나 않을까 의심된다" 하였다.

시강관 권채가 대답하기를 "지진은 재변의 큰 것입니다. 그러나 반드시 어느 일을 잘하였으니 어느 좋은 징조가 감응하고, 어느 일을 잘못하였으니 어떤 좋지 못한 징조가 감응한다고 하는 것은 억지로 갖다 붙인 사리에 맞지 않는 말입니다"라고 말했다.

세종이 말하기를 "경의 말이 맞도다. 천지재이天地災異의 응보는 혹은 가깝기도 하고 혹은 멀기도 한 것이니, 십년 사이에 반드시 응보가 없다고 말

할 수는 없으나, 중국의 여러 선비들이 모두 참위설에 빠져서 억지로 끌어

다 붙인 것은 채택하지 않겠다" 하였다.

『세종실록』 14년 5월 5일

아울러 지진과 관련하여 흥미로운 사항이 있어 주목된다. 숙종 때
는 중국에 지진이 일어나 5만 7,000여 명이 사망했다고 전한다숙종 5년
11월 28일. 핵 원자로 시설로 전 세계의 주목을 끌고 있는 북한 영변평안북
도의 경우 조선시대에 적어도 14차례 이상의 지진이 발생했다는 기록
이 있어 우려된다.

한편 조선왕조실록에 나타난 최초의 해일은 태조 2년1393년 12월
2일 서강西江에서 조수潮水가 넘쳐서 민호民戸를 침수시켰다는 내용이다.
『세종실록지리지』에 의하면, 서강은 서소문 밖 11리에 있는 강으로 배
로 실어 온 세곡稅穀을 거둬들이는 곳이었다. 이어 태종 7년1407년 7월 3
일 김포·통진에서 남양·수원과 연안·배주 등에 이르기까지 연해 14
개 고을에 해일이 일어 농사에 피해를 입혔다.

특히 명종 때 기록은 해일 당시의 상황을 생생하게 전해 주고 있다.

올해 4월 3일 나주·진도·영암·임피·해남·함평·무장에 비바람이 크
게 불고 해일이 일어나 뚝방이 무너져서 짠물이 들어와 벼싹이 모두 말라
죽었으므로 매우 참혹합니다. 군관 김일이 와서 고하기를 "3일 조사하기
위해 고리포에 갔더니 갯가에 사는 80 노인이 지팡이를 짚고 간신히 나와
서 '내가 해변에 거주한 지가 이제 80여 년인지라 평상시 기운만 보아도

바다에서 큰 바람이 일어날 것을 미리 안다. 근일 바다 가운데의 여러 섬과 강변이나 산골짜기에서 소리가 난 것이 한두 번이 아니니 풍수의 큰 변이 곧 발생할 것이다. 그대는 부디 배에 오르지 말라'고 했는데, 그날 풍파가 크게 일어났다. 그리하여 판옥선과 전선 등이 폭풍 때문에 모두 떠내려갔고, 격군 무동이 헤엄을 잘 치는 것을 믿고 옷을 벗고 물에 들어갔다가 방향을 잃고 기진해서 죽었다"고 했습니다.

함열에서도 같은 날 비바람이 크게 일고 비와 우박이 섞여 내렸는데 큰 것은 개암만 했습니다. 또 4일 밤에도 해일이 있었으니 기이한 재변입니다. 논밭이 모두 물에 잠겨 전혀 추수의 희망이 없으니 매우 걱정이 됩니다.

『명종실록』 12년 4월 3일

이 같은 보고에 대해서 사관은 다음과 같이 평하고 있다. "해일의 변은 참혹한 이변인 것이다. 무슨 일 때문인가를 찾아보아도 그 원인을 분명히 지적할 수는 없으나 백성들이 구렁에 나뒹구는 정경이 눈앞에 절박하니 이것이 큰 재변이 아니겠는가?"

지진과 해일이 거의 동시에 발생하는 경우도 있었다.

평안도 철산에 바닷물이 크게 넘치고 지진이 일어나 지붕의 기와가 모두 기울어졌으며, 사람이 모두 놀라서 넘어졌다. 평양과 황해도 해주 · 안악 · 연안 · 재령 · 장연 · 배천 · 봉산, 경상도 창원 · 웅천, 충청도 홍산, 전라도 김제 · 강진 등에 같은 날 지진이 있었다.

『현종실록』 9년 6월 23일

바다와 관련된 재해로는 해일 외에도, 바다가 피같이 붉고 물고기가 죽는 적조赤潮 현상 역시 적지 않게 나타났다.

경상도 바닷물이 울주에서 동래까지 길이 30리, 너비 20리로 피같이 붉었는데 무릇 나흘 동안이나 그러하였다. 수족水族이 모두 죽었다.

『정종실록』 1년 8월 6일

전라도와 경상도의 바닷물 색깔이 변하였다. 순천부 장성포에서는 물이 15일부터 비로소 붉어져 20일에 이르러서는 변하여 검정색이 되었는데, 고기와 새우가 죽어서 물 위로 떠서 나왔다. 만약 물을 길어 그릇에 부으면 그 빛깔이 보통 것과 같았다. 양주 다대포에서는 18일에서부터 20일에 이르기까지 물이 붉어지고, 27일에서부터 28일에 이르기까지 또 붉어져, 고기가 죽어서 물 위로 떠서 나왔다. 물을 퍼서 그릇에 담으면 응결되어 끓인 우모牛毛의 즙과 같았다.

『태종실록』 13년 7월 27일

예나 지금이나 자연재해가 사람들에게 안겨 준 충격과 피해는 이루 헤아릴 수 없는 것이었다. 심한 경우 현실에 대한 비관으로 인해 민심이 흉흉해지기도 했다. 영조 13년1737년 11월 3일, 수찬 이정보는 상소문에서, 동해에 적조 현상과 달성에 지진이 일어난 뒤부터 인심이 흉흉하여 진정할 수 없음을 보고하고 있다.

그러면 이 같은 자연재해에 대해 어떻게 대응했을까? 그러한 현상을 해석하고 대응하는 방식은 역시 그 당시의 자연관과 밀접하게 연관되어 있다. 예컨대 바다가 붉어지는 적조 현상에 대해 천구성天狗星 유성 또는 혜성이 떨어졌다는 식이었다. 재해가 일어나면, 오늘날과 마찬가지로 먼저 구호와 구제가 이루어졌다. 우선 관가에서 곡식을 풀어서 구제했으며, 언로를 열어 좋은 방책을 구하기도 했다. 아울러 억울한 죄인을 선별하여 풀어 주기도 했다. 그리고 조정 내에서는 백성들의 궁핍함을 인지시켜서 서로 경계할 것을 권하고 있다.

비변사는 다음과 같이 건의했다.

전라 · 청홍 · 경기 · 황해 · 평안도 등의 해변 고을에 해일이 일어난 곳이 많습니다. 해일이 있게 되면 전답이 모두 짠물에 잠겨 오곡이 자랄 수 없으므로 2~3년 동안은 농사를 지을 수가 없어 그곳의 백성들이 생활해 갈 수 없으므로 모두 흩어지게 됩니다. 해변의 고을은 모두 방어에 긴요한 곳인데 백성들이 유산되면 방어할 수가 없게 되니 매우 한심한 일입니다. 해일이 일어난 각 고을의 백성에 대해서는 특별히 어루만져 돌봐 주어 유산되는 폐단이 없도록 해야 합니다.

『명종실록』 12년 5월 16일

이에 대해 명종은 각 도 감사를 시켜 해일의 피해를 입은 민호民戶의 남녀 숫자 및 장정과 노약자를 자세히 뽑아서 아뢰게 한 다음 전세와 공물, 잡역 등을 상의하여 감면해 줌으로써 안정되게 살 수 있게 하였다. 또한 각 도 감사로 하여금 백성들의 실정도 조사하여 시행할 만한 방법이 있으면 또한 자세히 기록해서 아뢰도록 하였다.

아울러 하늘에 제사를 지냈다. 자연의 이변이 있을 때 나라에서 재앙의 조짐을 풀기 위해 행하던 해괴제解怪祭가 그것이다. 실록에서 그 모습을 엿볼 수 있다.

> 예조에서 아뢰기를 "방금 함경 감사 조윤대의 장계를 보건대, 명천 등 네 고을에 지진이 일어났는데, 몹시 놀랍고 괴이합니다. 네 고을 이상에 지진이 있으면 해괴제를 실시해야 한다고 예전禮典에 실려 있습니다. 해괴제의 향香·축祝·폐幣를 해당 관청으로 하여금 마련하여 내려 보내고, 네 고을 중 중앙의 고을에 단壇을 설치한 다음 택일하여 설행하라는 뜻으로 분부하소서" 하니, 윤허하였다.
>
> 『순조실록』 10년 2월 2일

실록에서는 천재지변에 대해서 "섭리의 책임을 맡은 자는 나라 구제에 마음이 없고, 외척의 친분을 가진 자는 뇌물만을 일삼아 위아래가 모두 맡은 직무를 게을리하므로 풍속이 무너지고 인정이 야박해졌으니, 천재지변이 무섭게 일어나는 것은 그 원인이 있는 것"명종 12년 10월 21일이라는 식의 현실 비판도 보인다. 이 같은 조선시대의 자연관과 인식을 오늘날 그대로 받아들일 수는 없을 것이다. 하지만 우리 힘으로 어떻게 할 수 없는 자연재해를 계기로 우리 자신과 사회를 다시 한번 되돌아보게 해 주는 현재적 함의도 찾아볼 수 있지 않을까 한다.

얼마 전에 나라 전체가 지진해일로 인해 수몰 위기에 처했던 섬나라 몰디브에 다시 외국인 관광객들이 모여들고 있다는 다행스러운 외신 보도를 접했다. 인도양의 손꼽히는 휴양지인 몰디브가 지난 2004년 지진해일로 남아시아 국가들이 초토화된 것과는 대조적이었다. 그런데 그 이유는 나라 전체를 감싸고 있는, 그간 국가 차원에서 보호했던 산호초 덕분에 그 피해를 절대적으로 줄일 수 있었다 한다.

그동안 우리는 개발과 산업화 과정에서 자연을 너무나 인간 중심적으로 이용하고 혹사시켰는지도 모르겠다. 최근 자연 보호나 환경에 대한 관심이 높아지고 있는 현상은 매우 바람직하다. "사람은 자연 보호, 자연은 사람 보호"라는 구절은 단순한 표어 이상의 것을 담고 있다. 동시에 자연 앞에서 우리 인간들이 조금은 더 겸손해야 한다는 경고 메시지도 던져 주고 있는 듯하다.

조선왕조실록과 나

이 책은 조선왕조실록과 관련해서 썼던 글들과 새롭게 쓴 글들을 한 권으로 묶은 것이다. 이미 썼던 글들은 지난 몇 년 동안 월간지에 연재했던 것이며, 새로 쓴 글들은 책을 내기로 마음먹으면서 준비한 것이다. 연재했던 글의 경우 이미 활자화되었지만 책으로 묶는 과정에서 전체적으로 현재, 오늘의 시점에 맞춰서 새롭게 고쳤다.

흔히 조선왕조실록, 조선왕조실록 하지만 엄격하게 말해서 조선시대에 조선왕조실록이라는 이름의 책은 없었다. 수업 시간에 학생들에게 실록을 설명하면서 이 얘기를 하면 모두 깜짝 놀란다. '조선왕조실록'이란 명칭은 국사편찬위원회에서 태백산본 실록을 축쇄, 영인하여 간행하면서 붙인 이름이다. 말하자면 조선시대에 조선왕조실록은 없었다는 것이다. 그 당시에는 왕 이름 뒤에 '실록'을 붙여서 말했다.

『태조강헌대왕실록』, 『세종장헌대왕실록』 식으로. 그러므로 조선왕조
실록은 어디까지나 후대에 붙여진 이름이라는 것이다. 그래서 중국의
『명실록』, 『청실록』처럼 '조선실록'으로 부르자는 제안도 있다.

　　필자가 조선왕조실록을 처음 만난 것은 사학과를 다녔던 대학 시
절이었다. 하지만 한 걸음 더 가까워진 것은 역시 대학원에 진학한 이
후였다. 조선시대 사회사를 공부하고자 했던 그 시절, 실록은 당연히
없어서는 안 되는 일차 자료였다. 상당한 가격에 달했던 영인본을 구입
하고서 얼마나 좋았던지 잠을 이룰 수가 없었다. 보고 또 보고 왠지 마
음 넉넉한 부자가 된 듯한 기분이었다. 그렇게 해서 실록과 가까워졌
으며, 이후 점차로 더 친해지면서 어느 순간 완전히 떼어 놓을 수 없게
되었다. 그리고 마침내 이 책을 내놓게 된 것이다.

　　대학원에서는 방목榜目 과거 합격자 명부과 족보 등의 고전 국학 자료
의 컴퓨터 처리 및 분석에 관심을 갖게 되었다. 방목을 전산화하여 데
이터베이스로 구축하는 일에 참여할 수 있었기 때문이다. 석사 과정에
서는 16, 17세기에 실시된 역과와 그 합격자들의 전력과 가계 분석을
시도해 보았다. 이어 박사 과정에서는 관심 범위를 역과, 의과, 음양
과, 율과 등 잡과 전체로 넓혀 나갔다. 학위 논문에서는 조선시대 잡과
제도가 어떻게 운영되었는지 재구성하고 그것을 통해 법전에 잘 드러
나지 않는 잡과의 실제 운영상을 밝혀 보고자 했다. 이어 합격한 사람
들과 가계에 관한 정보를 분석하여 그들이 어떤 배경을 가진 사람들이

었으며, 또 합격한 이후에는 어떤 진로를 거쳤는지 규명해 보고자 했다.

그러다 보니 연대기 자료인 조선왕조실록과 함께 잡과 시험에 합격한 사람들의 명부인 방목을 일차 자료로 활용하게 되었다. 잡과방목은 합격자 및 그들의 사조四祖 부·조부·증조부·외조부와 처부 등 친인척에 관한 수만여 명의 다양한 정보를 담고 있다. 그러한 자료는 하나하나 카드로 정리해 나가기보다는 컴퓨터로 데이터베이스를 구축해서 보다 객관적으로 분석, 연구하는 것이 효율적이라 생각했다. 박사 과정을 마칠 무렵인 1991년부터 서울시스템 한국학데이터베이스연구소에서 공부하면서 일하게 된 필자로서는, 그 잡과방목 자료를 전산화할 수 있었으며 그렇게 전산화된 자료를 토대로 박사학위 논문을 쓸 수 있었다.

인문학과 컴퓨터 기술 접목의 필요성으로부터 출발한 그 분야의 최첨단 연구소, 그곳이 바로 한국학데이터베이스연구소였다. 거기서 국학 자료 전산화 및 멀티미디어 기초 기술 개발과 연구를 병행할 수 있는 기회를 얻었다. 실제로 족보 데이터베이스 구축 작업에 참여하기도 했다. 아울러 고전 국학 자료 전산화의 관건이라 할 수 있는 한자 입력 방법의 개발, 한중일 동양 삼국의 한자를 일괄적으로 처리할 수 있는 한자 코드 정리 작업을 진행하기도 했다.

그러한 기초 작업에 뒤이어 1993년부터는 우리 문화의 최대 유산이라 할 수 있는 『조선왕조실록 CD-ROM』 개발 작업에 참여하게 되었다. 원천 데이터의 전산 입력에서 교열, 검색 소프트웨어 및 프로그램 개발에 이르는 과정을 기획, 주관하여 진행할 수 있었다. 조선왕조실록과 필자와의 만남은 디지털화를 통해서 본격적으로 이루어졌다. 그 결과물이 학계뿐만 아니라 문화계 전반에 지금과 같이 지대한 영향을 미치게 될 것이라고는 미처 예상하지 못했다. 하지만 얼마 지나지 않아 그 위력을 실감할 수 있었다. 지금 돌이켜보면 자랑스러운 순간들 중의 하나로 기억되고 있다.

필자는 개발자의 한 사람으로서 『조선왕조실록 CD-ROM』의 성과와 사용방법을 알리기 위해 직접 시연해서 보여 주는 발표회에 나가기도 했다. 아울러 실록 CD-ROM을 어떻게 활용할 수 있는가 하는 점을 홍보하기 위해 『월간조선』1996년~1998년 및 *Korea Times*1998년~2000년와 공동 작업에 참여하기도 했다. *Korea Times*연재분은 *Click into the Hermit Kingdom*으로 출간되기도 했다.

그 무렵 홍일식 당시 고려대학교 총장님을 뵙고서 실록 CD-ROM을 설명해드렸더니, 실록과 관련된 일화를 하나 들려주었다. 언젠가 육당 최남선 선생님을 찾아뵈었을 때, "세상을 살아가면서 실록을 항상 옆에 두고 보도록 하라, 하늘 아래 인문학에는 새로운 것이 없다"라고 하셨다고 한다. 하지만 방대해서 미처 보지 못했는데 이제 이렇게 손쉽게 검색, 이용할 수 있게 되니 감회가 새롭다는 말씀을 해 주었다. 새삼 조선왕조실록의 의미를 되새겨볼 수 있었다.

그 후 2003년 한국학데이터베이스연구소 소장 직을 떠나서 원광대학교로 직장을 옮기게 되었다. 하지만 동 연구소 자문교수로서 역사문화 디지털 콘텐츠화 작업에 참여하는 한편, 그 해 여름부터 『월간중앙』 '역사 탐험'에 글을 싣게 되었다. 고정 칼럼인 셈이었다. 다행히도 독자들의 반응이 좋아서 연재는 몇 년간2003년 8월~2005년 6월 계속될 수 있었다. 연재가 끝난 후 그 글들을 묶어서 한 권의 책으로 펴내자는 제안과 권유가 없지 않았지만, 이런 저런 사정으로 미루어 왔다. 그러다 작은 매듭을 하나 짓고 싶다는 생각에, 한동안 멈추었던 칼럼 형식의 글을 다시금 쓰기 시작했다. 이 책은 그러한 글쓰기의 산물이라 하겠다.

되돌아보면, 처음 역사문화학 자료의 전산화, 데이터베이스 구축 작업 같은 일을 하게 되었을 때, 새로운 분야를 개척한다는 자부심도 있었지만 약간의 불안감 같은 것도 없지는 않았다. 하지만 조선왕조실록을 비롯하여 고려사, 삼국사기, 삼국유사, 방목, 문집 등 기본 사료의 전산화 작업에 참여할 수 있었던 것, 그리고 역사 기록물뿐 아니라 중요무형문화재, 문화유적총람, 서울600년사, 제주도 신화 전설, 조선 후기 여항문화 등과 같은 우리의 전통 역사문화 정보를 멀티미디어 전자도서로 만드는 디지털콘텐츠 개발 작업을 할 수 있었던 것은 필자에게 든든한 자산이 되었다고 해도 좋겠다. 아울러 감히 말해 본다면 조선왕조실록의 전산화 및 대중화에 작은 힘이나마 보탰다는 일종의 보람 같은 것도 느낄 수 있었으며, 기존의 역사학 연구에 대해서도 나름대로 기여한 부분 — 예컨대 역사의 과학적 연구, 역사학의 대중화 작업 — 도 있지 않을까 생각해 보기도 한다.

조선왕조실록의 무궁무진함은 이 책의 원고를 한 편 한 편 마무리할 때마다 새삼 확인할 수 있었으며, 오늘날에도 여전히 의미 있음에 탄복하지 않을 수 없었다. 그래서 어떤 사안에 부딪힐 때마다 과연 조선시대에는 어떠했을까 하는 의문을 가지고서 흥미롭게 쓸 수 있었다. 따라서 이 책에 실린 글들은 오늘의 시각으로 조선왕조실록을 읽어 보고자 했다고 할 수 있으며, 조선왕조실록으로 오늘 이 시대를 읽어낸 것이라 할 수도 있겠다.

지금까지 공부해오고 또 이 책을 낼 수 있게 된 것은 그동안 많은 분들의 두터운 보살핌과 격려가 있었기 때문이다. 이 자리를 빌어서 고마운 마음의 일단을 전하고자 한다. 공부의 바탕을 마련해주신 고려대학교 사학과와 한국학대학원 역사학과의 은사님들께 감사드리고 싶다. 특히 지도교수님이신 이성무 선생님, 민현구 선생님, 고故 에드워드 와그너 선생님, 고 송준호 선생님께서 베풀어주신 학은學恩과 따뜻함은 마음 깊이 간직하고자 한다. 그리고 공부가 일이 되도록 배려해주신 고 이웅근 박사님과 김현 선배님께 감사드린다. 옆에서 이끌어 주신 양은용, 김낙필, 김순금 교수님께도 고마움을 전한다. 아울러 그동안 써온 글들을 이렇게 아담한 책으로 만들어준 다할미디어 김영애 선생님과 편집부 여러분께 감사드리고 싶다.

새 책이 나온다는 기쁨과 설렘은 언제나 나의 울타리가 되어주는 가족과 함께 나누고 싶다. 옆에서 따뜻하게 배려해주시는 어머님, 공부하는 막내딸을 자랑스럽게 여겨주시는 친정 부모님, 인생의 길동무이자 좋은 독자이기도 한 남편, 일하면서 공부하다보니 많은 시간을 같이 하지 못했지만 씩씩하게 커준 큰 아들 진학辰學, 항상 맑은 웃음과 함께 활기를 불어넣어 주는 작은 아들 진우辰禹, 이들 모두에게 고맙고 또 사랑한다는 말을 전하고 싶다.

신록의 초여름

솜니 연구실에서 이 남 희

부록

1. 조선왕조실록 편찬 현황

필자의 논문("조선왕조실록 디지털화 과정과 방향", 『청계사학』 34, 2002)에 수록된 것이다. 조선시대 각 왕대별 실록 편찬시기, 편찬년도, 책수와 권수, 그리고 국역기관, 국역실록의 책수와 페이지수 등을 도표로 정리한 것이다. 이를 통해 실록 전반에 대한 규모와 내용을 파악할 수 있다.

2. 조선왕조실록 기사 · 원주 · 사론 현황

필자의 논문("전산화를 통해서 본 조선왕조실록: 서지학적 측면을 중심으로", 『서지학연구』 13, 1997)에 수록된 것이다.

조선왕조실록의 내용은 크게 본문 · 원주原註 · 사론史論으로 구성되어 있다. 그런데 태조부터 철종까지 각 왕대별 기사의 규모나 원주의 언급, 사론이 얼마나 수록되어 있는지에 관한 서지학적 접근은 용이한 일이 아니었다. 실록의 전산화를 통해서 기사 · 원주 · 사론에 관한 세부적인 서지 사항을 파악할 수 있게 되었다.

실록에 실린 기사의 전체 규모를 보면 태조 1년1392년부터 철종 14년1863년에 이르는 기간 동안, 전체 기사의 수는 총 362,161건에 이르고 있다. 원주는 실록 편찬 당시 본문 기사만으로는 미진한 경우 그 내용을 보충하기 위해 쓰여진 것이다. 그래서 어려운 용어나 개념에 대한 자세한 설명으로, 작은 글씨로 기록되어 있다. 때로는 원주에 대한 원주가 첨기되어 있는 경우도 있다. 조선왕조실록에 나타난 원주는 38,269개. 기사 9.5개당 평균 1개의 원주가 붙어 있다.

사론은 사관 혹은 실록 편찬관이 "사신왈史臣曰"을 붙인 후 쓰는 주관적인 논평에 해당하며, 그 내용은 주로 사건이나 인물에 대한 평가이다. 그런 만큼 역사를 서술하는 입장이나 견해가 분명하게 드러나는 부분이다. 그것을 통해 기록자의 역사 의식을 엿볼 수 있다. 또한 실록의 사론은 다른 사서의 그것과는 달리 그 시대의 사건과 인물에 대한 논평인 만큼 현장감과 생동감을 느끼게 해준다. 또한 개인의 주관적인 그것이 아니라 사관이라는 집단의 논평이라는 점도 중요하다.

실록에 기록된 사론은 모두 전체 5,792건에 이르고 있다. 각 왕조별로 살펴보면 『정조실록』 이후의 실록에서는 사론이 기재되어 있지 않다. 현재로서는 그 정확한 이유를 알 수 없지만, 위에서 언급한 원주의 분포와 관계가 있는 것으로 생각된다. 조선 후기로 갈수록 원주 자체의 내용이 종래의 사론 성격까지 포괄하는 경우가 많기 때문이다.

대	왕 대	원전 조선왕조실록						국역 조선왕조실록		
		편찬 시기	편찬 년도	서기	책수	권수	책수	페이지	국역기관	
1	태조실록	태종10.1 - 태종13.3	태종 13	1413	3	15	2	587	세종대왕기념사업회	
2	정종실록	세종6.3 - 세종8.8	세종 8	1426	1	6	1	202	세종대왕기념사업회	
3	태종실록	세종6.3 - 세종13.3	세종 13	1431	16	36	8	3,242	세종대왕기념사업회	
4	세종실록	문종2.3 - 단종2.3	단종 2	1454	67	163	28	10,922	세종대왕기념사업회	
5	문종실록	단종2.3 - 세조1.11	세조 1	1455	6	13	3	1,268	세종대왕기념사업회	
6	단종실록	세조10 - 예종1	예종 1	1469	6	14	3	1,155	세종대왕기념사업회	
7	세조실록	예종1.4 - 성종22.1	성종 2	1471	18	49	11	4,007	세종대왕기념사업회	
8	예종실록	성종2.12 - 성종3.5	성종 3	1472	3	8	2	769	세종대왕기념사업회	
9	성종실록	연산1.4 - 연산군5.2	연산군 5	1499	47	297	41	13,780	세종대왕기념사업회	
10	연산군일기	중종2.6 - 중종4.9	중종 4	1509	17	63	8	4,409	민족문화추진회	
11	중종실록	명종1 - 명종5.10	명종 5	1550	53	105	52	16,617	민족문화추진회	
12	인종실록	명종1 - 명종5.9	명종 5	1550	2	2	1	336	민족문화추진회	
13	명종실록	선조1.9 - 선조4.4	선조 4	1571	21	34	16	4,973	민족문화추진회	
14	선조실록	광해1.7 - 광해군8.11	광해군 8	1616	116	221	42	12,695	민족문화추진회	
	선조수정실록	인조21.7 - 효종8.9	효종 8	1657	8	42	4	1,312	민족문화추진회	
15	광해군일기	인조2.7 - 인조11.12	인조 11	1633	64	187	25	7,902	민족문화추진회	
16	인조실록	효종1.8 - 효종4.6	효종 4	1653	50	50	21	6,404	민족문화추진회	
17	효종실록	현종1.5 - 현종2.2	현종 2	1661	22	21	8	2,717	민족문화추진회	
18	현종실록	숙종1.5 - 숙종2.2	숙종 3	1677	23	22	9	3,098	민족문화추진회	
	현종개수실록	숙종6.7 - 숙종9.3	숙종 9	1683	29	28	12	4,020	민족문화추진회	
19	숙종실록	경종1.12 - 영조4.3	영조 4	1728	73	65	32	10,672	세종대왕기념사업회	
20	경종실록	영조2 - 영조8.2	영조 8	1732	7	15	3	1,094	세종대왕기념사업회	
	경종개수실록	정조2.2 - 정조5.7	정조 5	1781	3	5	1	380	세종대왕기념사업회	
21	영조실록	정조2.2 - 정조5.6	정조 5	1781	83	127	36	12,393	세종대왕기념사업회	
22	정조실록	순조1.12 - 순조5.8	순조 5	1805	56	54	27	9,663	세종 · 민추	
23	순조실록	헌종1.5 - 헌종4.윤4	헌종 4	1838	36	34	13	4,321	세종대왕기념사업회	
24	헌종실록	철종1.11 - 철종2.8	철종 2	1851	9	16	2	695	세종대왕기념사업회	
25	철종실록	고종1.5 - 고종2.윤5	고종 2	1865	9	15	2	813	세종대왕기념사업회	

구 분	태조	정종	태종	세종	문종	단종	세조	예종	성종
재위년수	7	2	18	33	3	4	14	2	26
기사총수	2,384	626	10,335	31,804	2,672	2,547	10,841	1,504	32,452
사론총수	·	1	·	·	·	·	8	2	660
원주총수	36	6	97	11,123	212	515	924	358	283
기사평균	340.6	313.0	574.2	963.8	890.7	636.8	774.4	752.0	1,248.2
사론평균	·	0.5	·	·	·	·	0.6	1	25.4
원주평균	5.1	3.0	5.4	337.1	70.7	128.8	66.0	179	10.9

	연산군	중종	인종	명종	선조	수정	광해군	인조	효종	현종	개수
재위년수	13	39	1	23	42	16	27	11	16		
기사총수	12,054	39,588	673	15,042	26,726	1,873	22,056	16,050	5,439	9,288	10,499
사론총수	40	1,341	56	1,456	723	1	211	171	8	143	50
원주총수	·	5,085	175	4,518	4,568	388	2,024	320	482	128	243
기사평균	927.2	1,015.1	673.0	654.0	636.3	44.6	1,378.5	594.4	494.5	580.5	656.2
사론평균	3.1	34.4	56	63.3	17.2	0.02	13.2	6.3	0.7	8.9	3.1
원주평균	·	130.4	175.0	196.4	108.8	9.2	126.5	11.9	43.8	8.0	15.2

	숙종	보궐	경종	수정	영조	정조	순조	헌종	철종	합 계
재위년수	47		5		53	25	35	16	15	493 (년)
기사총수	24,186	728	2,741	431	36,680	17,677	15,509	3,986	5,770	362,161 (개)
사론총수	237	146	41	6	491	·	·	·	·	5,792 (개)
원주총수	1,445	347	246	49	2,029	1,384	1,065	80	139	38,269 (개)
기사평균	514.6	15.5	548.2	86.2	692.1	707.1	443.1	249.1	384.7	734.6 (개)
사론평균	5.0	3.1	8.2	1.2	9.3	·	·	·	·	11.7 (개)
원주평균	30.7	7.4	49.2	9.8	38.3	55.4	30.4	5.0	9.3	77.6 (개)

　　'e-조선왕조실록'에서의 검색 편의를 돕기 위한 것이다. 일반적으로 단어 검색을 통해 원하는 실록 기사를 찾고 있으나 분류 색인을 활용하면 원하는 자료를 좀 더 원활하게 찾아볼 수 있다.

　　'분류 색인'은 특정한 분야 혹은 주제를 통해서 검색, 열람하는 것이다. 국사편찬위원회 「조선왕조실록 분류 편찬 자료」를 토대로 대분류정치, 경제, 사회, 문화, 중분류정치 9항목, 경제 12항목, 사회 11항목, 문화 8항목 등 총 40개 항목, 소분류총 161개 항목로 나누어져 있어, 자신이 원하는 분야의 주제를 손쉽게 찾아낼 수 있다.

| 조선왕조실록 홈페이지 (http://sillok.history.go.kr)

정치(政治)

왕실(王室)
- 종사(宗社)
- 종친(宗親)
- 비빈(妃嬪)
- 궁관(宮官)
- 행행(行幸)
- 사급(賜給)
- 경연(經筵)
- 의식(儀式)
- 국왕(國王)

정론(政論)
- 정론(政論)
- 간쟁(諫諍)

행정(行政)
- 중앙행정(中央行政)
- 지방행정(地方行政)

인사(人事)
- 선발(選拔)
- 임면(任免)
- 관리(管理)

사법(司法)
- 법제(法制)
- 재판(裁判)
- 행형(行刑)
- 치안(治安)
- 탄핵(彈劾)

군사(軍事)
- 군정(軍政)
- 중앙군(中央軍)
- 지방군(地方軍)
- 특수군(特殊軍)

- 금화(禁火)
- 부방(赴防)
- 군역(軍役)
- 휼병(恤兵)
- 병참(兵站)
- 통신(通信)
- 관방(關防)
- 병법(兵法)
- 군기(軍器)
- 전쟁(戰爭)

외교(外交)
- 원(元)
- 명(明)
- 야(野)·청(淸)
- 왜(倭)
- 유구(琉球)
- 동남아(東南亞)
- 중앙아(中央亞)
- 러시아(露))
- 구미(歐美)

변란(變亂)
- 정변(政變)
- 민란(民亂)

인물(人物)

재정(財政)

    전세(田稅)

    공물(貢物)

    역(役)

    진상(進上)

    잡세(雜稅)

    창고(倉庫)

    국용(國用)

    군자(軍資)

    상공(上供)

    전매(專賣)

금융(金融)

    화폐(貨幣)

    식리(殖利)

    계(契)

물가(物價)

    물가(物價)

    수수료(手數料)

    임금(賃金)

    운임(運賃)

    임대(賃貸)

상업(商業)

    상인(商人)

    시장(市場)

    상품(商品)광업(鑛業)

무역(貿易)

교통(交通)

    육운(陸運)

    수운(水運)

    마정(馬政)

도량형(度量衡)

농업(農業)

    전제(田制)

    양전(量田)

    경영형태(經營形態)

    토지매매(土地賣買)

    권농(勸農)

    농업기술(農業技術)

    수리(水利)

    개간(開墾)

    농작(農作)

    임업(林業)

    축산(畜産)

    양잠(養蠶)

    면작(綿作)

    과수원예(果樹園藝)

    특용작물(特用作物)

수산업(水産業)

    어업(漁業)

    염업(鹽業)

광업(鑛業)

    광산(鑛山)

    채광(採鑛)

    제련(製鍊)

공업(工業)

    관청수공(官廳手工)

    사영수공(私營手工)

    농촌수공(農村手工)

    장인(匠人)

    수공업품(手工業品)

건설(建設)

    건축(建築)

    토목(土木)

사회(社會)

가족(家族)
　가족(家族)
　친족(親族)
　가산(家産)
　성명(姓名)

호구(戶口)
　호구(戶口)
　호적(戶籍)
　이동(移動)

신분(身分)
　양반(兩班)
　중인(中人)
　상민(常民)
　신량역천(身良役賤)
　천인(賤人)
　신분변동(身分變動)

향촌(鄉村)
　취락(聚落)
　지방자치(地方自治)
　계(契)

의생활(衣生活)
　관복(官服)
　상복(常服)
　예복(禮服)
　장신구(裝身具)

식생활(食生活)
　주부식(主副食)
　주류(酒類)
　기호식품(嗜好食品)
　기명제물(器皿祭物)

주생활(住生活)
　가옥(家屋)
　가구(家具)
　택지(宅地)

윤리(倫理)
　강상(綱常)
　사회기강(社會紀綱)

풍속(風俗)
　예속(禮俗)
　풍속(風俗)
　연회(宴會)

구휼(救恤)
보건(保健)